WINFRIED HELLMANN

# Das Geschichtsdenken des frühen Thomas Mann (1906-1918)

Max Niemeyer Verlag Tübingen 1972

ISBN 3–484–18025–0

© Max Niemeyer Verlag Tübingen 1972
Alle Rechte vorbehalten. Printed in Germany
Druck Allgäuer Zeitungsverlag GmbH Kempten
Einband von Heinr. Koch Tübingen

# INHALT

VI

VII

# EINLEITUNG

Thomas Mann war kein ›Denker‹. Wider Willen bestätigt das noch Siegfried Marcks Versuch, ihn als solchen darzustellen: er muß die wenig überzeugende Hilfskonstruktion »Dichter-Philosoph« bemühen.[1] Thomas Mann selbst verstand sich in erster Linie als Erzähler, Herbert Lehnert hält ihn sogar für einen ›naiven‹ Erzähler. Angesichts der unbestreitbaren Intellektualität seiner Erzählkunst klingt das zunächst einmal irritierend, lohnte jedoch, gründlich diskutiert zu werden. Einiges spricht durchaus dafür. Aber auch wenn man Lehnerts Meinung nicht teilt, dürfte es schwer fallen, seine Feststellung zu widerlegen, daß Thomas Mann »die Vergegenwärtigung einer fiktiven Welt viel wichtiger war als philosophische, soziologische, kurz: intellektuelle Bewältigung der Wirklichkeit«.[2] Indessen, so wenig sich hiergegen einwenden läßt, so wenig läßt sich leugnen, daß Thomas Manns Gesamtwerk zu etwa einem Drittel aus Texten besteht, in denen er sich nicht dichterisch gestaltend, sondern denkend mit der Welt auseinandersetzt. Von den zwölf Bänden der Gesammelten Werke von 1960 enthalten vier ausschließlich ›Reden und Aufsätze‹. Diese im weitesten Sinn des Wortes essayistischen Schriften werden zwar in jeder Veröffentlichung über Thomas Mann in irgendeiner Form benutzt, sind als ein wesentlicher und auch relativ eigenwertiger Teil seines Werkes jedoch bisher noch ziemlich wenig erforscht.[3] Die folgende Un-

---

[1]  Siegfried Marck, Thomas Mann als Denker. In: Kant-Studien, Bd 47 (1955/56), S. 225–233. »Dichter-Philosoph«: S. 228.
[2]  Herbert Lehnert, Thomas-Mann-Forschung, Erster Teil. In: Deutsche Vierteljahresschrift für Literaturwissenschaft und Geistesgeschichte, Bd 40 (1966), S. 288.
[3]  Das dürfte zum Teil daran liegen, daß man die Essays oft und manchmal ziemlich primitiv einfach als Selbstaussage gelesen hat und noch liest. Wenn Jonas Lesser in seinem Buch ›Thomas Mann in der Epoche seiner Vollendung‹ das Kapitel über die Essays ›Geheime Selbstbildnisse‹ überschreibt, spricht er nur offen aus, was sonst meistens unprogrammatisch geübte Praxis ist. Keine Rolle spielt dieser Gesichtspunkt bei Richard Exner, der dafür in ein anderes Extrem fällt, wenn er davon ausgeht, Thomas Manns Essays seien ein »wesentlicher und unvergänglicher Beitrag Thomas Manns zur deutschen Literatur«. Treffend hingegen die Feststellung, in der Essayistik verwirkliche sich Thomas

tersuchung, die sich, von einigen Seitenblicken auf die Dichtungen abgesehen, allein mit essayistischen Arbeiten Thomas Manns beschäftigt, möchte die Kenntnis dieser Seite seiner schriftstellerischen Leistung vertiefen und möchte insbesondere zu einem kritischen Verständnis der trotz polemischer Schärfe und sprachlicher Brillanz[4] so labyrinthisch verworrenen ›Betrachtungen eines Unpolitischen‹ beitragen, des Buches, das Thomas Mann 1920 ein »Stück deutscher nicht schulmäßiger Philosophie« nannte, »das ich kaum verstand, während ich es abfaßte«.[5]
Diese Absicht bedarf jedoch einer abgrenzenden Erläuterung. Denn obwohl die Analyse der ›Betrachtungen eines Unpolitischen‹ sich einer Kurzmonographie nähert, ist sie, genau genommen, keine Gesamtdeutung. Ebensowenig ist etwa das Kapitel über den ›Versuch über das Theater‹ eine Interpretation dieses Essays. Er und die anderen essayistischen Äußerungen einschließlich der ›Betrachtungen‹ interessieren in unserem Zusammenhang nicht so sehr um ihrer selbst willen, sondern als ›Material‹, das über das Geschichtsdenken des frühen Thomas Mann Auskunft gibt. Nicht um einzelne Gedanken und deren Entfaltung in den untersuchten Texten geht es uns, primär z. B. auch nicht um Gedanken über den Gang

Manns »moralische Persönlichkeit« (Zur Essayistik Thomas Manns. In: Germanisch-Romanische Monatsschrift, Bd 43/1962, S. 51 und 56). Die neueste Arbeit über den Essayisten Thomas Mann ist das Buch von Hans Joachim Maître: Thomas Mann. Aspekte der Kulturkritik in seiner Essayistik, Bonn 1970. Erörtert werden »die Schriften kulturkritischen Inhalts«, unter Kulturkritik versteht Maître »die Gesamtheit aller zeit- und gesellschaftskritischen Reaktionen des Geistes auf das zeitgenössische Bewußtsein und alle dieses beeinflussenden geistigen Strömungen« (S. 3).
[4] Sie hat geradezu enthusiastisch Egon Friedell schon 1919 beschrieben. Vgl. Schröter, Thomas Mann im Urteil seiner Zeit, S. 84.
[5] Im ›Brief an Hermann Grafen Keyserling‹: Gesammelte Werke in zwölf Bänden, Frankfurt 1960, Bd XII, S. 595. – Soweit möglich, wird im Folgenden stets nach dieser Ausgabe zitiert. Die Zitate werden im Text nachgewiesen, römische Zahl = Band, arabische Zahl = Seite. Bei Zitaten aus dem jeweils in der Überschrift genannten Haupttext eines Kapitels oder Abschnitts wird der Band nur beim erstenmal, danach immer nur die Seite angegeben. Die in den Gesammelten Werken nicht enthaltenen ›Gedanken im Kriege‹ werden nach dem Abdruck in dem Buch ›Friedrich und die große Koalition‹ (abgekürzt: Friedrich) zitiert, die Notizen zum Literatur-Essay nach dem Abdruck in den Thomas-Mann-Studien, Band I (abgekürzt: Studien I). Bei den ebenfalls im Text nachgewiesenen Zitaten aus Briefen Thomas Manns benutze ich die folgenden Siglen: *Br. I* = Briefe 1889–1936, *Br. II* = Briefe 1937–1947, *Br. III* = Briefe 1948–1955 und Nachlese; *Briefwechsel* = Thomas Mann – Heinrich Mann, Briefwechsel 1900–1949; *Hesse-Briefwechsel* = Hermann Hesse – Thomas Mann, Briefwechsel; *Amann-Briefe* = Thomas Mann, Briefe an Paul Amann 1915–1952; *Bertram-Briefe* = Thomas Mann an Ernst Bertram, Briefe aus den Jahren 1910–1955.

der Geschichte oder um Thomas Manns Bild von früheren Epochen,[6] sondern um die gleichsam geschichtsphilosophische Position, die seinen Deutungen konkreter Sachverhalte und Vorgänge der geschichtlichen (nicht nur der *politisch*-geschichtlichen) Welt zugrunde liegt. Die teilweise mikroskopischen Analysen sollen die Eigenart seines historischen Denkens (gelegentlich auch dessen geistesgeschichtlichen Hintergrund) sichtbar machen, ihr Ziel ist, das geschichtliche Bewußtsein des frühen Thomas Mann so differenziert wie möglich zu beschreiben.

›Historisches Denken‹ und ›geschichtliches Bewußtsein‹ sind freilich nichts weniger als eindeutige Begriffe. Sie haben dies mit den Worten ›Geschichte‹ und ›geschichtlich‹ gemeinsam, deren Vieldeutigkeit u. a. die beiden 1961 von der Göttinger Akademie der Wissenschaften ausgezeichneten Preisschriften über das Thema ›Der Begriff der Geschichtlichkeit, seine geistesgeschichtliche Herkunft und seine philosophischen Quellen‹ bedauernd registriert haben.» Völlig verschiedene Ordnungen oder Strukturen des menschlichen Lebens werden ›geschichtlich‹ genannt. [...] Für jeweils dieselbe Erscheinung oder denselben Menschen kann die Bezeichnung ›geschichtlich‹ dann nochmals ganz Verschiedenes besagen.«[7] Diese Unschärfe bereits des Wortes ›geschichtlich‹ hat uns veranlaßt, nicht von irgendeiner allgemeinen Definition von ›historischem Denken‹ oder ›geschichtlichem Bewußtsein‹ auszugehen und diese Begriffe möglichst überhaupt zu vermeiden. Die auffallende Tatsache, daß für den Essayisten Thomas Mann während der Weimarer Republik und in der Kritik des Nationalsozialismus ›Vergangenheit‹ und ›Zukunft‹ zu maßgebenden Gesichtspunkten werden und eine fast schon kategoriale Bedeutung gewin-

---

[6]  Darauf geht wiederholt Klaus Bock ein, dessen Arbeit ›Geschichtsbegriff und Geschichtsbild bei Thomas Mann‹ (Diss. Kiel 1959) entgegen ihrem Titel hauptsächlich Thomas Manns Ansichten über die staatliche und gesellschaftliche Wirklichkeit in Vergangenheit und Gegenwart, seine politischen Auffassungen und sein Bild vom Menschen und vom menschlichen Zusammenleben behandelt. – Vor allem in dem Abschnitt ›Kulturkritik und Historismus – Zu Thomas Manns Sicht der Geschichte und Geistesgeschichte‹ beschäftigt sich auch H. J. Maître mit Thomas Manns »Geschichtsbild« (Thomas Mann, S. 82–111). Er betont dessen Subjektivität und kommt in der Zusammenfassung zu dem nicht gerade aufregenden Ergebnis: »Wollte man sein Geschichtsbild nach Kriterien der Geschichtswissenschaft untersuchen, so fiele auf, daß manches weggelassen ist. Das Urteil über den Geschichtsinterpreten Thomas Mann hieße: ›unsachlich‹. Nun ist aber Thomas Mann als engagierter Zeitkritiker kein Historiker. Seine Technik des Auslassens ist das Kennzeichen des subjektiv urteilenden Kritikers.« (S. 133)

[7]  Gerhard Bauer, »Geschichtlichkeit«. Wege und Irrwege eines Begriffs. Berlin 1963, S. 1. Vgl. auch Leonhard von Renthe-Fink, Geschichtlichkeit. Ihr terminologischer und begrifflicher Ursprung bei Hegel, Haym, Dilthey und York. 2., durchgesehene Auflage, Göttingen 1968, S. 9–16.

nen, legte einen anderen Weg nahe: seine Auffassung und seine Beurteilung des Verhältnisses von Vergangenheit, Gegenwart und Zukunft zum Leitfaden der Untersuchung zu machen. Dieses auf den ersten Blick vielleicht simpel erscheinende Verfahren erwies sich als geeigneter Zugang zum Geschichtsdenken auch des frühen Thomas Mann, ja sogar als die einzige Möglichkeit, die verdeckt wirksame Tendenz zu erfassen, bei Stellungnahmen zu Gegenwart und Zukunft in die Vergangenheit zurückzublicken und von ihr auszugehen. Zudem erlaubt dieser Ansatz, hin und wieder wenigstens umrißhaft eine Übereinstimmung zwischen schriftstellerischen Äußerungen und biographischen Tatsachen zu erkennen.

Unter der Überschrift ›Thomas Mann und die Vergangenheit‹ könnte man auch die zahlreichen Veröffentlichungen zusammenfassen, die seine Beziehung zu früheren Epochen oder zu Gestalten der Geschichte behandeln. Denn überall dort, wo es um sein Verhältnis z. B. zur Antike oder zum Mittelalter, zu Goethe oder zu Nietzsche geht,[8] geht es ja im Prinzip immer auch um sein Verhältnis zur Vergangenheit. Dasselbe gilt für die Arbeiten über seine Verbundenheit mit der literarischen Tradition. Die von Herman Meyer dargelegte Zitierkunst im ›Zauberberg‹ und in der ›Lotte in Weimar‹ beispielsweise bestätigt, auf wie subtile Weise Thomas Mann »als Neuerer zugleich ein Bewahrer ist, der verantwortungsvolle Verwalter eines mächtigen geistigen Erbes«,[9] und Jürgen Scharfschwerdt zeigt in seinem Buch über Thomas Mann und den deutschen Bildungsroman, daß diese deutsche Romantradition eine »literargeschichtliche Vergangenheit« ist, an der »fast jeder Roman Thomas Manns entweder bewußt oder unbewußt teilhat«.[10] An der Rolle, die die Vergangenheit

---

[8]   Hier nur einige Beispiele (genaue bibliographische Angaben im Literaturverzeichnis): Walter Jens, Der Gott der Diebe und sein Dichter. Thomas Mann und die Welt der Antike; Bruno Boesch, Die mittelalterliche Welt und Thomas Manns Roman ›Der Erwählte‹; Karl Stackmann, ›Der Erwählte‹. Thomas Manns Mittelalter-Parodie; Ernst Cassirer, Thomas Manns Goethe-Bild. Eine Studie über ›Lotte in Weimar‹; Bernhard Blume, Thomas Mann und Goethe; Edith Braemer, Aspekte der Goethe-Rezeption Thomas Manns; Heinz Peter Pütz, Kunst und Künstlerexistenz bei Nietzsche und Thomas Mann. Zum Problem des ästhetischen Perspektivismus in der Moderne. – Korrekturnachtrag: Die umfassendste Darstellung dieser Seite von »Thomas Manns Verhältnis zur Vergangenheit« ist der soeben erschienene, von Peter Pütz herausgegebene Sammelband ›Thomas Mann und die Tradition‹ (Frankfurt: Athenäum Verlag 1971), auf den wenigstens noch hingewiesen sei.

[9]   Herman Meyer, Das Zitat in der Erzählkunst. Zur Geschichte und Poetik des europäischen Romans. 2., durchgesehene Auflage, Stuttgart 1967, S. 207–245: Thomas Mann ›Der Zauberberg‹ und ›Lotte in Weimar‹. Das Zitat S. 207.

[10]   Jürgen Scharfschwerdt, Thomas Mann und der deutsche Bildungsroman. Eine Untersuchung zu den Problemen der literarischen Tradition. Stuttgart 1967, S. 7f.

selbst für Thomas Mann spielt, sind diese Untersuchungen jedoch uninter-
essiert. Denn ihr Interesse ist sozusagen inhaltbezogen, richtet sich auf das
Ausmaß, in dem eine Epoche, Gestalt oder literarische Tradition für Thomas Mann wichtig geworden ist, auf die Wirkung, die sie ausübten, auf
die Art, wie er sie aufgenommen und sich mit ihnen auseinandergesetzt
hat. Expliziert und ausdrücklich zum Thema wird die Bedeutung der
Vergangenheit für sein Denken dabei nicht. Auch in den Studien über
das Problem der Zeit bei Thomas Mann geschieht das kaum. Abgesehen
davon, daß sie sich vornehmlich mit Thomas Manns Dichtungen beschäf-
tigen, konzentrieren sie sich weitgehend auf das Phänomen der Belang-
losigkeit, Wesenlosigkeit der Zeit. So möchte Ernst Eiffert die »Zeitenthobenheit«, in der »die Liederlichkeit der Zauberberg-Atmosphäre kul-
miniert, als ein Urerlebnis des Dichters« dartun, und Fritz Kaufmann
beschreibt ›Thomas Manns Weg durch die Ewigkeit in die Zeit‹ als Entwicklung von der »Entwertung der Zeit« in der Jugend zum »›Lob der
Vergänglichkeit‹« im Alter.[11] Natürlich sind Entwertung der Zeit und
das Bestreben, der Zeit unterworfene Realitäten für zeitenthoben zu halten, zentrale Momente auch von Thomas Manns Geschichtsdenken. Sie
sind jedoch nur Momente neben anderen und allem Anschein nach sekun-
där, nämlich eine Folge davon, daß die Vergangenheit der feste Punkt ist,
an dem er sich so unbedingt orientiert, daß er im Grunde wünscht, es
möge sein und bleiben oder wenigstens wieder so werden, wie es war.
Eine Konsequenz davon ist die Entwertung der Zeit.
Diese Vergangenheitsorientierung ist vermutlich vor-rationaler Natur,
eine der intellektuellen Aussage vorangehende Lebenseinstellung. Auf sie
weist eine Äußerung in einem Brief an Heinrich Mann hin, die mehr als
eine Gelegenheitsbemerkung ist. Am 25. März 1901 gratuliert Thomas
Mann dem Bruder zum Geburtstag. Der Glückwunsch ist sehr kurz, bereits im dritten Satz spricht Thomas Mann vom Wetter. Aber das Aller-
weltsthema führt sogleich zu einem ebenso merkwürdigen wie bemerkens-
werten Bekenntnis:

---

[11] Ernst Eiffert, Das Erlebnis der Zeit im Werke Thomas Manns. Phil. Diss.
(Masch.), Frankfurt am Main 1949. Das Zitat S. 31. – Fritz Kaufmann, Thomas
Manns Weg durch die Ewigkeit in die Zeit. In: Die neue Rundschau, 67. Jg.
(1956), S. 564–581. Entwertung der Zeit und ›Lob der Vergänglichkeit‹ sind der
erste und der letzte Abschnitt überschrieben. – Vgl. außerdem: Geneviève Bian-
quis, Le Temps dans l'œuvre de Thomas Mann. In: Journal de psychologie
normale et pathologique, Tome 44 (1951), S. 356–370; Richard Thieberger, Der
Begriff der Zeit bei Thomas Mann. Vom Zauberberg zum Joseph. Baden-
Baden 1952; Jack Lindsay, Der Zeitbegriff im ›Zauberberg‹. In: Sinn und
Form, Sonderheft Thomas Mann 1965, S. 144–156.

Lieber Heinrich:
Herzlichen Glückwunsch zum Geburtstage! Hoffentlich verlebst Du ihn
wohlgemuth und mit Frühlingskribbeln im Rücken. Wir sind noch weit
vom Lenze. Es war allerdings schon einmal beinahe sommerlich, aber seit
ein paar Tagen ist es wieder gründlich Winter geworden, mit Frost und fuß-
hohem Schnee. Ich habe ja eigentlich garnichts dawider, denn selbst im
Wechsel der Jahreszeiten und den Veränderungen, die sie bringen, erkenne
ich jedes Mal den Mangel an Treue und Dauer wieder, den ich am Läben
mehr fürchte und hasse, als alles Übrige; [...]. (Briefwechsel, S. 17)

Die Sätze erinnern an eine oft zitierte andere Stelle, an Tonio Krögers
Bericht über seine Begegnung mit Adalbert, dem Novellisten, der sich im
Frühling ins Café zurückzieht: »Das ist neutrales, vom Wechsel der Jah-
reszeiten unberührtes Gebiet, wissen Sie, das stellt sozusagen die entrückte
und erhabene Sphäre des Literarischen dar.« Trotz dieses Lobes auf das
Café als ein Ort, der vom Wechsel in der Natur nicht berührt wird und
sich durch die Jahreszeiten hindurch gleich bleibt, ist es jedoch nicht der
Wechsel als solcher, der Adalbert stört und ins Café treibt, sondern der
Frühling. Vor ihm, und das heißt im Bedeutungszusammenhang der Erzählung: vor ›dem Leben‹ rettet er sich in die »Sphäre des Literarischen«.[12]
Thomas Manns Einverständnis mit der Rückkehr des Winters ist anders
motiviert. Nicht weil der Frühling »die gräßlichste Jahreszeit« ist (wie
Adalbert erklärt), ist es ihm ganz recht, daß es Ende März »wieder
gründlich Winter geworden« ist, sondern aus einem Bedürfnis nach Be-
ständigkeit. Selbst den regelmäßig wiederkehrenden Wechsel der Jahreszeiten, der sonst eher als Symbol einer in allem Wechsel gleich bleibenden
Natur empfunden wird, erlebt er als Mangel an »Treue« und »Dauer«.
»Wechsel« und »Veränderungen« sind ihm zuwider, positiv ausgedrückt:
es soll immer so bleiben, wie es bisher gewesen ist.
Dieser in seiner Konsequenz regressive Wunsch ist in das Geschichtsdenken des frühen Thomas Mann eingegangen und noch in der haßvollen
Polemik gegen die ›Politik‹, in der Ablehnung von Demokratie, Zivili-

---

[12] Die ganze Stelle heißt: »Vor fünf Minuten, nicht weit von hier, traf ich
einen Kollegen, Adalbert, den Novellisten. ›Gott verdamme den Frühling!‹
sagte er in seinem aggressiven Stil. ›Er ist und bleibt die gräßlichste Jahreszeit!
Können Sie einen vernünftigen Gedanken fassen, Kröger, können Sie die
kleinste Pointe und Wirkung in Gelassenheit ausarbeiten, wenn es Ihnen auf
eine unanständige Weise im Blute kribbelt und eine Menge von unzugehörigen
Sensationen Sie beunruhigt, die, sobald Sie sie prüfen, sich als ausgemacht
triviales und gänzlich unbrauchbares Zeug entpuppen? Was mich betrifft, so
gehe ich nun ins Café. Das ist neutrales, vom Wechsel der Jahreszeiten unberührtes Gebiet, wissen Sie, das stellt sozusagen die entrückte und erhabene
Sphäre des Literarischen dar, in der man nur vornehmerer Einfälle fähig
ist...‹« (VIII, 294).

sation und Fortschrittsdenken in den ›Betrachtungen eines Unpolitischen‹ wiederzuerkennen. Bis zu einem gewissen Grade erklärt er sogar erst, warum Thomas Mann es als eine Katastrophe empfand, daß der Krieg Deutschland geistig und politisch tiefgreifend verändern werde. Diese Einsicht erschütterte ihn, weil sein Verlangen nach Dauer und Unwandelbarkeit (in jener Briefäußerung mit ihrem moralischen Namen »Treue« genannt) auf einmal damit konfrontiert wurde, daß die Zeit »Veränderungen zeitigt, die sonst nur das Werk vieler Jahrzehnte sind« (XII, 467). An diesem Gegensatz wurde er nicht nur zum politischen Schriftsteller, an ihm entwickelte sich eigentlich auch erst sein Geschichtsdenken: vorher, in der vergleichsweise stabilen Vorkriegswelt, fehlte die objektive Notwendigkeit, es zu artikulieren.

Für unsere Untersuchung ergibt sich hieraus die praktische Schwierigkeit, daß bis hin zu den ›Betrachtungen eines Unpolitischen‹ die Materialgrundlage verhältnismäßig schmal ist. Der ›Versuch über das Theater‹, die Aufzeichnungen für den Literatur-Essay und der Aufsatz ›Der Künstler und der Literat‹, der Fontane-Essay und schließlich die ersten beiden Stellungnahmen zum Weltkrieg, die ›Gedanken im Kriege‹ und der Friedrich-Essay, belegen jedoch einigermaßen deutlich, was für eine Rolle die Vergangenheit damals für Thomas Manns Denken spielte. Sie lassen noch mehr erkennen: daß es in den folgenden Jahren, als er die ›Betrachtungen eines Unpolitischen‹ schrieb, für ihn gar keine andere Möglichkeit gab, als einen an der Vergangenheit vorbehaltlos festhaltenden Standpunkt zu vertreten, daß er also geradezu zwangsläufig »in Feindschaft mit dem Neuen« geriet (wie er es in der Vorrede zu den ›Betrachtungen‹ ausdrückt). In dem als handschriftlicher Entwurf überlieferten Brief vom 30. Dezember 1917 schreibt Heinrich Mann dem Bruder: »[...] u. wenn Deine extreme Stellungnahme im Krieg Dich selbst verwundert hat, für mich war sie vorauszusehen« (Briefwechsel, S. 111). Auf die ›Betrachtungen‹ dürfte sich dieser nicht weiter erläuterte Satz kaum beziehen. Obwohl Heinrich Mann kurz darauf des Bruders »jüngstes Buch« erwähnt und weiß, daß es Angriffe auf ihn enthält, konnte er es damals nur durch die paar Vorabdrucke und vom Hörensagen kennen. Aber was er mit der Voraussehbarkeit der Reaktion auf den Krieg andeutet, das gilt auch für die in dem »Kriegsbuch« ja erst richtig extrem werdende Stellungnahme. Mit ihr wird Thomas Mann sich selbst nicht etwa untreu, sie ist kein überraschender, von außerordentlichen Umständen herbeigeführter ›Fehltritt‹, sondern sie geht folgerichtig aus seinem früheren Denken hervor.[13] Die Fol-

---

[13] Anders sieht es E. W. Schulz (Thomas Mann und der Geist der Aufklärung, S. 96): »Es hat etwas Fatales, Thomas Mann jetzt [d. h. mit den ›Betrachtungen‹] auf eine Position zurückgehen zu sehen, die er vor Ausbruch des

gerichtigkeit ist so groß, daß man die ersten vier Kapitel unserer Untersuchung durchaus als Darlegung der Vorgeschichte jener Rückwärtsgewandtheit lesen kann, deren komplizierte Entfaltung Gegenstand des fünften Kapitels ist.

Alle fünf Kapitel zusammen freilich beschreiben nur die erste, die – vereinfacht charakterisiert – rein konservative Phase von Thomas Manns Geschichtsdenken. Außer Betracht bleibt dessen Wandlung in den zwanziger und frühen dreißiger Jahren. Dies macht die hier vorgelegte Untersuchung zu einem Fragment, das der Fortsetzung bedarf. Es bedarf auch der Ergänzung. Wünschenswert wäre eine Analyse des im erzählerischen Werk des frühen Thomas Mann dichterisch gestalteten Geschichtsdenkens. Mindestens ebenso aufschlußreich wie die Verklärung der Vergangenheit in den Entwicklung nur als Niedergang, ›Verfall‹ darstellenden ›Buddenbrooks‹ wäre dafür ›Königliche Hoheit‹ als Geschichte des Versuchs, sich in einer ganz und gar von der Vergangenheit beherrschten Welt von dieser Vergangenheit abzusetzen, ohne doch über sie hinausgehen zu können. Weiterhin wäre zu prüfen, wie sich Erzählkunst und Geschichtsdenken zueinander verhalten, ob dieses sich nicht auch in formalen Eigentümlichkeiten (nicht nur dem sogenannten ›Leitmotiv‹) objektiviert.

In einer Fortsetzung unserer Arbeit wäre zu zeigen, wie Thomas Manns Vergangenheitsorientierung sich später lockert und durch eine Hinwendung zur Zukunft ausbalanciert wird, ohne daß er sie jemals völlig aufgibt. Denn obwohl zur Wandlung seines Geschichtsdenkens Entdeckung und Bejahung einer Zukunft gehören, die hinter sich läßt, was bisher war, und im Kampf gegen den »Futurismus ohne Zukunft« (XII, 685), den Reaktion als Revolution, Vergangenheit als Zukunft ausgebenden Nationalsozialismus ihren Höhepunkt erreicht, bleibt sein Blick immer *auch* rückwärts gerichtet. Sich von seiner »Sympathie mit dem Tode« selbst-

Krieges schon verlassen hatte.« Dem liegt die Überzeugung zugrunde, daß seit 1906 »im Denken Thomas Manns ein Klärungsprozeß zugunsten der humanitären Aufklärungsideale, zugunsten des politischen Fortschritts, zugunsten einer Literarisierung des deutschen Geistes« in Gang gekommen sei (ebd. S. 93). Ausgeführt wird das nicht, eine Annäherung Thomas Manns etwa an den Fortschrittsgedanken in diesen Jahren aufzuzeigen, dürfte auch ziemlich schwer fallen. Die ›demokratische‹ Tendenz von ›Königliche Hoheit‹ zum Beispiel, auf die Schulz verweist, hat, selbst wenn es sie gäbe, mit politischem Fortschritt auch dann nur wenig zu tun, wenn man diese Vorstellung völlig formalisiert. Die Behauptung, daß dieser Klärungsprozeß von 1906 bis 1914 offenbar »im ganzen stetig« verlaufen sei (ebd. S. 93, Anmerkung 11) widerlegt schon der – Schulz noch unbekannte – Brief Thomas Manns an Heinrich vom 8. November 1913 mit dem Bekenntnis: [...] mein ganzes Interesse galt immer dem Verfall, und das ist es wohl eigentlich, was mich hindert, mich für Fortschritt zu interessieren« (Briefwechsel, S. 104).

kritisch lösend, entwickelte er allmählich ein freies und produktives Verhältnis zur Vergangenheit, abgewandt jedoch hat er sich von ihr nie, weder in seinem Denken noch in seinen Dichtungen. Wenn er in ›Achtung, Europa!‹ fassungslos und angewidert über die »Riesenwelle exzentrischer Barbarei und primitiv-massendemokratischer Jahrmarktsroheit« spricht, über »den Niedergang, das Absterben von sittigenden und gütig-strengen Begriffen wie Kultur, Geist, Kunst, Idee« nachdenkt und einen »unglaubwürdige[n] Kulturschwund und moralische[n] Rückschritt gegen das neunzehnte Jahrhundert« diagnostiziert (XII, 770f.), dann setzt sich 1935 plötzlich wieder nahezu dasselbe die Gegenwart allein an der Vergangenheit messende Denken durch wie während des Ersten Weltkrieges, als er Entwicklung und Veränderung ebenfalls ausschließlich als Niedergang und Untergang erlebt hatte. Wie die Verachtung der zeitgenössischen Zivilisation in seiner Zeit- und Kulturkritik der dreißiger Jahre (mit seinem Haß auf Hitler und die völkisch-faschistische Ideologie nicht ohne weiteres gleichzusetzen) verrät aber beispielsweise auch die bekannte Definition des Erzählers als eines »raunenden Beschwörer[s] des Imperfekts« im ›Vorsatz‹ zum ›Zauberberg‹ (III, 9) eine anhaltende Gebundenheit an die Vergangenheit. Ähnlich verhält es sich mit dem für das Werk seiner zweiten Lebenshälfte (und sein Selbstverständnis) so wichtigen Begriff ›Parodie‹, die er 1921, anläßlich des ›Gesang vom Kindchen‹, auf die »Liebe zu einem Kunstgeist« zurückführt, »an dessen Möglichkeiten man nicht mehr glaubt« (XI, 589). Und nicht zufällig greift er im Josephroman, im ›Doktor Faustus‹ und im ›Erwählten‹ auf Stoffe und Werke der Vergangenheit zurück, ja versteht er sein Erzählen mindestens zeitweilig teils als erneuerndes Vergegenwärtigen, teils als abschließendes Noch-einmal-Erzählen einer weit zurückreichenden Überlieferung. Umgebildet, zugleich fortentwickelt und sublimiert, wirkt auch darin noch die Vergangenheitsorientierung nach, die wir im folgenden betrachten.

# I

## HERRSCHAFT DER VERGANGENHEIT

### 1. ›Versuch über das Theater‹

Der ›Versuch über das Theater‹ ist Thomas Manns Antwort auf eine
Rundfrage über die kulturellen Werte des Theaters, veranstaltet von der
Zeitschrift ›Nord und Süd‹. Dort erschien er im Januar- und im Februar-
heft 1908,[1] war jedoch mindestens anderthalb Jahre vorher fertig. In der
›Mitteilung an die Literaturhistorische Gesellschaft in Bonn‹ berichtet
Thomas Mann schon im Juli 1906[2] über ein abgeschlossenes Manuskript,
»betitelt: ›Versuch über das Theater‹«, und schildert dessen Entstehung:
»Ich habe nicht Tage, sondern Wochen damit im Kampfe gelegen; mehr
als einmal war ich der Sache bis zur Verzweiflung überdrüssig« (XI, 714).
Das Ergebnis war ein Essay, für den sein Anlaß – die Rundfrage – so gut
wie belanglos geworden ist.[3] Vielleicht war das der Grund, warum der
Druck sich so lange verzögerte. Auf jeden Fall gab es vorher mit der
Zeitschrift Verhandlungen.[4] Zwischendurch erschien ein Stück als Vor-
abdruck im Berliner ›Morgen‹.[5] Die endgültige Fassung steht erst in
›Rede und Antwort‹ (1922) und ist dort auf 1910 datiert.[6] Die Unterschiede zum Text in ›Nord und Süd‹ sind nicht zahlreich und meistens
geringfügig, wesentlich jedoch im letzten Kapitel über das Theater als

---

[1] Nord und Süd. Eine deutsche Monatsschrift. 32. Jg, Bd 124 (Januar–März
1908), S. 116–119, S. 259–290.
[2] Vgl. den in späteren Abdrucken fehlenden Vermerk »Seeshaupt am Starn-
bergersee, Juli 1906« in den Mitteilungen der Literarhistorischen Gesellschaft
Bonn, 2. Jg (1907), S. 277.
[3] In ›Rede und Antwort‹ hat Thomas Mann das äußerlich zum Ausdruck
gebracht, indem er den ›Versuch über das Theater‹ unter die Aufsätze ein-
geordnet hat, nicht unter die ›Antworten auf Rundfragen‹, die es dort als
eigene Gruppe gibt.
[4] »›Nord u[nd] Süd‹ hat den Versuch ü[ber] d[as] Theater für 400 M accep-
tirt. Er soll auch als Separat-Druck vertrieben werden.« (Brief an Heinrich
Mann vom 22. 6. 1907, Briefwechsel, S. 61.) Vgl. auch den Brief an Maximilian
Harden vom 20. 1. 1908: »Macht man den Versuch, die Veröffentlichung noch
weiter hinauszuzögern [. . .]« (Br. I, 72).
[5] Bürgin, Bibliographie S. 131.
[6] Rede und Antwort, S. 66.

Volkskunst (vgl. unten S. 17 f.). Die in ›Rede und Antwort‹ abgedruckte Fassung wurde auch in die Gesammelten Werke von 1960 übernommen (X, 23–62).

Der Essay besteht aus sechs thematisch relativ selbständigen Kapiteln. Das erste ist Exposition, gedanklich und kompositorisch ein ›Vorspiel‹, das Thomas Mann damals – in der gleichzeitig entstehenden ›Königlichen Hoheit‹ – zum erstenmal auch als dichterisches Darstellungsmittel entdeckt.[7] Anfangs durch eine Montage von Zitaten, Erlebnissen und Anekdoten, dann reflektierend und beschreibend stellt Thomas Mann den Grundgedanken des ganzen Essays heraus: daß Theater und Drama, Theater und Dichtung, »Literatur und Bühne« völlig verschiedene Dinge seien. Im zweiten Kapitel vergleicht er Drama und Roman. Als Erzähler argumentierend, will er zeigen, daß die traditionelle ästhetische Lehre (zitiert wird Friedrich Theodor Vischer), das Drama sei die höchste Dichtungsart, längst unhaltbar geworden ist. Hierauf folgt ein autobiographisches Stück. Thomas Mann schildert eigene Theatererlebnisse, und zwar so, daß zweierlei beinahe als objektive Tatsache erscheint: wie zweifelhaft, ja kindisch das Sinnliche, auch das »Sinnlich-Gesellschaftliche der theatralischen Öffentlichkeit« (40) doch eigentlich sei; und daß ›Theater‹ und das Werk Richard Wagners im Grunde ein und dasselbe seien. Wagner ist in dem Essay so sehr Inbegriff des Theaters, daß jede kritische Untersuchung seines sachlichen Gehalts hier ansetzen müßte. Auch Thomas Manns Urteil über das Theater gleicht weitgehend seinem damaligen über Wagner: es ist genauso zwiespältig. Er beendet das Kapitel mit dem Bekenntnis, daß er dem Theater das Erlebnis der Kunst Wagners verdanke, ohne das er sein eigenes Werk nicht denken könne, daß es ihm »einen reinen Genuß, eine hohe und zweifellose Schönheitserfahrung« jedoch niemals vermittelt habe (40). Danach wechselt die Betrachtungsweise. Nachdem die persönlichen Voraussetzungen dargelegt sind, beginnt eine – scheinbar gelassen objektive – Bestimmung und Deutung des Theaters. Im vierten Kapitel geht es um das Verhältnis zwischen Drama und Theater. Das Theater habe »die Literatur nicht nötig« (40), es sei »Schauspiel« in einem unliterarisch-mimischen Sinn. Das Schauspiel sei »nicht eigentlich

---

[7] Vgl. dazu Helmut Koopmann, Die Entwicklung des ›intellektualen Romans‹ bei Thomas Mann, S. 73–78: Das Vorspiel zu ›Königliche Hoheit‹ – Der Vorsatz zum ›Zauberberg‹. – Als essayistisches ›Vorspiel‹ ist am interessantesten die Vorrede zu den ›Betrachtungen eines Unpolitischen‹, weil sie auch sachlich zugleich ein ›Nachspiel‹ ist, in dem Thomas Mann zum folgenden Text Stellung nimmt. Seine Bemerkung, er habe darin »die Motive der folgenden Betrachtungen wie in einem musikalischen Vorspiel zusammengefaßt« (XII, 40f.), übergeht das, weist aber auf die musikalische Ouvertüre als bewußtes Vorbild hin.

ein Literaturzweig« (46), das Kunstwerk sei die Aufführung, der Text »nur eine Unterlage« (41). Sogar der moderne Begriff des Dramas und des Dramatischen sei lediglich »unter dem Gesichtspunkt des Theaters zu verstehen« (48). Thema des fünften Kapitels ist das Theater als ›Tempel‹ und als »symbolische Anstalt«. Immer wieder Wagner anführend, entwickelt und erläutert Thomas Mann die Neigung des Theaters zu Symbolik und Zeremoniell. Im sechsten Kapitel schließlich feiert er das Theater als Volkskunst, verbindet damit entschiedene Zustimmung zu den zeitgenössischen Bestrebungen, es zu reformieren, und kommt ganz zuletzt noch einmal auf den Roman zurück. Er vergleicht ihn diesmal mit dem Theater, dessen Wert und Bedeutung er anerkennt, ohne einen Zweifel daran zu lassen, daß er den Roman über das Theater stellt. Erst durch diesen Schluß wird der frühere Vergleich zwischen Roman und Drama, dessen Zusammenhang mit dem Theater-Thema bis dahin unklar blieb, in die Erörterung einbezogen und für eine Deutung des Theaters als Kulturerscheinung ausgewertet.

In den Kapiteln 4–6 skizziert Thomas Mann eine Theorie des Theaters und seiner Geschichte. Ihr Fundament ist nicht allein die Annahme eines zeitlosen Wesens des Theaters, sondern der Glaube an eine Einheit von ›Wesen‹ oder ›Natur‹ und ›Ursprung‹. Als Volkskunst, als »Anstalt zur Unterhaltung und Erhebung des Volkes«, verwirklicht das Theater seinen »natürlichen und ursprünglichen« Beruf (54). Ebenso hat es die Literatur »nicht nötig«, weil »Ursprung und Wesen alles Theaters« die mimische Stegreifproduktion ist (42), und dieser sein »improvisatorischer Grundcharakter« werde überall dort klar, wo das Theater sich »noch« naiv als Selbstzweck und causa sui gebe. ›Ursprung‹ hat (auch) einen zeitlichen Sinn, er ist der Anfang, der nicht bloß als fortwirkend, sondern als zeitlos verbindlich aufgefaßt wird. Nicht aus den verschiedenen geschichtlichen Erscheinungsformen des Theaters wird dessen Wesen abgeleitet, dieses ist vielmehr identisch mit dem, wie das Theater war, als es entstand. Das schließt ein: die Norm auch für die Gegenwart ist die Vergangenheit. Sie kann mehr oder auch weniger weit zurückliegen, weil der ›Ursprung‹ sich kürzere oder längere Zeit erhalten haben kann, auf jeden Fall aber ist das, was ›ursprünglich‹ war, das Maß, an dem die Gegenwart gemessen wird.

Da die »mimische Stegreif-Produktion« Ursprung und Wesen alles Theaters ist, ist das Stück »zunächst einmal gar nichts als ein Aktionsplan, den die Mimen sich selbst vorzeichnen«.[8] So war es anfangs, so ist es lange Zeit auch geblieben – »der erste Theaterdichter war der Schauspieler, und

---

[8] Dementsprechend soll sogar Wagners Werk eine »fixierte theatralische Improvisation« sein (37).

von dem Chorführer Äschylos bis Shakespeare, bis Molière, bis zu einer Zeit, die noch gar nicht weit zurückliegt, haben überall Schauspieler sich schlecht oder recht ihre Stücke selber geschrieben« (42). Die theatralische Kunst ist »Umwendung der dichterischen Natur ins Mimische«, sie ist deshalb »ganz eigentlich Sache des Schauspielers oder solcher, die, gleich Lope de Vega, mit ihm in unmittelbarer Fühlung stehen« (43). Damit aber ist es vorbei. Heute bestehen zwischen Dichtung und Theater »Zwietracht« und eine »Kluft« (43), besteht eine »Trennung« zwischen Drama und Theater, obwohl es »das Natürliche, das Gesunde, das Ideal« wäre, wenn man »eine Unterscheidung zwischen Drama und Theater überhaupt nicht zu machen brauchte« (46). Inzwischen »usurpierte« die Dichtkunst das Schauspiel, der Theaterdichter, früher »nichts als der Bundesgenosse des Schauspielers«, »emanzipierte« sich (43). Als Folge der »Interessenspaltung« zwischen Dichtertum und Bühne »emanzipierte« sich auch »der einzelne, enorm befähigte [Schauspieler] vom theatralischen Bunde« und wurde »selbständig, Egoist, Virtuos« (43). Gleichzeitig hat die Theaterkritik das Publikum sich selbst entfremdet und seine ursprüngliche Beziehung zum Theater zerstört. Zwar sei es die Frage, ob nicht »selbst heute« die meisten (ein paar Sätze später die »gesunde Mehrheit« genannt) »in aller Unverdorbenheit sich des Schauspiels als eines Schauspiels freuen«; aber die Literatur »ist eine Macht«, sie hat sich des Theaters auch auf kritischem Wege »bemeistert«. Die literarische Theaterkritik hat das Publikum »eingeschüchtert und ihm ein tiefes Mißtrauen gegen alle theatralische Wirkung ins Blut geimpft« (44), so daß es »nicht einmal mehr weiß«, wonach es sich »im stillen« sehnt (45). Entschiedener als Tonio Kröger, wie ein Tonio Kröger, der weder Zweifel noch Melancholie kennt, ruft Thomas Mann aus: »Armes Zeitalter! Jede Unbefangenheit, jeder Wille zum Glück, jeder gute Mut, sich gefallen zu lassen, was einem wirklich gefällt, ist abhanden gekommen« (45).
Bild und Bewertung der Gegenwart sind eindeutig: nicht nur anders als früher ist es heute, sondern schlechter. Den Grund umschreibt Thomas Mann immer wieder von neuem. Was er zuletzt emphatisch schlicht »Terrorismus der Literatur über das Theater« nennt, ist die Auflösung einer ursprünglich alles umfassenden Einheit. Theater und Drama, Dichter und Schauspieler, die Schauspieler untereinander, schließlich Theater und Publikum, das alles war einst verbunden und ist es jetzt nicht mehr. Nach einem historischen Muster dieser Auffassung von Vergangenheit und Gegenwart braucht man nicht lange zu suchen. Es ist die Auffassung der Romantik. *Im Prinzip* unterscheidet Thomas Mann gegenwärtigen und vergangenen Zustand des Theaters nicht anders als beispielsweise Novalis

Neuzeit und Mittelalter: früher Einheit, heute Trennung.[9] Auch die Wertung des Früheren und des Heutigen ist gleich. Hinter der frühromantischen Vorstellung vom Gang der Geschichte freilich bleibt Thomas Mann zurück, seine Vorstellung ist im Grunde archaischer.

Wie hängen schlechte Gegenwart und vorbildliche Vergangenheit des Theaters zusammen? Wodurch hat sich alles geändert? Nicht einmal von ferne tauchen Überlegungen auf wie die, daß die Literarisierung des Theaters Ausdruck eines allgemeinen »Intellektualisierungsprozesses«,[10] die Trennung von Schauspieler und Dichter Ausdruck fortschreitender sozialer und kultureller Differenzierung sein könnten. Doch nicht nur einen solchen Entwicklungszusammenhang gibt es nicht, genau genommen gibt es überhaupt keinen. Die Literarisierung des Theaters vollzog sich zwar in der Zeit und ist insofern ein Vorgang, sie ist jedoch als Ganzes weder Stufe noch Phase einer Entwicklung, solange man diesen Begriff nicht völlig formalisiert. Sie ist Abwendung, Abfall vom Ursprung und vom früher verwirklichten Wesen. Dieser Abfall fand irgendwann einmal statt, ohne einen realen Grund – aus Vergeßlichkeit. Kluft und Zwietracht zwischen Dichtung und Theater entstanden, als »zum ersten Mal in Vergessenheit geraten war«, daß die theatralische Kunst Sache des Schauspielers oder dessen ist, der mit ihm lebt (43). Endgültig und unwiederbringlich sind Ursprung und Wesen alles Theaters damit jedoch nicht verloren gegangen. Einmal sind sie nicht völlig vergessen: ein Überrest alter Zeiten ist das Kasperletheater, in dem sich die ursprüngliche Einheit erhalten hat, außerdem sind große Bühnen (als Beispiel dient das Burgtheater) »auch heute noch« unliterarisch »und werden es immer bleiben« (45). Zum anderen gibt es den »Trost«, daß der Terrorismus der Literatur über das Theater »nicht von Dauer sein kann« (45). Ist der ursprüng-

[9] »Es waren schöne glänzende Zeiten, wo Europa ein christliches Land war, wo *eine* Christenheit diesen menschlich gestalteten Erdteil bewohnte; *ein* großes gemeinschaftliches Interesse verband die entlegensten Provinzen dieses weiten geistlichen Reichs. – Ohne große weltliche Besitztümer lenkte und vereinigte *ein* Oberhaupt die großen politischen Kräfte.« Die Protestanten jedoch »trennten das Untrennbare, teilten die unteilbare Kirche und rissen sich frevelnd aus dem allgemeinen christlichen Verein«. (Die Christenheit oder Europa, zitiert nach: Novalis, Werke, Briefe, Dokumente. Hrsg. von Ewald Wasmuth. Band I, Heidelberg 1953, S. 279 und S. 285.) – Eine andere Parallele: Friedrich Schlegels Unterscheidung von Antike und Moderne bereits im vor-romantischen Aufsatz ›Über das Studium der Griechischen Poesie‹. Vgl. Peter Szondi, Friedrich Schlegel und die romantische Ironie, a.a.O. S. 5–24, besonders S. 6: »Das Wesen der Antike war Zusammenhang, das der Moderne ist Zerstückelung.«
[10] »[...] jenes Intellektualisierungsprozesses, dem wir seit Jahrtausenden unterliegen und zu dem heute üblicherweise in so außerordentlich negativer Art Stellung genommen wird«: Max Weber, Wissenschaft als Beruf, S. 16.

liche Zustand bloß vergessen, kann er auch wieder erinnert werden und – wiederhergestellt. Eben davon ist Thomas Mann überzeugt. Der Empfehlung, die Schauspiel-Verfasser sollten »wieder« in und mit dem Theater leben, folgt die Feststellung, »Versöhnung« und »Ineinander-Aufgehen« sei vielleicht erst möglich, wenn der Bühnendichter »wieder unmittelbar zur Schauspielerschaft gehört, als Dichter aus ihr hervorgeht« (46). Daß der frühere Zustand sich tatsächlich wiederherstellen wird, ist damit nicht gesagt. Für erreichbar jedoch hält ihn Thomas Mann, und er glaubt an die Rückkehr als Heilmittel gegen moderne »Interessenspaltung«.[11]

Um Wiederherstellung des Ursprünglichen, früher einmal Wirklichkeit Gewesenen kreist auch die Erörterung des Theaters als Tempel. Sie wird mit einer Kritik am Begriff des Dramas vorbereitet, über den »heute« »viel Mißverständnis« herrsche (46). Dieses Mißverständnis besteht in der Übersetzung von ›Drama‹ mit ›Handlung‹. Dagegen argumentiert Thomas Mann historisch-philologisch, ›ursprungsphilologisch‹: er beruft sich auf die dorische »Herkunft« des Wortes. Im dorischen Sprachgebrauch habe Drama ›Ereignis‹, ›Geschichte‹ im Sinn der ›heiligen Geschichte‹, der Ortslegende, auf der die Gründung des Kultus ruhte, bedeutet (47). Daß man mit dem Wort Drama, wenn man es mit Handlung übersetzt, »heute etwas [...] meint, was ursprünglich nicht damit gemeint worden ist«, daß »eine Wandlung mit der Bedeutung dieses Wortes vor sich gegangen ist« (47), registriert Thomas Mann, ohne damit etwas anfangen zu können. Er folgert daraus nicht, daß sich die Bedeutung des Wortes inzwischen eben von dessen »Herkunft« entfernt hat und die ursprüngliche Bedeutung der Vergangenheit angehört. Die Gültigkeit des Ursprungs, seine zeitlose Verbindlichkeit als selbstverständlich voraussetzend, erklärt er statt dessen: wolle man Drama mit Handlung übersetzen, »so müßte man zuvor den Begriff der ›Handlung‹ in den der ›heiligen Handlung‹ [...] umbiegen« (47), also der Herkunft des Wortes Drama anpassen. Oder anders gesagt: wenn schon ›Handlung‹, dann nur so, daß diese Übersetzung – das heute

---

[11]  An diesem Gedanken hält Thomas Mann hartnäckig fest, abgeschwächt und modifiziert taucht er 1929 in der ›Rede über das Theater‹ wieder auf: »[...] und während wir über den Verlust der Gemeinschaft klagen, ist das Theater im Begriffe, vor allem einmal die produktive, die theatralische Gemeinschaft wiederherzustellen, so daß auch seine Dichter wieder anfangen, sich, wie in Zeiten seiner Blüte, als Glieder eines dramatischen Bundes zu fühlen und nicht sowohl für, als mit und auf dem Theater zu dichten. Lerne nur auch der Zuschauer noch, sich als Glied dieses Bundes zu fühlen! Das Schauspiel wird dann seine festlich-gemeinschaftsbildende Macht heute wie je bewähren.« (X, 298) Neu ist hier die, man möchte sagen: ebenso typische wie verräterische Verknüpfung mit der zeitgenössischen ›Gemeinschafts‹-Ideologie. Das ist um so merkwürdiger, als diese Rede, die sich mit dem Theater nur nebenher beschäftigt, eigentlich eine Rede gegen den Kulturkonservativismus ist.

herrschende Mißverständnis gewissermaßen stillschweigend korrigierend –
doch wieder zur ursprünglichen Bedeutung von ›Drama‹ zurückkehrt.
Das Prinzip, dem Thomas Mann hier folgt – vom Ursprünglichen nicht
bloß auszugehen, sondern daran festzuhalten und es im Gegenwärtigen
wiederherstellen zu wollen –, kehrt ins Objektive gewendet als Wesensgesetz des Dramas wie des Theaters wieder. »[...] und wie die erste dramatische Handlung eine rituelle Handlung war, so scheint es in der Tat,
daß immer das Drama auf dem Gipfel seines Ehrgeizes diesen Sinn wieder anzunehmen strebt« (47). Als Beweis führt Thomas Mann vor allem
den ›Parsifal‹ an, wo »in Form von Taufe, Fußwaschung, Abendmahl
und Monstranzenenthüllung« der Kultus »auf die Bühne zurückgekehrt«
sei (47f.). Das ist anscheinend ganz wörtlich gemeint, offenbar hielt
Thomas Mann damals Wagner wirklich für eine Rückkehr zum Anfang, auch die Überlegungen über das Theater als Tempel werden davon
bestimmt.[12]
Sie beginnen mit einem Blick zurück in die griechische Antike. Die Erinnerung an die Frühzeit des europäischen Theaters soll jedoch hauptsächlich dessen modernste Erscheinung ins rechte Licht setzen:

> Als der tragische Chor im Tanz um den Altar der Thymele schritt, da war
> das Theater ein Tempel. Und in Bayreuth hat es nach Jahrtausenden zum
> zweiten Male – wenigstens die Miene eines Nationalaktes und künstlerischen
> Gottesdienstes angenommen (50).

Die Feststellung ist weniger skeptisch als sie klingt. Thomas Manns Zweifel richtet sich nur gegen Bayreuth als »Nationalakt«; der Verdacht, den
er gleich danach ausspricht, beschränkt sich darauf, daß »Nationalaus-
druck« zu sein beanspruchen könnte, was vielleicht doch nur »Ausdruck
höchsten Künstlerehrgeizes« ist (50). Daß es Wagner gelungen sei, sein
Theater zu »einer Weihestätte, einem über alles gemeine Theaterwesen
erhöhten Haus der Mysterien zu machen« (50), wird ausdrücklich bekräftigt. Bayreuth und der Altar der Thymele, Wiederkehr, Wiederholung des Frühesten in der Gegenwart, »nach Jahrtausenden zum zweiten Male« – das mutet heute etwas abwegig an. Für Thomas Manns da-
maliges Verständnis des Theaters aber ist der Gedanke zentral. Er greift
ihn noch einmal auf und formuliert dabei, unvermittelt ins Allgemeine
übergehend, das ›Wesensgesetz‹ des Theaters. In Bayreuth, speziell wiederum im ›Parsifal‹, werde die szenische Handlung »rituell und Weihe-
akt«, logischerweise, denn Wagners Kunst »führt mit Notwendigkeit ins
Zelebrierend-Kirchliche zurück, – ja ich glaube, daß die heimliche Sehn-

---

[12] Vgl. auch die Deutung des Wagnerschen Musikdramas in den Notizen zum
Literatur-Essay (unten S. 43).

sucht, der letzte Ehrgeiz alles Theaters der Ritus ist, aus welchem er bei Heiden und Christen hervorgegangen« (54). Das erklärt, warum der Ehrgeiz des Theaters, ein Tempel zu sein, »immer wieder erwachen« wird (51) und eröffnet für eine vorerst noch ungewisse Zukunft die Aussicht, daß eines Tages, wenn es »einmal keine Kirche mehr geben sollte«, das Theater deren Erbschaft antreten und dann »allen Ernstes ein Tempel sein könnte« (54).

»Ursprung ist das Ziel.« Der Halbvers von Karl Kraus[13] faßt formelhaft zusammen, wie sich die geschichtliche Wirklichkeit des Theaters Thomas Mann darstellt. Der Ursprung ist das Ziel, weil er weder primitiver Beginn ist noch eine bestimmte historische Erscheinungsform des Theaters, die des Anfangs. Vielmehr gilt, was ursprünglich war, als zeitlos wahres Wesen. Dieses kann in Vergessenheit geraten oder das Theater kann sich von ihm entfernen, untergehen jedoch kann es nicht. Teils erhält es sich auch in der Zeit des Abfalls (so die unliterarische Tradition an manchen Bühnen), teils wird es immer wieder erwachen (so der Ehrgeiz des Theaters, Tempel zu sein). Vor allem aber geht das ›Vergessen‹ vorüber, der ursprüngliche Zustand kann wiederhergestellt werden; ebenso streben ›Sehnsucht‹ und ›Ehrgeiz‹ des Theaters danach, daß es wieder wird, was es war. Wie weit das Theater als Volkskunst auf diesem Weg zurück in die Vergangenheit schon gelangt ist, entwickelt das letzte Kapitel des Essays.

Thomas Mann ist überzeugt, daß dem Volkstheater »die Zukunft gehört« (55). Damit meint er nicht Laienbühnen oder irgendwelche Formen volkstümlichen Theaters, sondern das Theater schlechthin als »Anstalt zur Unterhaltung und Erhebung des Volkes«. Dieses seines »natürlichen und ursprünglichen Berufes« müsse das Theater »sich wieder bewußt werden« (54f.). Aus der Mahnung am Kapitelanfang wird später Gewißheit – allerdings erst in der endgültigen Fassung. Der Unterschied zu dem in ›Nord und Süd‹ veröffentlichten Text ist in diesem Punkt so aufschlußreich, daß wir darauf kurz eingehen.

In ›Nord und Süd‹ stellt Thomas Mann fest: »Die Besten flüchten sich zu den ganz primitiven Formen des Theaters zurück.« Zu diesen Besten gehören Will Vesper und Alexander von Bernus, deren Schattenspiele gelobt werden. Als »Rückschlag« auf den »zugleich kindischen und raffinierten Naturalismus der Bühne von heute« könnten sie der freudigsten Teilnahme sicher sein. Am Schluß ist dann noch einmal von den »liebevollen Bemühungen von heute um das Puppen-, das Krippen-, das Schattenspiel« die Rede: sie zeigten »das Trachten, auf das Wesen des Theaters, sein

[13] Karl Kraus, Werke. Hrsg. von Heinrich Fischer. Bd III (Worte in Versen I), München: Kösel ²1965, S. 59.

populäres Element zurückzugehen«.[14] Auch in der endgültigen Fassung, in der Will Vesper und Alexander von Bernus[15] nicht mehr erwähnt werden, führt Thomas Mann die wachsende Neigung zu den »ganz primitiven Formen« des Theaters und das »liebevolle Werben von heute um das Puppen-, das Krippen-, das Schattenspiel« an (58). Hier aber erscheint beides als Teil einer vieles umfassenden Bewegung, sind sie ebenso wie die zeitgenössischen Bemühungen um eine »Vereinfachung, Läuterung, Vergeistigung der Szene« (56) und die ganze »moderne Theaterreform-Bewegung« Anzeichen für die beginnende Rückkehr des Theaters zu seinem »wahren und ursprünglichen Beruf als Volkskunst«. Nicht »rein ästhetischen Sinnes« seien all diese Bestrebungen, »sie bedeuten offenbar Tieferes und Wichtigeres«, nämlich:

> Was sich darin ausspricht, ist vor allem die *wiedergewonnene* Einsicht in die volkstümliche *Grundnatur* des Theaters, ein durch den Geist der Zeiten gebotenes *Zurückgehen* auf sein *Wesentliches*, sein populäres Element, ein *Sichwiederbesinnen* des Theaters selbst – denn aus ihm kommt die Bewegung, nicht etwa aus der Literatur – auf seinen *wahren und ursprünglichen* Beruf als Volkskunst. (58; Hervorhebungen von mir.)

Vergleicht man dies mit den zitierten Formulierungen in ›Nord und Süd‹, so zeigen sich zwei Unterschiede. Die vorher durchaus literarischen Bemühungen werden jetzt als eine Bewegung des Theaters aufgefaßt, zugleich verschwindet die am Modell von Reiz und Reaktion orientierte Vorstellung des ›Rückschlages‹ und das nicht gerade zukunftsvoll klingende ›Zurückflüchten‹. Die zunächst – wider Willen richtig? – als historisch punktuell und reaktionär gekennzeichneten Tendenzen werden nun zu progressiven Momenten, aber zu progressiven eines restaurativen Vorgangs: zu Zeichen eines Wandels, in dem das Wahre und Ursprüngliche sich wiederherstellt. 1910, wenn die Datierung in ›Rede und Antwort‹ zutrifft, glaubte Thomas Mann, daß die Zukunft des Theaters, das »wieder« Volksanstalt, Volksveranstaltung werden will, begonnen hat und es auf dem besten Wege ist – auf dem, zum Früheren zurückzukehren. Zurück soll dieser Weg auch ganz praktisch führen. Der Zuschauerraum werde die Form des Amphitheaters »wieder annehmen müssen« (58), schon Wagner habe ja für das »Zukunftsschauspiel« auf den »alten, nach allen Seiten offenen Schauplatz zurückgedeutet« (59). Und Thomas Mann selbst steuert eine Anregung bei, auf die zu seiner Verwunderung noch niemand verfallen sei: die antike Maske; »irgendwie und -wann einmal« müsse man auf sie »zurückkommen« (60).

[14] Nord und Süd, a.a.O. S. 285 und S. 290.
[15] Über diesen hatte Thomas Mann seine Meinung inzwischen gründlich geändert. Vgl. S. 35.

Die Geschichtsauffassung, die sich in all dem äußert, ist unschwer zu identifizieren. Ursprünglicher Zustand – Abwendung von ihm, ›Abfall‹, Verlust – Rückkehr und Wiederherstellung: der Geschichtsprozeß als Kreis. In einer säkularisierten, ›aufgeklärten‹ Fassung ist das die Lehre vom Kreislauf, die Leisegang als ersten theologisch-mythischen Typus des Geschichtsdenkens beschreibt.[16] Dazu gehört eine bestimmte Deutung der Gegenwart. Sie ist stets eine »Zeit der Verderbtheit«, aber die Zeit der Verderbtheit »kurz vor dem Ende des Kreislaufs, kurz vor dem Beginn entweder einer neuen Zeit oder der alle Zeit vernichtenden seligen Ewigkeit«.[17] Genauso ist es im ›Versuch über das Theater‹ nicht, das Schema jedoch ist wiederzuerkennen. Auch hier hat die Gegenwart zwei Gesichter. Sie ist Zeit des Niedergangs und des Umschwungs zugleich. Die Literatur terrorisiert das Theater – »Armes Zeitalter!«[18] Eine ähnlich negative Bewertung des gegenwärtigen Zustandes taucht im Volkstheater-Kapitel auf, wenn Thomas Mann behauptet, »verloren« scheine das Theater erst, »seitdem es zum Zeitvertreib der Bourgeoisie geworden« (55). Damit aber geht es zu Ende, ist es vielleicht schon vorbei. Die Theaterreform-Bewegung zeigt es an, sie ist auch Ausdruck »neuer, das heißt jenseits der bourgeoisen Epoche liegender Geschmacksbedürfnisse« (58). Nicht länger Sache der Bourgeoisie, besinnt sich das Theater wieder auf sich selbst, die Wende ist eingetreten:

> Die höfische Epoche des Theaters ist vorüber, die bourgeoise auch, – das
> Theater will wieder Volksanstalt, Volksveranstaltung werden, niemand
> zweifelt daran. In allen ihren Sprachen, vor allem auch in der wirtschaft
> lichen, redet die Zeit diesem Willen zugunsten. (58)

Die Sätze sind in zwei Hinsichten bemerkenswert. Ende und Untergang des bürgerlichen Zeitalters waren wahrscheinlich Thomas Manns geschichtliches Urerlebnis.[19] Vergegenwärtigt man sich die Problematik, in

---

[16]  Leisegang, Denkformen, S. 357ff.
[17]  Ebd. S. 360.
[18]  Zum Gegenwartsverhältnis des Wiederherstellungsdenkens vgl. auch Clemens Heselhaus, Wiederherstellung (DVjs 25/1951, S. 54–81). Heselhaus' genetische Erklärung führt das »Erlebnis der Unlust an der Zeit« (›Zeit‹ im Sinne von ›Gegenwart‹) als erstes Motiv an (S. 68).
[19]  In ›Meine Zeit‹ stellt der Fünfundsiebzigjährige rückblickend auch schon die ›Buddenbrooks‹ in diesen Zusammenhang: »Ich hatte persönlich-familiäre Erfahrungen zum Roman stilisiert, mit der Empfindung zwar, daß etwas ›Literarisches‹, das heißt Geistiges, das heißt Allgemeingültiges daran sei, aber doch ohne eigentliches Bewußtsein davon, daß ich, indem ich die Auflösung eines Bürgerhauses erzählte, von mehr Auflösung und Endzeit, einer weit größeren kulturell-sozialgeschichtlichen Zäsur gekündet hatte.« (XI, 313). – Vgl. dazu Hellmuth Petriconi, Das Reich des Untergangs, S. 151–184: ›Verfall einer Familie‹ und Höllensturz eines Reiches.

die es ihn von den ›Betrachtungen eines Unpolitischen‹ an verwickelte, mutet es wirklichkeitsfern an, wie leichthin er hier, den Blick allein auf das Theater gerichtet, das Ende der geringschätzig bourgeois genannten Epoche verkündet. Der politikferne Kulturbürger, der nur einen begrenzten künstlerischen Bereich vor Augen hat und die Tragweite des Epochenendes wohl nicht einmal ahnt, ist indessen nur ein Aspekt. Ein anderer ist die Zukunftserwartung, in die das Gefühl epochaler Wende übergeht. Sie weist auf die Einstellung und Denkweise voraus, die Thomas Mann entwickelte, nachdem (und weil) ihm die auch politische Tragweite des Untergangs der bürgerlichen Welt bewußt geworden war. Hinwendung zur Zukunft und Zukunftsoffenheit, die nach dem Ersten Weltkrieg seine Vergangenheitsorientierung immer mehr relativieren, sind darin vorgebildet. Allerdings auch nicht mehr als das. Denn die Zukunftserwartung bleibt hier ja ganz an die Vergangenheit fixiert, ist sozusagen restaurativ überformt. Die Zukunft ist gar keine, bedeutet vielmehr Rückkehr zum Früheren, zu Ursprung, Wahrheit und Wesen, die vorübergehend vergessen und verloren waren, ist Wiederherstellung des Vergangenen, dessen Vergangensein damit freilich gerade geleugnet wird. Polemisch könnte man das charakterisieren als »das große Zurück, geputzt und aufgeschminkt als stürmendes Vorwärts«. So definiert Thomas Mann 1929, in dem Aufsatz ›Die Stellung Freuds in der modernen Geistesgeschichte‹, das Phänomen »Reaktion als Revolution« (X, 273). Und ähnlich, wie er dort die ›originale‹ Romantik gegen ihre Deutung durch den reaktionären Konservativismus der Zwanziger Jahre abhebt, darf man sein zyklisches Geschichtsdenken von dem der Romantik unterscheiden. Wie diese mißt der junge Thomas Mann die Gegenwart an der Vergangenheit und glaubt, daß »alle höheren Werte zu Anbeginn« liegen.[20] Auf der Grundlage dieses von Korff so charakterisierten ›romantischen Zeitgefühls‹ gibt es unter den verschiedenen Positionen des Geschichtsdenkens der Romantik auch die Überzeugung, in der Zukunft werde sich die Vergangenheit wiederherstellen.[21] Von den darüber hinausgehenden progressiven Tendenzen der

[20] H. A. Korff, Geist der Goethezeit, Teil IV, S. 173. – Daß die Geschichte, wie es gleich anschließend heißt, »den Grundcharakter einer zunehmenden Entfernung von diesem Höchsten [hat], mit welchem sie beginnt«, dürfte für das romantische Geschichtsdenken nicht in jedem Fall gelten, charakterisiert aber treffend den »Verfall« der Familie Buddenbrook, ihre ›Entwicklung‹ von Johann bis Hanno Buddenbrook. Das legt die Frage nahe, wieweit der junge Thomas Mann mit dem romantischen Geschichtsdenken nicht nur durch Nietzsche und Schopenhauer vertraut war. Käte Hamburgers für die Zeit bis zum ›Zauberberg‹ auch heute noch nicht überholtes Buch (Thomas Mann und die Romantik, 1932) geht darauf nicht ein, ebensowenig Hans Eichner, (Thomas Mann und die deutsche Romantik, 1968).
[21] Vgl. Dieter Schrey, Mythos und Geschichte bei Johann Arnold Kanne und

Romantik aber findet man beim frühen Thomas Mann keine Spur. Nicht als antithetische Negation der Vergangenheit erscheint die Gegenwart, die in der Zukunft dialektisch aufgehoben wird, sondern als Abfall, der rückgängig gemacht werden kann. Die Vorstellung, daß, wie Peter Szondi es gelegentlich Friedrich Schlegels formuliert, »die dritte Periode weder die erste wiederholen, noch aber schlechthin neu sein, vielmehr aus dem Zentrum der Moderne, in dialektischem Umschlag aus deren negativen Zügen selbst sich entwickeln«[22] könnte, liegt außerhalb des Kreislauf-Denkens. Es denkt nicht dialektisch, sondern restaurativ und zielt auf Überwindung der Zeit, möchte sie gleichsam abschaffen.

Ganz und gar nicht restaurativ argumentiert Thomas Mann jedoch in dem Kapitel des Essays, in dem er Roman und Drama einander gegenüberstellt. Er vergleicht sie, um darzutun, daß der Roman dem Drama keineswegs ästhetisch unterlegen ist; die Beweisführung verrät ein Geschichtsdenken, das die Vergangenheit auf sich beruhen und vergangen sein läßt. Was interessiert, ist die Gegenwart, und zwar eine Gegenwart, die als etwas relativ Selbständiges und anderes als die Vergangenheit aufgefaßt wird. Die Erörterung beginnt damit, daß Thomas Mann ihren Sinn grundsätzlich bezweifelt. Den ästhetischen »Vorrang« des Dramas zu bestreiten, erscheint ihm als ebenso anachronistisch wie ihn zu behaupten, weil die Voraussetzung, ein hierarchisches System der Dichtungsgattungen, der gegenwärtigen Wirklichkeit überhaupt nicht mehr gemäß ist: »heute, zur Zeit der Zwischengattungen, der Mischungen und Verwischungen, des autonomen Künstlertums, [...] heute, wo kaum Grenzen festzuhalten sind«, sei es eine »Narrheit«, »auch noch von Rangordnung zu reden« (27). Daß es früher anders war als heute, besagt nichts, im Gegenteil, es wird zur Narrheit, in der gegenwärtigen Situation zu tun, was in der Vergangenheit zu tun durchaus vernünftig gewesen sein mag. Dadurch wird ein Detail verständlich, das zunächst so aussieht, als wolle Thomas Mann es sich leicht machen, indem er die Gegenseite nur als Karikatur auftreten läßt: die Gründe für den Vorrang des Romans, damit den am überholten Prinzip der Rangordnung festhaltenden Standpunkt läßt

in der romantischen Mythologie, S. 127 und S. 156. Schrey weist auf, wie des romantischen Mythologen ›Erste Urkunden der Geschichte oder Allgemeine Mythologie‹ von dem Glauben an einen »Gesamtablauf der Geschichte nach dem Schema a:b:a« bestimmt sind. Verbreitung und Bedeutung des Wiederherstellungsgedankens in der ersten Hälfte des 19. Jahrhunderts, vor allem in der Romantik, belegt Heselhaus (s. Anm. 18) mit einer Fülle von Material aus Dichtung, Philosophie, Theologie und Naturwissenschaft. Die Zusammenstellung führt vor Augen, in welcher Tradition Thomas Manns Wiederherstellungsdenken bewußt oder unbewußt steht.
[22] Szondi, Friedrich Schlegel, a.a.O. S. 13.

er einen »Oberlehrer« vortragen, der »seinen Friedrich Theodor Vischer gelesen« hat (29), den »alten Vischer« (31), den er zitiert und reproduziert. Was mit dieser (im Kern dichterischen) Personifikation »Oberlehrer« ausgedrückt wird, ist die Epigonalität einer zur Schulmeinung erstarrten Ästhetik.

Mit ihr nun setzt Thomas Mann sich auseinander. Wo er geschichtlich argumentiert, widerlegt er die Position seines imaginären Gegenspielers, indem er darauf verweist, daß dieser (wie beim Glauben an ästhetische Rangordnung überhaupt) eine dichtungsgeschichtliche Situation vor Augen habe, die gar nicht mehr besteht, daß er nicht die Gegenwart des Romans sehe, sondern eine Vergangenheit, über die der Roman längst hinausgelangt ist.[23] Die Gründe, die den Vorrang des Dramas beweisen sollen, seien »das Begriffsgerät einer Ästhetik, die sich heute noch sperrt, dem Roman überhaupt das Heimatrecht im poetischen Reiche zuzuerkennen« (32), weil sie die Entwicklung des Romans ignoriert. Über die Wirklichkeitsgestaltung in Roman und Drama etwa heißt es, wo denn der Dramenauftritt sei, der eine »moderne« Romanszene an intensiver Gegenwart übertreffe (28). Und der Behauptung, der Roman sei als Form dem Drama unterlegen, weil er sich selbst interpretieren könne, hält Thomas Mann entgegen: das Drama besitze diese Möglichkeit ebenso, aber beide würden »desto weniger davon Gebrauch machen [...], je weiter sie in der technisch-formalen Entwicklung vorgeschritten sind«. Auch der »bescheidenste Geschichtenerzähler« werde seine Heldin »heute nicht mehr« als ›liebenswürdiges Frauenzimmer‹ präsentieren (31). Erzähltechnisch gibt es Entwicklung also sogar als Höherentwicklung.

Thomas Mann kritisiert die Ablehnung des Romans in der idealistischen Ästhetik nicht als schlechthin falsch. Diese ist falsch *geworden,* weil sie stehengeblieben ist und, anstatt die veränderte Wirklichkeit wahrzunehmen, Früheres sozusagen ›verewigt‹. Auf eine zyklische Vorstellung vom geschichtlichen Ablauf deutet das nicht hin. Im Gegensatz zur Geschichte des Theaters erscheint die des Romans als Entwicklung von einem primitiveren zu einem höheren Niveau. Das Frühere war nicht anders, sondern vergleichsweise schlechter, nicht zu ihm zurück, sondern von ihm weg verläuft die Bewegung. Sie ist linearer, linear voranschreitender Ablauf. Erkennbar wird die Geschichtsauffassung, die Leisegang den zweiten philosophischen Typus nennt: »Die Entwicklung stellt eine aufsteigende Linie dar.«[24]

---

[23] Die Grenze dieser Gegenwart zur Vergangenheit ist fließend. Als Beispiele werden Jacobsen, Flaubert, Turgenjew, Dostojewskij und C. F. Meyer genannt, aber auch der ›Werther‹ und die ›Wahlverwandtschaften‹.
[24] Leisegang, Denkformen, S. 361.

So artikuliert und in solcher Breite wie die zyklische Geschichtsvorstellung tritt die lineare im ›Versuch über das Theater‹ nicht annähernd hervor. Aber sie ist da, ist wirksam, sie liegt auch der abschließenden Gegenüberstellung von Theater und Roman zugrunde, jedoch wird die lineare Entwicklung hier anscheinend geistesgeschichtlich umgedeutet und negativ bewertet.

> Ich schmähe und verschmähe das Theater nicht, im Gegenteil, ich meine es zu erheben, wenn ich sage, daß ihm für mein Gefühl etwas Glücklich-Anachronistisches anhaftet, wodurch es, als ein Kultur-Überrest, fast außerhalb unserer modernen Zivilisation stehend erscheint: dieser demokratisch-unvolkstümlichen Zivilisation, als deren repräsentativer und herrschender künstlerischer Ausdruck der psychologische Roman weit eher anzusprechen wäre. (61)

Zum ersten Mal tauchen hier bei Thomas Mann die beiden Begriffe auf, die einige Jahre später in seiner Deutung des Ersten Weltkrieges eine so wichtige und so hochpolitische Rolle spielen: Zivilisation und Kultur. Aber während er sie im September 1914 als »eine der vielfältigen Erscheinungsformen des ewigen Weltgegensatzes und Widerspieles von Geist und Natur« auffaßt (Friedrich, S. 7),[25] versteht er sie hier geschichtlich. Dem Theater haftet etwas Anachronistisches an, es ist ein Kultur-Überrest und steht fast außerhalb der modernen Zivilisation: das verweist auf Kultur und Zivilisation als geschichtliches Nacheinander, aufeinanderfolgende Epochen. Die Gegenwart ist ›Zivilisation‹, sie hat die ›Kultur‹ abgelöst, was sich von ihr erhalten hat, besteht nur als Relikt der Vergangenheit fort und ist für die Gegenwart nicht mehr repräsentativ. Das ist »weit eher« als das Theater der (psychologische) Roman, von dessen Überlegenheit Thomas Mann, so behutsam er auch formuliert,[26] offen-

[25] Mit dieser Definition beginnen die im September 1914 geschriebenen ›Gedanken im Kriege‹, die in die Gesammelten Werke von 1960 nicht aufgenommen wurden. Über die Rolle von ›Kultur‹ und ›Zivilisation‹ in Thomas Manns Deutung des Ersten Weltkrieges vgl. unten S. 65 ff. und 129 ff.

[26] Später drückt er sich nicht mehr so vorsichtig aus. Vergleicht man diese frühe Äußerung über den Roman mit den späteren Feststellungen, so wird die Entwicklung von Thomas Manns literarischem Selbstverständnis, durch die Verbindung, die das Roman-Thema mit anderen, z. B. dem Dichter-Schriftsteller-Thema eingeht, im kleinen sogar seine geistig-politische Entwicklung überhaupt recht deutlich. Welche Perspektiven das Problem im Laufe seines Lebens bekam, zeigt besonders klar seine Stellungnahme zu der Kontroverse zwischen Leopold Schwarzschild und Eduard Korrodi im Jahr 1936: der Brief, mit dem er sich öffentlich zur Emigration bekannte und seine Ausbürgerung herbeiführte. Schwarzschild hatte festgestellt, daß die ganze oder so gut wie die ganze zeitgenössische deutsche Literatur emigriert sei. Korrodi bestritt das und erklärte, ausgewandert seien doch vor allem die Romanindustrie und ein paar wirkliche Könner und Gestalter von Romanen. Das greift Thomas Mann auf, um dar-

sichtlich überzeugt ist. Jedoch ist diese Überlegenheit von grundsätzlich anderer Art als der traditionell behauptete Vorrang des Dramas. Sie beruht darauf, daß der psychologische Roman weit eher als das Theater Ausdruck der modernen Zivilisation ist. An die Stelle eines ästhetischen Wertungssystems tritt ein historisches. Die Vorstellung einer von Kultur zu Zivilisation linear voranschreitenden Entwicklung erlaubt, das Prinzip vermeintlich zeitloser Rangordnung auf Grund künstlerischer Eigenschaften durch das Prinzip geschichtlicher Repräsentativität zu ersetzen. Über sie entscheidet, ob eine Kunst einer bestimmten historischen Wirklichkeit mehr oder weniger gemäß ist und sie besser oder schlechter ausdrückt. Der Roman ist dem Theater überlegen, weil er der modernen, »demokratisch-unvolkstümlichen« Zivilisation mehr entspricht als das Theater, das Thomas Mann – leicht zögernd – als geschichtlich überholt empfindet: ihm haftet etwas Anachronistisches an. Nach allem, was er zuvor über das Theater gesagt hat, ist es ein sehr lebensvoller Anachronismus. Dennoch wird die vorher begrüßte Rückkehr des Theaters zu seinem Ursprung durch diese abschließende Kennzeichnung als ›Kultur‹-Erscheinung objektiv zweideutig. Es entsteht eine Distanz, die Reinhard Baumgart als den »Spannungsraum« Thomas Mannscher ›Ironie‹ charakterisiert hat[27] und die hier mindestens eines bewirkt: den zyklischen Verlauf der Geschichte des Theaters historisch zu relativieren. Als Ziel der geschichtlichen ›Entwicklung‹ eines Kultur-Überrests fast außerhalb der modernen Zivilisation erhalten Rückkehr und Wiederherstellung – vermutlich unbeabsichtigt – eine Aura von Altertümlichkeit.

Daß der Romanautor Thomas Mann das Theater der vergangenen Kultur, der modernen Zivilisation aber den Roman zuordnet, könnte naive Überhöhung der eigenen literarischen Gattung sein. Tatsächlich jedoch hat es einen ziemlich kritischen Aspekt. Denn anscheinend ist die Zivilisation in seinen Augen weniger wert als die Kultur. Im Ersten Weltkrieg und unmittelbar danach war es für ihn überhaupt keine Frage, daß Zivilisation einen Niedergang darstellt, infolgedessen war er z. B. mit der Geschichtsphilosophie Spenglers *anfangs* völlig einverstanden.[28] Offenbar

zulegen, daß sich »in der Tat das Schwergewicht deutschen literarischen Lebens aus dem Lande weg ins Ausland« verlagert habe. Denn »auf unserer Zeitstufe« sei der Roman »zum repräsentativen und vorherrschenden literarischen Kunstwerk« geworden. »Drama und Lyrik sind im Vergleich mit ihm archaische Formen«. (XI, 791f.)
[27] Baumgart, Das Ironische und die Ironie in den Werken Thomas Manns, S. 80.
[28] Fünf Jahre vor dem polemischen Aufsatz ›Über die Lehre Spenglers‹ (X, 172–180) schreibt er am 5. Juli 1919 an Gustav Blume: »Man muß sich kontemplativ stimmen, auch fatalistisch-heiter, Spengler lesen und verstehen, daß der Sieg England-Amerika's die Civilisierung, Rationalisierung, Utilarisierung

stellt er aber auch schon im ›Versuch über das Theater‹ die Kultur über die Zivilisation. Ausdrücklich spricht er vom *Glücklich*-Anachronistischen des Kultur-Überrests Theater und betont, daß er es mit dieser Kennzeichnung »erheben« will. Für sein Gefühl scheint es geradezu ein Vorzug des Theaters zu sein, daß es, weil der ›Kultur‹ zugehörig, fast außerhalb der modernen Zivilisation steht. Dementsprechend gerät sein Bekenntnis zum Theater am Ende des Essays zu einer Sympathieerklärung für etwas geschichtlich mehr oder weniger Überholtes. »Um sein primitiv-populäres Grundelement«, versichert Thomas Mann, »ist es, wir wollen zum Schlusse kein Hehl daraus machen, wahrhaftig ein großes und gutes Ding, und alle kultur-konservativen Hoffnungen der Welt mögen sich daran klammern« (62). Sie klammern sich an das Theater, weil es, entgegen dem demokratisch-unvolkstümlichen Charakter der Zivilisation, »die Masse zum Volke weiht« (62) – aber daß sie sich daran »klammern«, klingt nicht sehr zukunftsgewiß. Indessen besagt ›kultur-konservativ‹ ja von vornherein, daß der Blick nicht in die Zukunft, sondern in die Vergangenheit gerichtet ist, und zwar in eine Vergangenheit, von deren Wiederherstellung nicht mehr die Rede ist.

Die Hinwendung zum Vergangenen, die Thomas Mann damit wieder vollzieht, jetzt aber auf der Grundlage eines linearen Geschichtsdenkens, verbindet dieses mit der zyklischen Geschichtsauffassung. Obwohl abstrakt durchaus ein Gegensatz, stehen sie hier nicht gegeneinander, sondern nebeneinander. Dies nicht so sehr, weil die Vorstellung linear voranschreitender Entwicklung verhältnismäßig schwach ausgebildet ist, sondern weil diese Entwicklung zuletzt kultur-konservativ beurteilt wird, als Niedergang von der Kultur zur Zivilisation, und sich damit auch innerhalb des linearen Geschichtsdenkens Vergangenheitsorientierung durchsetzt. Sie prägt beide Denkansätze, wenn auch auf charakteristisch verschiedene Weise. In der Vorstellung, daß das Theater in seiner Geschichte zu seinem Ursprung und früher einmal verwirklichten Wesen zurückfindet, erscheint der höhere Wert der Vergangenheit sozusagen ›objektiviert‹, als eine Tatsache des Weltlaufs. Da er für einen Kreislauf gehalten wird, kann die Vorliebe für das Frühere Zukunftserwartung in sich aufnehmen. Die Vorstellung einer voranschreitenden Entwicklung dagegen, die Früheres hinter sich läßt, erlaubt das Vergangene über das Gegenwärtige, die ›Kultur‹ über die ›Zivilisation‹ zu stellen nur als subjektive

des Abendlandes, die das Schicksal jeder alternden Kultur ist, besiegelt und beendigt. [...] Was nun kommt, ist die angelsächsische Weltherrschaft, d. h. die vollendete Civilisation.« (Br. I, 165) Vgl. auch Michel Vanhellepute, Thomas Mann et ›Le Déclin de l'Occident‹ (1919–1924). In: Revue de l'Université de Bruxelles, XVIII (1965/66), S. 450–465.

Rückwärtsgewandtheit. Diese ist Sympathie für das Vergangene (Thomas Mann selbst nennt sie später oft »Sympathie mit dem Tode«), Ausdruck eines persönlichen oder auch überpersönlichen Lebensgefühls, einer »Stimmung«, als die der Konservativismus in den ›Betrachtungen eines Unpolitischen‹ einmal definiert wird (XII, 401). Dieses Subjektive (und sein diffus innerlicher Charakter) tritt am Schluß des Essays deutlich hervor. Das Glücklich-Anachronistische haftet dem Theater »für mein Gefühl« an; die Erklärung, diese Charakterisierung solle keine Schmähung sein, verrät Unsicherheit, ob andere verstehen werden, daß diese konservative Wertung positiv gemeint ist; es sind kultur-konservative »Hoffnungen«, die sich ans Theater »klammern«. Rückkehr zum früheren Zustand wird hier nicht mehr für möglich gehalten, die Bevorzugung des Vergangenen trotzdem nicht aufgegeben. Sie verblaßt dabei aber zu zukunftsloser Anhänglichkeit an das Frühere, obwohl es überholt ist. Voranschreitender Entwicklung wird mit Rückwärtsgewandtheit begegnet, ›objektive‹ Wirklichkeit und ›subjektive‹ Einstellung zu ihr haben sozusagen entgegengesetzte Richtungen. Darin unterscheidet sich das (erst in den ›Betrachtungen eines Unpolitischen‹ voll entwickelte) bewußt konservative Denken vom unreflektiert restaurativen, das für den ›Versuch über das Theater‹ hauptsächlich charakteristisch ist. Auch die kultur-konservative Bewertung von Kultur und Zivilisation aber stellt die Vergangenheit über die Gegenwart, hier wie da herrscht die Vergangenheit.

## 2. Exkurs über ›Tonio Kröger‹

Ursprünglicher Zustand – Abwendung von ihm, ›Abfall‹, Verlust – Rückkehr und Wiederherstellung: dieses Schema kennt auch der Erzähler Thomas Mann. Im wesentlichen ist es das Schema der Lebensgeschichte Tonio Krögers (VIII, 271–338). Anders als im ›Versuch über das Theater‹ allerdings steht in der Erzählung nicht harmonische Einheit am Anfang, sondern Trennung. »Warum bin ich doch so sonderlich und in Widerstreit mit allem, zerfallen mit den Lehrern und fremd unter den anderen Jungen?« grübelt Tonio Kröger bereits, als er fast noch ein Kind ist (275). Er ist von vornherein ein Außenseiter, der sich nach problemlosem Aufgehen im Leben nur sehnt. Im Deutungshorizont der Erzählung heißt das zugleich: sozusagen ›existentiell‹ ist er schon zu Beginn der Dichter, der er später wird. »Früh, schrecklich früh«, berichtet er Lisaweta, werde der »Fluch« fühlbar, als den er »die Literatur« erlebt (297). Mit Recht stellt Heinz Peter Pütz fest: »Von einer eigentlichen ›Entwicklung‹ des Helden zu sprechen, verbietet schon der Charakter des Kindes, welches bereits mit allen Merkmalen des Künstlerdaseins gezeichnet ist.«[29] Trotz dieser Entwicklungslosigkeit gibt es in Tonio Krögers Leben zwei Zäsuren. Der Tonio Kröger im Atelier Lisawetas ist ein anderer als der Tonio Kröger, der um Hans Hansens Freundschaft warb und Ingeborg Holm liebte; und den Brief aus Aalsgaard schreibt nicht mehr der Tonio Kröger, der einige Monate vorher in einem Rückgebäude der Münchner Schellingstraße seine Gedanken über die Kunst und den Künstler vorgetragen hat. Drei Lebensphasen sind deutlich voneinander abgehoben.[30] In welchem Verhältnis stehen sie zueinander? Pütz spricht von einem »Weg der sich entfaltenden Künstlerexistenz«, der »vom Leiden an der Trennung vom normalen Leben über die hellsichtige Erkenntnis des eigenen Außenseiterdaseins bis zu dessen endgültiger Klärung und Anerkennung« führt.[31] So, als ein Prozeß gradlinig fortschreitender Bewußtwerdung, erscheint Tonio Krögers Weg jedoch nur, wenn man sein Außenseiterdasein als abstrakte Tatsache betrachtet. Das Bild ändert sich, wenn man von seinem inneren Verhältnis zu dem, was in der Erzählung ›das Leben‹ genannt wird, ausgeht und hinzunimmt, welche Folgen seine Einstellung zu diesem ›Leben‹ für ihn selbst hat. Dann wird eine kreisförmige Bewegung sichtbar, die zum ursprünglichen Zustand zurückkehrt und mit dessen Wiederherstellung endet.

Der heranwachsende Tonio Kröger wünscht sich, »so in Ordnung und glücklicher Gemeinschaft mit aller Welt« leben zu können wie Hans Hansen (276), obwohl er weiß oder zumindest ahnt, daß dies für ihn unerreichbar ist. Dem gleichsam aus der Ferne liebenden Verhältnis zum Leben entspricht eine seelische Verfassung, die Thomas Mann am Schluß des ersten, des Hans Hansen-Kapitels in den zugleich differenzierenden und formelhaften Satz faßt: »Damals lebte sein Herz; Sehnsucht war darin und schwermütiger Neid und ein klein wenig Verachtung und eine ganz keusche Seligkeit« (281). Daß Tonio Krögers Herz damals lebte, wird im anschließenden Ingeborg Holm-Kapitel weiter ausgeführt. Nach dem Mißgeschick in der Tanzstunde, nachdem er auf den Korridor hinausgegangen ist, heißt es: »Aber obgleich er einsam, ausgeschlossen und ohne Hoffnung vor einer geschlossenen Jalousie stand und in seinem Kummer

---

[29] Heinz Peter Pütz, Kunst und Künstlerexistenz bei Nietzsche und Thomas Mann, S. 68.
[30] Ihnen entspricht eine Dreiteiligkeit des Aufbaus, die in der Forschung schon oft hervorgehoben worden ist. Vgl. z. B. Stresau, der von einem »dreiteiligen Satz« und von »elegische[r] Form« spricht, »analog derjenigen von Hölderlins ›Menons Klage um Diotima‹: Exposition, dissonanter Mittelsatz, versöhnender Ausklang« (Thomas Mann und sein Werk, S. 94).
[31] Kunst und Künstlerexistenz, S. 68.

tat, als könne er hindurchblicken, so war er dennoch glücklich. Denn damals lebte sein Herz« (287). Es schmerzt ihn, daß er außerhalb steht und glücklos liebt, aber dieser Schmerz ist etwas Positives, nämlich innere Lebendigkeit. Er leidet an seinem Außenseitertum, zieht sich jedoch nicht darauf zurück, sondern bleibt dem unbeschwert normalen Leben, an dem er nicht teilhat, zugewandt.

In der zweiten Phase seines Lebens hört das auf. Äußerlich und innerlich wendet er sich von seinem bisherigen Leben ab – er verläßt seine Heimatstadt und ist »voller Spott für das plumpe und niedrige Dasein, das ihn so lange in seiner Mitte gehalten hatte« (289). Es folgen dreizehn Jahre, später einmal ausdrücklich »tote Jahre« genannt (329), eine Zeit der Erstarrung – »Erstarrung; Öde; Eis; und Geist! Und Kunst!« (336) –, ein totes Leben: sein Herz ist »tot und ohne Liebe« (290), an die »Lust der Seele, die einstmals sein eigen gewesen war«, erinnert er sich nur noch (ebd.); er arbeitet wie einer, »der nichts will als arbeiten«, und verachtet diejenigen, die nicht wissen, »daß, wer lebt, nicht arbeitet, und daß man gestorben sein muß, um ganz ein Schaffender zu sein« (291f.). Sein Verhältnis zum Leben ist ein Un-Verhältnis, noch in seinen Theorien bildet sich der Verlust seiner inneren Lebendigkeit ab, so wenn er behauptet, daß man zum Menschlichen, um es darstellen zu können, in einem »seltsam fernen und unbeteiligten Verhältnis« stehen müsse (295f.). Das ist – nicht im soziologischen, sondern in einem psychologischen Sinne – Ideologie, Rechtfertigung der eigenen seelischen Verfassung durch deren Generalisierung zu einem ›Gesetz‹. Lisaweta durchschaut das mühelos und widerlegt ihn, indem sie seine Ansichten auf seine individuelle Situation zurückführt und ihm sagt, daß er ein »Bürger auf Irrwegen« sei, ein »verirrter Bürger« (305). Mit dieser Erklärung – sie ist zugleich ein Urteil über seine ganzen letzten dreizehn Jahre – spricht sie indessen nur aus, was Tonio Kröger anfangs selbst empfand: »Welch Irrgang! dachte er zuweilen« (291). Zu einem Irrweg kann ein Lebensabschnitt aus mancherlei Gründen werden. Daß Tonio Kröger in die Irre gegangen ist, weil er sich von seiner ursprünglichen Einstellung zum ›Leben‹ abgewandt, seine Außenseiterliebe aufgegeben hat, zeigt sein Weg nach dem Gespräch mit Lisaweta. Es ist ein Weg zurück.

Die innere Rückkehr in die Vergangenheit beginnt damit, daß er seinen »Ausgangspunkt« besucht (306), die Stadt, »von der er ausgegangen war« (307). Bereits hier ist die Vergangenheit ihm so intensiv gegenwärtig, daß beim Betreten des Elternhauses sein Herz ängstlich schlägt, weil er »gewärtigte, sein Vater könnte aus einer der Türen zu ebener Erde, an denen er vorüberschritt, hervortreten, im Kontor-Rock und die Feder hinterm Ohr« (311). Das Wiedersehen mit der Welt seiner Kindheit setzt sich fort,

wenn er auf der Überfahrt nach Dänemark vom Schiff aus den Strand erblickt, »an dem er als Knabe die sommerlichen Träume des Meeres hatte belauschen dürfen« (318f.). In der folgenden Sturmnacht gewinnt er einen unmittelbaren Zugang auch zu seiner Gefühlswelt von einst. »Ein Sang an das Meer, begeistert von Liebe, tönte in ihm. Du meiner Jugend wilder Freund, so sind wir einmal noch vereint [...]. Sein Herz lebte...« (321f.). Dauerhaft wiedergefunden hat er die innere Lebendigkeit seiner frühen Jahre jedoch noch nicht, vorläufig ist er noch auf der Suche nach der verlorenen Zeit. Die ihm »aus alten Tagen« bekannten Namen, die er an den Häusern in Kopenhagen liest, scheinen ihm »etwas Zartes und Köstliches« zu bezeichnen und schließen gleichzeitig »etwas wie Vorwurf, Klage und Sehnsucht nach Verlorenem« in sich (322f.). Er gerät in eine Stimmung, in der Vergangenheit und Zukunft sich andeutungsweise durchdringen – eine »Unruhe, [...] Erinnerung halb und halb Erwartung«, bewegt ihn (323). Aus der sich darin ankündigenden Relativierung der Zeit als lineares Nacheinander wird in Aalsgaard ein »erlöstes Schweben über Raum und Zeit« (325), verbunden mit einem Verlust des alltäglichen Zeitsinns: »So verging mancher Tag; er hätte nicht zu sagen vermocht, wie viele, und trug kein Verlangen danach, es zu wissen« (ebd.). Wie später Hans Castorp lebt Tonio Kröger außerhalb der Zeit und ist damit vorzüglich disponiert, die Gegenwart als Wiederkehr der Vergangenheit zu erleben. Das geschieht, als er Hans Hansen und Ingeborg Holm ›wiedersieht‹. Er weiß, daß sie es nicht wirklich sind, daß sie nur »kraft der Gleichheit der Rasse und des Typus« Hans Hansen und Ingeborg Holm ›sind‹, trotzdem sind sie für ihn »die beiden, um die er vorzeiten Liebe gelitten hatte« (331). Ebenso ist der Ball der Ausflügler aus Helsingör trotz der verschiedenen Parallelen objektiv keine Wiederholung des Tanzstundenabends von einst. Tonio Kröger jedoch erlebt ihn so und findet, nachdem er sich zurückgezogen hat: »Wie früher, ganz wie früher war es gewesen!« (335) Für ihn ist die Vergangenheit wieder Gegenwart. »Ja, wie damals war es, und er war glücklich wie damals. Denn sein Herz lebte.« (336)
Es ist wieder, wie es war. In der Begegnung mit dem Damals und durch die Erschütterung, die sie auslöst, stellen sich Tonio Krögers aus der Ferne liebendes Verhältnis zum Leben und seine innere Lebendigkeit von damals wieder her. Die »lange[n], tote[n] Jahre« (329) sind nun vorbei, doch gelangt er über sie hinaus, indem er hinter sie zurückgeht. Darum kann die Erzählung mit einem Zitat enden und der Satz über das Herz des heranwachsenden Tonio Kröger vom Schluß des ersten Kapitels jetzt wieder dazu dienen, seine Liebe zum Leben zu charakterisieren: »Sehnsucht ist darin und schwermütiger Neid und ein klein wenig Verachtung

und eine ganz keusche Seligkeit.« (338) Ein ganz genaues Zitat ist das freilich nicht. Früher hatte es geheißen: Sehnsucht *war* darin. Der Tempuswechsel hat u. a. den erzähltechnischen Grund, daß früher der rückblickende Erzähler sprach, jetzt dagegen Tonio Kröger einen bekenntnishaften Brief schreibt. Dieser Unterschied schließt aber einen bedeutsameren sachlichen ein. Aus der gleichsam naturhaften Gegebenheit, die der Erzähler mitteilt, ist eine von Tonio Kröger bewußt eingenommene Position geworden. Insofern darf man sagen, daß die (in reiner Form unerreichbare) Rückkehr zur Vergangenheit sich im ›Tonio Kröger‹ als Wiederherstellung des ursprünglichen Zustandes auf höherer Lebensstufe vollzieht.

# II

# VERGANGENHEITSORIENTIERUNG, ZEITLOSIGKEIT, TOD

## 1. ›Zum Litteratur-Essay‹

Am 25. März 1909 schreibt Thomas Mann seinem Bruder Heinrich, daß er unter anderem einen Essay vorbereite, »der allerhand Zeitkritisches enthalten soll« (Briefwechsel, S. 73). Die kurze Mitteilung klingt zuversichtlich. Fünf Monate später hat der Essay sich zu einer »Abhandlung« ausgewachsen, mit der Thomas Mann sich abquält: »[...] daran zermürbe ich mir jeden Vormittag die Nerven so sehr, daß ich nachmittags dem Blödsinn näher bin als der Epistolographie« (Br. I, 77f.). Heißen sollte die Abhandlung ›Geist und Kunst‹,[1] fertig wurde sie nie.[2] Kleine Stücke daraus erschienen unter dem Titel ›Notizen‹ am 25. Dezember 1909 im Berliner ›Tag‹,[3] »ein paar zusammenhängende Seiten« eines Kapitels über den »literarischen Menschen« am 4. und am 11. Januar 1913 in der Zeitschrift ›März‹.[4] Weder diese Fragmente noch die wenigen Äußerungen Thomas Manns über den Essay erlaubten, sich von dem erst nach mindestens zeitweilig verbissener Arbeit aufgegebenen Plan eine genauere Vorstellung zu machen. Dies ermöglicht jetzt das 1967 von Hans Wysling vollständig herausgegebene Material,[5] das Thomas Mann vom Sommer 1908 bis – vielleicht – Anfang 1910 unter dem Arbeitstitel ›Zum Litteratur-Essay‹ sammelte,[6] zum Teil auch, wie Wysling in einigen Anmerkungen mitteilt, für die geplante Arbeit aus seinen Notizbüchern

---

[1] Vgl. Studien I, S. 336 (Anmerkung 1) und Bürgin/Mayer, Chronik S. 31f.
[2] Statt dessen wurde sie ein Werk Aschenbachs (VIII, 450) und werde es »wohl« bleiben, wie es, noch nicht ganz resigniert, am 30. Januar 1913 in einem Brief an Ernst Bertram heißt (Bertram-Briefe, S. 15).
[3] In Bürgins Bibliographie nicht nachgewiesen. Wiederabdruck des Textes: Studien I, S. 224–227.
[4] ›Der Literat‹ und ›Der Künstler und der Literat‹: Bürgin, Bibliographie S. 137. Text zum erstenmal wieder abgedruckt (unter dem Titel ›Der Künstler und der Literat‹): X, 62–70.
[5] »Geist und Kunst«. Thomas Manns Notizen zu einem »Literatur-Essay«. Studien I, S. 152–223 (Text).
[6] Vgl. Studien I, S. 123 und S. 125.

übernahm. Es sind Notizen und Exzerpte, Aufzeichnungen, die vom Stichwort bis zur weitgehend ausformulierten Überlegung und der fast druckreifen Sentenz reichen. Was auf den ersten Blick wie ein Durcheinander eigener und fremder Gedanken aussehen mag, ist trotz zahlreicher Widersprüche nicht ohne inneren Zusammenhang. Hans Wysling hat die »Hauptgedanken« nachgezeichnet[7] und macht mit Recht darauf aufmerksam, daß viele Überlegungen in spätere Veröffentlichungen eingegangen sind.[8] So wertvoll die Aufzeichnungen dadurch für das Verständnis von Thomas Manns Entwicklung sind, wichtiger ist, daß sie Einblick geben in die Gedankenwelt des frühen Thomas Mann, für die es infolge seiner Scheu vor dem Essay, seiner Furcht, sich durch direkte Äußerungen »unnütz zu kompromittieren« (144, S. 220;[9] vorher schon XI, 714), verhältnismäßig wenige Zeugnisse gibt.

Das zentrale Thema der Aufzeichnungen und wohl auch des geplanten Essays kann man, Wysling folgend,[10] mit den Stichworten ›Literat‹, ›Literatur‹, ›das Literarische‹ umschreiben. Die genaue Bedeutung dieser Begriffe freilich ist schwer anzugeben. ›Literat‹ heißt auch Schriftsteller und Schriftstellertum ist »Kritizismus«, ›Literatur‹ schließt u. a. Intellektualität ein und meint ebenso eine geistige Haltung wie eine Art künstlerischer Gestaltung. All dies umfaßt auch der Begriff des ›Literarischen‹. Mehr oder weniger eng hängen mit diesem Thema alle Notizen zusammen. Obwohl ihr sachlicher Inhalt uns hier nur im Hinblick auf Thomas Manns Geschichtsdenken interessiert, werden wir aus zwei Gründen verhältnismäßig ausführlich darauf eingehen müssen. Thomas Manns unsichere Bemühungen, ›das Literarische‹ als zeitgemäß zu begreifen, leuchten eher ein, wenn wenigstens ungefähr deutlich ist, was ihm dabei vorschwebte. Der andere Grund ist die Art des Materials. Es ist keine durchgeformte Einheit, enthält nicht wenige Widersprüche, dasselbe Thema tritt darin zuweilen in ganz verschiedener Gestalt auf, schließlich bleibt manches Andeutung und ist nur mit Hilfe paralleler oder ergänzender

---

[7]  Studien I, S. 128–150. – Vgl. auch T. J. Reed, Geist und Kunst. Thomas Mann's Abandoned Essay on Literature, Oxford German Studies I (1966), S. 53–101.
[8]  U. a. durch die Zusammenstellung der wichtigsten Aufsätze, die aus den Notizen für den Literaturessay »entwickelt« wurden (wie er es wohl doch zu weitgehend nennt): Studien I, S. 233.
[9]  Die Zitate werden auch hier jeweils im Text nachgewiesen, und zwar gebe ich immer zuerst die Nummer der Notiz an, danach die Seite (also: 27, S. 167 = Notiz 27, Seite 167). Alle Hervorhebungen in den Zitaten sind original. Andere Besonderheiten des Textes, z. B. nachträgliche Hinzufügungen, werden nur erwähnt, wenn sie für den Gehalt der betreffenden Stelle von Belang sind.
[10]  Studien I, S. 134.

Bemerkungen zu verstehen. Aus dieser Beschaffenheit des Materials ergibt sich auch, daß wir zunächst nur einzelne Positionen, gewissermaßen Denk-Standpunkte, herausarbeiten können. Was dabei sichtbar wird, sind unterschiedlich deutliche Tendenzen, die aber so sehr konvergieren, daß doch ein Bild entsteht.

Schon bei flüchtiger Lektüre der Notizen fällt auf, wie lebhaft Thomas Mann sich darin mit seiner Zeit beschäftigt. Immer wieder geht es um Personen oder Bestrebungen der unmittelbaren Gegenwart (auch der Münchner Umwelt). Aktuelle Ereignisse werden registriert oder kommentiert, manchmal zustimmend, häufiger ablehnend. Die Triumphfahrten des Grafen Zeppelin im Sommer 1909 beispielsweise veranlassen ihn zu der spöttischen Bemerkung: »So hätten wir denn eine Definition! Ein Litterat ist, wer den Grafen Zeppelin nicht für einen Nationalhelden hält« (70, S. 188). Diese Gegenwartsbezogenheit der Aufzeichnungen scheint nicht einfach eine Folge davon zu sein, daß Thomas Mann eben festhielt und verarbeitete, was der Tag ihm an Stoff anbot. Anscheinend verhält es sich umgekehrt, liegt der Beschäftigung und fortwährenden Auseinandersetzung mit dem Aktuellen eine gefühlsmäßige Hinwendung zur Gegenwart zugrunde und deren Anerkennung als der Zeit, auf die es ankommt. »Ich *liebe* unsere Zeit. Nichts interessanter, als sie!« (13, S. 159) bekennt er überraschend vorbehaltlos. So wirksam ist dieses ›Prinzip Gegenwart‹, daß er seine schriftstellerische Arbeit nicht auf irgendwelche Probleme und erst recht nicht auf zeitlose Menschheitsfragen bezieht, sondern allein auf die eigene Zeit. Halb ärgerlich, halb belustigt notiert er, wie Alexander von Bernus sich verachtungsvoll über »diese unsere Zeit« erhebt, und setzt dagegen: »Ich für mein Theil wäre stolz, wenn es mir je gelungen wäre oder gelänge, etwas von ihr auszudrücken« (116, S. 214).
Hinwendung zur Gegenwart, Liebe zur eigenen Zeit bedeuten nicht kritikloses Einverständnis. Widerspruch gegen bestimmte Zeittendenzen begegnet man ständig (der Essay sollte ja auch »allerhand Zeitkritisches« enthalten), ebensowenig fehlt allgemeine Zeitkritik. Einmal ist von »dieser ebenso stolzen wie ratlosen, ebenso anmaßenden als schwachen Zeit« die Rede (66, S. 187), an anderer Stelle diagnostiziert Thomas Mann »geistige Anarchie und Haltlosigkeit«, »cynische Charakterschwäche unserer Zeit« (119, S. 216). Gern allerdings kritisiert er die Zeit nicht, der Wunsch, mit ihr übereinzustimmen, ist stark. Dies wohl nicht aus Bequemlichkeit, anscheinend auch nicht allein aus Harmoniebedürfnis. Mitzuspielen scheint ein Gefühl für die Gefahr jeder Zeitkritik: in einen absoluten Gegensatz zur Zeit zu geraten. »Unbehaglichkeit des Streites ge-

gen Zeittendenzen« lautet kurz, doch mißverständlich die spätere Zusammenfassung (140, S. 219) einer früheren Überlegung. Dort wird das Problem etwas genauer fixiert: schwer sei es, »die widerlichen Hände« zu schlagen, die mit bestimmten Zeittendenzen Unfug treiben, »ohne (was unglücklich macht) sich mit der Zeit selbst zu verfeinden« (112, S. 212). Ein Versuch, den Konflikt zwischen Liebe zur Zeit und deren Kritik aufzulösen, ist die Abwertung der kritisierten Zeiterscheinung als Mode. Auf diese Weise wird gelegentlich die »antiliterarische Simpelei« disqualifiziert. Von größerer Tragweite ist ein anderer Versuch: der, Zeitkritik dialektisch zu verstehen und sie dadurch nicht als Aufgabe des ›Prinzips Gegenwart‹, sondern gerade als dessen Verwirklichung zu begreifen. Thomas Mann versucht dies, indem er sich – von einem anderen Ausgangspunkt her – Kritik der Gegenwart als Dienst an ihr und für die Zukunft klar macht.

> Der Kampf gegen die Zeit und gegen das, was sie im Triumphe emporhebt, braucht nicht notwendig aus persönlicher Verbissenheit hervorzugehen. Große Beispiele lehren, daß er dem Willen zur Selbsterkenntnis entspringen und die Selbsterkenntnis der Zeit, ihre Selbstüberwindung fördern kann. (19, S. 162)[11]

›Zeitkritik und Ressentiment‹ könnte man das überschreiben. Mit der Aufrichtigkeit des Nietzsche-Schülers leugnet Thomas Mann die Möglichkeit rein persönlicher Wurzeln von Zeitkritik keineswegs. Er hält sich dabei nicht auf, setzt im zweiten Satz ein individuell-psychologisches Motiv (Wille zur Selbsterkenntnis) voraus und geht ohne weiteres zu dessen objektiver Wirkung über. Hier richtet sich der Blick zuerst auf die Gegenwart (Selbsterkenntnis der Zeit); mit »Selbstüberwindung« der Zeit wird dann aber sogleich auch die Zukunft einbezogen. Als ein Beitrag zur Selbsterkenntnis der Zeit fällt der Kampf gegen die Zeit weder aus der Gegenwart heraus, noch steht er ihr, sie bloß negierend, als starre Antithese gegenüber. Statt dessen gehört er zu ihr, bildet er als produktive Negation einen Teil der Gegenwart – doppelt produktiv, indem er zur Selbsterkenntnis der Zeit beiträgt und deren Selbstüberwindung fördert. Zeitkritik als progressives Tun also und als ein Moment innerhalb der geschichtlichen Bewegung. Sie so zu verstehen ist möglich, weil durch die Einbeziehung der Zukunft die Gegenwart ihrerseits von vornherein zu nur einer Phase im Zeitablauf wird.

[11] 1910 verteidigt Thomas Mann mit diesen Sätzen (geringfügig verändert) den Kritiker Samuel Lublinski in ›Der Doktor Lessing‹ (XI, 723). Auf diese Stelle bezieht sich die Bemerkung Bernt Richters über Thomas Manns Überzeugung vom positiven Wert von Zeitkritik (Thomas Manns Stellung zu Deutschlands Weg in die Katastrophe, S. 55 f.).

Diese Relativierung der Gegenwart ist innerhalb der Aufzeichnungen allerdings eine Ausnahme. Denn ebenso auffällig wie die intensive Hinwendung zur Gegenwart ist die Tatsache, daß die Zukunft Thomas Mann hier fast gar nicht interessiert. Und ein Gefühl epochaler Wende wie im fast gleichzeitigen ›Versuch über das Theater‹ ist nirgends auch nur zu spüren, ebensowenig freilich eine Ablehnung irgendwelcher Entwicklungen der Vergangenheit. Im Gegenteil, Gegenwart und Vergangenheit erscheinen als homogene Einheit. In seinen Bemühungen, den Komplex ›Literat‹, ›Literatur‹, ›das Literarische‹ in den Griff zu bekommen, wird der Abstand zwischen früher und heute, konkret: zwischen dem 18., dem 19. und dem Beginn des 20. Jahrhunderts praktisch aufgehoben. Zwischen Lessing, Goethe, Schiller, den Romantikern, Wagner, Nietzsche und z. B. George, Dehmel, Ludwig Thoma, Hofmiller, Maximilian Harden macht Thomas Mann nicht den geringsten historischen Unterschied. Er behandelt sie sämtlich als Zeitgenossen. Dieser später noch zu analysierenden Enthistorisierung und Entzeitlichung entspricht, daß trotz Hinwendung zur Gegenwart an keiner Stelle ein ausgebildetes Gegenwartsbewußtsein zu erkennen ist. Damit meinen wir, daß ›Gegenwart‹ zwar ruhig weit gefaßt werden und fließende Grenzen haben kann, grundsätzlich aber als ein eigener Zeitabschnitt verstanden werden muß, als eine Phase im Zeitablauf, die mit der Vergangenheit zwar zusammenhängt, sich von ihr aber deutlich und nicht nur äußerlich-chronologisch unterscheidet. Formelhaft ausgedrückt: Gegenwart nicht als Verlängerung der Vergangenheit, sondern als relativ selbständige ›Epoche‹.

Ohne ein solches Gegenwartsbewußtsein ist es schwer, etwas als zeitgemäß, der Gegenwart zugehörig, zu verteidigen. Das aber war höchstwahrscheinlich ein Ziel des geplanten Essays. Offenbar wollte Thomas Mann für ›das Literarische‹ eintreten, weil er überzeugt war, daß es absolut zeitgemäß sei, jedoch sah, daß nicht wenige Zeitgenossen, ja eine »Zeitströmung« dies bestritten.

> Literat als Schimpf. Literatur gleich Unkunst. Der neueste Mode-Unsinn, der übrigens von Wagner her durchgesickert ist. Ein so schwächliches Zeitprodukt wie Bernus mit seiner Schatten- und Knitteldramatik, achtet bereits Meredith, seiner Intellektualität, seines Schriftstellertums wegen, nicht für einen Künstler. Es ist Zeit, für den Literaten, den Schriftsteller in des Wortes hoher Bedeutung ein Wort einzulegen und ihm den Titel eines Künstlers zu wahren. Solche Welt- und Herzenskenner und -Künder wie die großen Schriftsteller, die nicht unmittelbar u. sinnlich darstellten, sondern redeten und aussprachen u. bezeichneten, sollen nicht Künstler heißen? Wohl aber der erwähnte Schattenknirps? Die Unverschämtheit kleiner, dämlicher Wichtigmacher unter dem Schutz einer thörichten, national bornierten Zeitströmung!
> (27, S. 167)

Dieses »Wort« wäre der geplante Essay geworden. Daß Thomas Mann es nur für den Schriftsteller »in des Wortes hoher Bedeutung« einlegen will, er diese Einschränkung aber erst nachträglich hinzufügte, ist vielleicht die Rückwirkung einer späteren Notiz über den Literaten »im üblen Sinne«. Er wird als der »artistische Geck« bestimmt. So rein ästhetisch, wie diese Unterscheidung klingt, ist sie indessen nicht. Ihren politischen Gehalt verrät die unmittelbar anschließende Erläuterung: »Gewisse jüdische Romantiker und Parnassiens z. B., die George copieren und ›Elegieen‹ dichten, Modenarren und sichselbst Verleugnende aus Snobismus, die etwa darauf verfallen, den Kaiser zu verherrlichen und Streitschriften gegen den ›Simplicissimus‹ zu verfassen« (65, S. 186). Abgelehnt wird das »überspannte und überspannende Verlangen nach ›Höhenkunst‹, ›Tempelkunst‹ etc.«. Es gehe aus der »modischen Vornehmthuerei in Deutschland gegen das ›Litterarische‹ und den ›Litteraten‹« hervor, dabei sei die »ohnmächtige Ungenügsamkeit nach dem Großen, Dichterischen, *Überlitterarischen*, Hohen« in Wahrheit selbst »literatenhaft im üblen Sinn« (12, S. 158). Dagegen stellt Thomas Mann die, sagen wir: aufklärerischen Wirkungen der ›Literatur‹, für die er eintreten wollte. Um die »Notwendigkeit der ›Literatur‹ zumal bei uns« zu begründen, stellt er zusammen: »Erweckung des Verständnisses für alles Menschliche, Sittigung, Veredelung, Besserung. Schwächung dummer Überzeugungen und Werturteile. Skeptisierung. Humorisierung. Was das Moralische betrifft: zugleich Verfeinerung u. Reizbarkeit einerseits und Erziehung zum Zweifel, zur Gerechtigkeit, Duldsamkeit. Psychologisierung« (20, S. 164). Auf das speziell gesellschaftskritische Element verweist indirekt eine Bemerkung über den »Künstler (Dichter) als Narr und Schmeichler der Großen« (121, S. 217), direkt der Ausruf, wo die Menschheit »ohne ihre großen Fürsprecher, die Schriftsteller« wäre, denen sie mehr verdanke als »den Dichtern, die, Künstlerkinder, die sie sind, allzu oft nur dem Vergnügen, dem Genuß der Herrschenden« gedient haben (41, S. 171). Das ist eindeutig, wird durch den Zusammenhang, in dem es steht – einer Notiz über den italienischen Aufklärer Beccaria – auch sachlich und historisch konkretisiert, darf aber nicht so verstanden werden, als ob Politik und ›progressive‹ Gesellschaftskritik hier in Thomas Manns Bild des Schriftstellers, des ›Literaten‹ vorherrschten. Daß sie überhaupt vorkommen, ist nicht zuletzt im Hinblick auf seine spätere Entwicklung, insbesondere die Überwindung des aggressiven Konservativismus der ›Betrachtungen eines Unpolitischen‹ bemerkenswert. Aber sie sind hier doch, übersieht man das Material insgesamt, nur ein Moment neben anderen und möglicherweise mehr sozusagen ›mit unterlaufen‹ (weshalb auch wohlwollend-abschätzig davon die Rede sein kann: vgl. den Schluß des folgenden Zitats). Bestimmte ›innerliche‹ Eigenschaften sind in der Konzeption des Schriftstellers durchaus übergeordnet. In der vorn zitierten Kritik an Alexander von Bernus wurden sie »Intellektualität« genannt. Ausführlicher ist die folgende Beschreibung des ›Literaten‹. Er ist »von der Kunst im naiven und treuherzigen Sinne geschieden durch Erkenntnis, durch Wissen, durch Kritik. [...] Bewußtheit, höchste psychologische und sittliche Reizbarkeit, Reinheit, Güte, Humanität, was, bei politischer Teilnahme zu einem fast trivialen, fast kindlichen Radicalismus und Demokratismus führen kann« (62, S. 184).

Naiver Schöpfer, ›unbewußt‹, ›plastisch‹ und ›objektiv‹ gestaltend, ist dieser auf Nietzsches Artisten zurückweisende Literat nicht mehr. Künstler jedoch ist er sehr wohl. Den Gegensatz, den Thomas Mann zwischen Schriftstellern und Dichtern in ihrem Verhältnis zu den »Großen«, den »Herrschenden« feststellt, läßt er im ästhetischen Bereich nicht gelten. Im Gegenteil, er versucht, den Schriftsteller als einen Künstler zu begreifen, der sich vom Dichter überhaupt nicht unterscheidet, etwa wenn er fragt, ob im Verfahren des Schriftstellers nicht »dieselbe künstlerische Transformationskraft« am Werke sei wie in dem des Dichters (46, S. 174). Später wird aus der Frage eine ihrer Sache sichere Kritik der Gegenposition. Unter »Bornierter Begriff des ›Plastischen‹« notiert er: »Auch einen rein geistigen Stoff, nicht nur eine Fabel, Handlung und ›Charaktere‹ gilt es zu gestalten. Auch das rein schriftstellerische Produkt ist eine Objektivierung, eine Verwirklichung, Ausscheidung, Begrenzung, Verkörperlichung, ein Fertigwerden mit dem Unendlichen...« (104, S. 209).[12] Natürlich spricht Thomas Mann hier ebenso aus eigener Erfahrung wie in eigener Sache. Ein klareres Selbstverständnis zu gewinnen war mit Sicherheit ein nicht unwichtiges Motiv des Essayplans, unter anderem wäre der Essay wohl auch – mindestens indirekt – eine Rechtfertigung seiner schriftstellerischen Eigenart geworden. Aber wie sehr auch immer es den Erzähler Thomas Mann persönlich getroffen haben mag, daß Alexander von Bernus einen Schriftsteller wie Meredith seiner Intellektualität wegen nicht als Künstler anerkennt, so zeigt diese Notiz doch auch das allgemeine Problem, das Thomas Mann beschäftigte, als er sich vornahm, für den Schriftsteller ein Wort einzulegen.

Eine Vermutung, was er darlegen wollte, erlaubt die folgende Notiz: »*Intellektualität* des repräsentativen modernen Künstlers. Ibsen, Wagner,

---

[12] Vgl. auch Notiz 68 (S. 188) und Notiz 40 (S. 171), ferner die für Thomas Manns Verbindlichkeit schon recht entschiedene Zurückweisung der »Antithese von Dichter- und Schriftstellertum« im Brief vom 2. März 1910 an Julius Bab anläßlich dessen Buch über Shaw (Briefe I, S. 82). Politisch wurde das Thema dann während der Weimarer Republik.

Klinger, Strauß, Mahler, Dehmel, Reger, George« (13, S. 159).[13] Die Aufzählung ist ebenso verblüffend wie aufschlußreich. Sie verbietet, den Begriff Intellektualität allzu eng zu verstehen – man darf ihn wohl mit ›Bewußtheit‹ (des künstlerischen Schaffens) umschreiben; und sie beweist, daß diese Intellektualität für Thomas Mann eine Tatsache in allen Künsten war. Literarhistorisch ist die Gleichstellung von Dehmel und George interessant. Die meisten Zeitgenossen empfanden sie eher als Antipoden. Für ihre Verschiedenheit war Thomas Mann nicht blind, an anderer Stelle hebt er sie deutlich voneinander ab,[14] ohne weiteres hat er George auch hier nicht einbezogen. Es wirkt wie eine Vergewisserung, daß er tatsächlich dazugehört, wenn man in Klammern hinzugefügt liest: »George *nicht* überliterarisch. Redend, kritisch, nicht im angemaßten Sinne dichterisch. *Kunstverstand.*« Künstlerische Bewußtheit also auch bei ihm. Sie verbindet sowohl George mit Dehmel und Ibsen als auch die Literatur mit Musik und bildender Kunst. Aber die Namen sind nicht nur Belege für eine Übereinstimmung der Künste, zugleich belegen sie Intellektualität als einen *historischen* Sachverhalt: als Eigenschaft des »repräsentativen modernen« Künstlers. Diese Intellektualität ist also zeittypisch. Sie ist weder die Spezialität einer Kunstform noch eine zeitlose Eigenschaft der Kunst, sondern kennzeichnet den »modernen«, und zwar den »repräsentativen« modernen Künstler, ist demnach auch kein bloß modisches Randphänomen, eher ein Kriterium der Modernität. Wie im ›Versuch über das Theater‹ psychologischer Roman und moderne Zivilisation, so werden hier Intellektualität und Modernität einander zugeordnet. Das Prinzip geschichtlicher Repräsentativität leistet jetzt aber mehr, es rechtfertigt eine Art künstlerischer Gestaltung überhaupt. Das lineare Entwicklungsdenken, das ihm zugrunde liegt, bleibt dabei jedoch ganz verdeckt, viel mehr als im ›Versuch über das Theater‹. Im Unterschied zur dort jedenfalls nicht bejahten modernen Zivilisation aber ist Modernität hier offenbar etwas Positives, d. h. die Gegenwart ist nicht weniger wert als die Vergangenheit, Entwicklung kein Niedergang – nicht von ungefähr vollzieht Thomas Mann in den Notizen eine die Gegenwart grundsätzlich bejahende Hinwendung zur eigenen Zeit.

Auf dieser Basis wäre es nicht schwierig gewesen, ›Literatur‹ und ›Literaten‹ gegen Mode-Unsinn und national bornierte Zeitströmung zu ver-

---

[13] Wagner und Klinger sind nachträglich hinzugefügt. In der späteren Kurzfassung dieser Notiz ist Wagner wieder weggelassen, ebenso fehlt Reger (128, S. 218).
[14] Er unterscheidet dort den »feierlichen Hochmut« Georges von Dehmels »tapferer Modernität«, die beweise, »daß ehrlicher Rationalismus mit dichterischer Leidenschaft und Trunkenheit sich sehr wohl verträgt« (116, S. 213f.).

teidigen. Intellektualität als das Moderne, als Tatsache einer fortschreitenden, ›linear-progressiven‹ Entwicklung: das hätte die Möglichkeit geboten, ›Literatur‹ und ›Literaten‹ als Ausdruck einer geschichtlichen Entwicklung zu verstehen, sie als ein Epochenphänomen und in diesem Sinne zeitgemäß zu rechtfertigen. Fünfzehn bis zwanzig Jahre später, in den literarisch-politischen Auseinandersetzungen während der Weimarer Republik, hat Thomas Mann derart geschichtlich denkend für den Schriftsteller und gegen die Unterscheidung Schriftsteller–Dichter argumentiert.[15] 1909 aber konnte er sich diesem Standpunkt anscheinend nur annähern. Denn in den Aufzeichnungen zum Literatur-Essay bleibt die Notiz über die Intellektualität des repräsentativen modernen Künstlers unentfalteter Ansatz. Nur einmal noch kommt er darauf zurück, in einem thematisch verwandten, auch im ›Tag‹ veröffentlichten Stück über die Schwierigkeit, »die Intellektualität eines modernen Künstlers richtig abzuschätzen« (94, S. 201). Dargelegt wird das an Pfitzner und Strauß. Am Schluß erklärt Thomas Mann Strauß, den in seiner Musik Geistigeren, für den »größeren Künstler«, weil er derjenige sei, der »dem Kultur- und Zeitpsychologen immer als der Interessantere, Typischere, Repräsentativere, ›Modernere‹ erscheinen wird«. Der im ›Tag‹ abgedruckte Text ist in einem Detail deutlicher. Er nennt Strauß klar den »historisch« größeren Künstler (Studien I, 225).

Daneben gibt es allerdings noch Überlegungen, in denen Entwicklungsdenken indirekt wirksam wird, so wenn Thomas Mann bestimmte antiliterarische Tendenzen der Zeit als Anachronismus ablehnt. Den Lautensänger Kothe und dessen Bestrebungen, das Volkslied wiederzuerwecken, nimmt er zum Anlaß, die »moderne Ambition zum Volkstümlichen« als »romantische Velleität« zurückzuweisen, in der die »faule Bourgeoisie« mit dem Volk verwechselt wird (17, S. 161). Orientierung an einer längst überholten Vorstellung des Volkes ist der Einwand auch gegen Hofmillers Meinung, im Kasperlespiel lägen Ansätze zu einer Komödie höchsten Stils, und gegen seine Empfehlung des Kasperl als Helden einer nationalen Komödie. Thomas Mann verweist hier auf die geistesgeschichtliche Entwicklung, die solch ein »Zurückgreifen« problematisch macht (wobei wir für unseren Zusammenhang ignorieren dürfen, was nun wiederum gegen ihn einzuwenden wäre): »Heißt nicht, der Entwicklung der Nationalliteratur diese Richtung anweisen, das moderne ›Volk‹ allzu idyllisch nehmen? Man stelle sich sozialistisch wählende Arbeiter mit Marx, Lasalle, Darwin, Häckel, Zola, Lombroso und Gott weiß was im Leibe, in

---

[15] Vgl. z. B. die Stellungnahme gegen Kolbenheyer in dem Schreiben an die Preußische Akademie der Künste, Sektion für Dichtkunst, vom Januar 1930 (Studien I, S. 228–232).

der Kasperl-Comödie vor. Werden sie sich das nicht verbitten? Das Volk hält heute auf Bildung« (78, S. 193). Dem Glauben des ›Versuchs über das Theater‹ an die Rückkehr des Theaters zum Ursprünglich-Volkstümlichen und zu seinem Ursprung steht das genau entgegen,[16] entgegengesetzt ist auch die Auffassung von Entwicklung: diese ist nicht Niedergang, sondern Fortschreiten. Infolgedessen ist die von Hofmiller propagierte Wiederbelebung des Kasperl auch nicht einfach ein neutrales »Zurückgreifen«. Unmißverständlich fragt Thomas Mann: wäre sie nicht ein »überflüssiger Archaismus, eine Primitivität für Aestheten im Grunde – heute, wo Wagners National-Spiel und Fest-Kasperliade ›Siegfried‹ vorhanden ist?« Auf einer einmal erreichten Entwicklungsstufe kann Früheres weder kurzerhand wiederhergestellt noch ohne weiteres ›erneuert‹ werden. Das Unliterarische ist überholt – überzeugt, daß nur das ›Literarische‹, das Intellektuelle der geistesgeschichtlichen Entwicklung entspricht und in diesem Sinne zeitgemäß ist, war Thomas Mann offenbar. Dabei blieb er aber auch stehen, d. h. expliziert hat er diese Überzeugung in den Aufzeichnungen nicht, keine verrät einen Versuch, ›Literatur‹ und ›Literat‹ als für die Gegenwart repräsentativ tatsächlich auch darzustellen.

Das liegt nicht an der Art des Materials, nicht daran, daß es nur Arbeitsnotizen sind für einen obendrein aufgegebenen Plan. Eine ganze Reihe von Notizen gibt eine andere Erklärung. Sie zeigen, daß der schwachen Tendenz zu einem linear-progressiven Entwicklungsdenken[17] ein viel stärkeres rückwärts gerichtetes Denken entgegensteht. Es äußert sich darin, Sachverhalte verschiedener Art, auch den Komplex des ›Literarischen‹, in die Vergangenheit zurückzuverlegen und als von jeher bestehend aufzufassen, der zeitgenössischen Ablehnung des Literarischen z. B. entgegenzuhalten, seit wie langer Zeit es ›Literatur‹ schon gibt. Zeitgemäß ist diese dann nicht im Sinne von ›für die Gegenwart repräsentativ‹, sondern weil sie jeder Zeit und also auch der Gegenwart gemäß ist; nicht weil sie das Moderne, sondern weil sie etwas Zeitloses, ›Ewiges‹ ist. Zu verstehen ist diese Enthistorisierung und Entzeitlichung als – freilich ungleicher – Kom-

---

[16] Leicht distanzierend erwähnt Thomas Mann den ›Versuch über das Theater‹ hier selbst: »Übrigens aber habe ich schon in meinem Versuch über das Theater gesagt, daß ich der neuen Hanswurstiade gewärtig bin. Es fragt sich nur, ob das Volk [...] sie sich gefallen lassen wird.«

[17] Eine aufschlußreiche Parallele sind Thomas Manns Äußerungen über die von Hermann Bahr behauptete demokratische Tendenz von ›Königliche Hoheit‹. In einem Brief an Kurt Martens vom 11. Januar 1910 verteidigt er Bahrs Deutung ziemlich vorbehaltvoll und versichert, daß von ihm »des Weiteren ›demokratische‹ Werke nicht ernstlich zu erwarten« seien (Br. I, 80). Trotzdem übernimmt er die Deutung in den Aufsatz ›Über Königliche Hoheit‹ und betont dort die »geistige Wendung zum Demokratischen« (XI, 571). Selbst in den ›Betrachtungen eines Unpolitischen‹ nimmt er dies nur halb zurück (XII, 97f.).

promiß zwischen Gegenwartsinteresse und Vergangenheitsorientierung, als Weg, auf dem ein vornehmlich rückwärts gerichtetes Denken und Erleben sich der Gegenwart zuwendet. Bejaht wird das Gegenwärtige sozusagen auf dem Umweg über die Vergangenheit, als das Zeitlose, das es durch seine Verewigung nach rückwärts geworden ist. Zeit kennt diese Vergangenheitsorientierung – darin liegt ihr entscheidender Gegensatz zum linearen Entwicklungsdenken – allenfalls als äußere Chronologie. Aus der Zeitlosigkeitsperspektive ist sie belanglos, ephemer. Damit wird Zeitverbundenheit automatisch zu einer negativen Eigenschaft. Thomas Mann kritisiert sie denn nun auch und wertet das Zeitgebundene als ›bloß zeitgebunden‹ und als Mode ab. Der Gesichtspunkt ›Mode‹ ist dabei besonders interessant. Einer Zeiterscheinung ihr Gewicht zu nehmen, indem man sie als Mode abtut, d. h. als eher oder später vorübergehend, auf jeden Fall kurzlebig, braucht ja durchaus nicht der Überzeugung von der Bedeutungslosigkeit der Zeit und dem Unwert des Zeithaften zu entspringen. Daß sie jedoch das Motiv Thomas Manns ist, dafür gibt es ein Indiz: daß er zwischen Zeitgebundenheit und Mode keinen Unterschied macht.

Angedeutet ist das schon in der Gleichsetzung von Mode und Zeitströmung in der vorn zitierten Notiz über Literat als Schimpf, Literatur gleich Unkunst, wo anfangs von »Mode-Unsinn«, am Schluß aber eben von einer »Zeitströmung« die Rede ist. Klarer kommt es heraus in einer der ausführlichsten Notizen mit dem hübschen Titel ›Literarische Nacktkultur‹. Sie ist eine fast völlig durchformulierte Polemik gegen einen in der ›Frankfurter Zeitung‹ erschienenen Artikel ›Dichter und Deklamator‹ von Lion Feuchtwanger. Dieser hatte erklärt, die Poesie sei »herabgesunken zur Literatur (literatura)«, weil sie nicht mehr von ihrem Schöpfer mündlich vorgetragen werde. Darüber hat Thomas Mann sich offensichtlich heftig geärgert. Gereizt spricht er von einer »wahrhaft masochistischen Verachtung des Literarischen« und stellt fest: das sei »charakteristisch«, »getränkt mit Zeitgeist«, »schwach und unselbständig gegen die Zeit«, stark sei hier »einzig die Zeit, die geistige Mode, die Mode*narrheit*« (72, S. 189f.). Das ist beinahe schon eine Schimpfkanonade – aber wogegen? Gegen die Zeit? Den Zeitgeist? Oder gegen eine Mode? Die Begriffe gehen ineinander über, einen Wert stellt keiner dar und auch von »Ich liebe unsere Zeit« ist nichts zu spüren. Der Standpunkt, von dem aus Thomas Mann hier verurteilt, ist die konservative und idealistische Position, die Hebbel in einem Tagebuchsatz formuliert, auf den Thomas Mann erst verweist (56, S. 180), den er sich später exzerpiert (148, S. 221): »Ein Schriftsteller ist nur so viel werth, als er über seiner Zeit steht, denn nur dies ist sein Eigentum.«

41

Die Kritik an Feuchtwanger beschränkt sich jedoch nicht auf Polemik gegen Zeitgebundenheit und Zeitverbundenheit. Ihr folgt noch ein sehr großer Schritt. Serenus Zeitbloms Deutung seiner Gegenwart und der sie spiegelnden Züge im Werk Leverkühns vorbildend, interpretiert Thomas Mann Feuchtwangers Verherrlichung des mündlichen Vortrags von Dichtung durch ihren Schöpfer als Rückfall ins Archaische. Verneint werde, meint er, »die ganze literarische Kultur, die ganze Geschichte des Schrifttums von dem Augenblick an, wo zum ersten Male ein Mensch [...] Wortezeichen in einen Stein grub. Er vergißt, daß die ›literatura‹ längst nicht mehr Surrogat der Poesie ist. [...] Er leugnet nicht nur die Weltliteratur, sondern alle Unterschiede der Bildung, die ihr Ergebnis sind und die zur Zeit der fahrenden Sänger und Rhapsoden und Barden, als eine direkte, mündliche, allgemein gültige Poesie möglich war, eben noch nicht bestanden.« Hatte in der kritischen Frage, ob Hofmillers Kasperle-Idee nicht ein überflüssiger Archaismus sei, ›archaisch‹ noch mehr metaphorischen Sinn, hier ist es ganz wörtlich zu verstehen. Zunächst als Mode ihres geschichtlichen Gewichts beraubt, wird die Verachtung des Literarischen jetzt als unwissende Begeisterung für einen weit zurückliegenden Urzustand abgelehnt und das Nicht-Literarische einer fernen Vorzeit zugeordnet. Damit wird ›Literatur‹ zugleich zu etwas praktisch Ewigem, zu etwas, das es seit Urzeiten gibt. Worin ihre Geschichte besteht, ob diese mehr ist als die lange Reihe der seit damals entstandenen Werke, bleibt unklar, doch soll der Hinweis auf diese Geschichte wie auch der auf die Unterschiede der Bildung, die früher fehlten, hier ohnehin nur illustrieren, eine wie uralte und nicht ernsthaft in Frage zu stellende Tatsache ›Literatur‹ ist.

Recht deutlich kommt das in der Auseinandersetzung mit Richard Wagner heraus, die ganz im Zeichen des Literatur-Problems steht. Immer wieder geht es um Wagners »Literaturfeindlichkeit« (10, S. 157), seine »Verachtung alles Literarischen« (16, S. 160), seinen »Mangel an Litteratur«, mit dem auch zusammenhängt, daß sein Talent von einer »suspekten« Modernität ist (97, S. 203). Anders als Feuchtwanger, der den antiliterarischen Zeitgeist nur ausdrückt, ist Wagner für Thomas Mann dessen Quelle, nicht die einzige, aber eine wichtige. Literat als Schimpf, Literatur gleich Unkunst ist seiner Meinung nach »von Wagner her durchgesickert« (27, S. 167). Anderswo ist der Ton schärfer: »›Literaturdichtung‹, der Gegensatz zu was? Zu einer ›eigentlichen‹ Dichtung? Von Wagner unverschämter Weise erfunden und von ihm u. den Schülern seines Denkens unredlich gehandhabt« (76, S. 191).[18] Dieser seiner Literaturfeind-

---

[18] Der scharfe Ton in manchen Notizen zu Wagner demonstriert noch deutlicher als deren Inhalt, wie ambivalent – oder kaum noch ambivalent – Thomas

lichkeit entspricht seine historische Einordnung. Ein Aufsatz ›Zur Grund-
frage der Operndichtung‹ von Hans Pfitzner veranlaßt Thomas Mann,
Wagners Musikdrama als »vielleicht« »ein[en] Anachronismus« und »der
Zeit aufgezwungen« zu bestimmen. »Wagners Zauberer-Talent war imstande, seinen romantischen Ur- und Elementargeschmack möglich zu machen und an die Wiege der Kunst zurückzugehen, wo Musik und Poesie
eines sind. Sie sind es nicht mehr [...] Der Dichter ist nicht mehr Musiker,
der Musiker nicht mehr Dichter, die Künste haben sich geschieden, spe-
zialisiert, gesondert ausgebildet« (76, S. 192). Wagners Kunst als Rückkehr an den Anfang oder Uranfang der Kunst noch vor den Künsten: das
ist schwer nachzuvollziehen, aber so ähnlich hatte Thomas Mann Wagner
ja auch schon im ›Versuch über das Theater‹ gedeutet. Und wie in der
Polemik gegen Feuchtwanger ist die Enthistorisierung des Unliterari-
schen[19] zu einem Stück Vorzeit, zu einer vor-zeitlichen und außerge-
schichtlichen Erscheinung auch hier nur die andere Seite der Enthistorisierung des Literarischen, das Thomas Mann diesmal mit Homer beginnen
läßt. Als »Litteraturdichtungen« hält er Wagners Literaturfeindlichkeit
entgegen: »die Odyssee, die Göttliche Comödie, den Don Quixote, den
Gil Blas, die Toten Seelen, den Hamlet, die Menschliche Comödie, den
Faust« (97, S. 203). Der Verachtung des Literarischen wird ›Literatur‹ als
etwas von jeher Bestehendes entgegengestellt, durch Einebnung aller geschichtlichen Unterschiede zwischen z. B. der Odyssee, dem Hamlet und
den Toten Seelen wird sie zu einer ewigen Tatsache, ›ewig‹ nicht im Sinn
von überzeitlich, sondern als eine innerhalb der gesamten Geschichte zeitlos gegebene Erscheinung. Sie existiert in der Zeit, aber Zeit bedeutet

Manns Verhältnis zu Wagner in jenen Jahren war. Vgl. dazu auch ›Über die
Kunst Richard Wagners‹ (X, 840–842). Ursprünglicher Titel: ›Auseinandersetzung mit Richard Wagner‹, nach Bürgin (Bibliographie, S. 134) zuerst am
3. 8. 1911 in der ›Neuen Zeitschrift für Musik‹ erschienen, Thomas Manns Brief
an Ernst Bertram vom 11. August 1911 zufolge jedoch im »Juli-Heft 1911« der
Wiener Zeitschrift ›Der Merker‹. In diesem Brief verschärft Thomas Mann
seine Stellungnahme gegen Wagner noch erheblich, »von der Krise, in der ich
mich dieser Kunst gegenüber befinde«, gäbe das »Aufsätzchen« keine Vorstellung (Bertram-Briefe, S. 9f.).
[19] Auch noch auf andere Weise versucht Thomas Mann die Verachtung des
Literarischen zu enthistorisieren: indem er sie nicht auf Wagner zurückführt,
sondern für eine Erscheinung des Volksgeistes hält. »Die Literaturfeindschaft
den Deutschen gewissermaßen eingeboren« (10, S. 157). Konsequent wird sogleich auch Wagners Literaturfeindlichkeit nur noch als etwas national Typi-
sches begriffen – er sei darin »sehr deutsch«. Ganz wohl scheint Thomas Mann
jedoch bei dieser Wendung ins Nationale, ›Volkhafte‹, nicht gewesen zu sein.
Dafür sprechen sowohl das »gewissermaßen« eingeboren als auch, daß der
Bemerkung über Wagner sogleich folgt: »Hebbel, auch ein Deutscher, fand ihn
lächerlich.«

nichts als das Nacheinander desselben, des sich zeitlos objektivierenden Prinzips ›Literatur‹. Fritz Kaufmann spricht gelegentlich von dem für den frühen Thomas Mann charakteristischen »Gefühl der Identität im Verschiedenen« und verbindet es mit dem, was er summarisch »Entwertung der Zeit« nennt.[20] Etwas genauer trifft hier vielleicht Nichtanerkennung der Zeit oder auch Anerkennung der Zeit nur als Chronologie, nur als äußere Form. Zur Äußerlichkeit wird dann auch die Unterscheidung zwischen Vergangenheit und Gegenwart. Dadurch wird verständlich, warum trotz lebhafter Hinwendung zur eigenen Zeit Gegenwartsbewußtsein in den Notizen nicht festzustellen ist. Es kann sich schlecht bilden, wenn Zeit äußere Chronologie bleibt, weil es keine Veränderung und nichts Neues gibt.

Darauf läuft eine Notiz über Lyrik und Kritik hinaus. Diese Begriffe treten dort an die Stelle von Dichter und Schriftsteller. Daß sie nichts wesentlich verschiedenes seien, dessen vergewissert sich Thomas Mann zunächst mit Hilfe einer (vermutlich mißverstandenen) Unterscheidung Stefan Georges. So sehr die vermeintliche Bestätigung durch einen so ganz anders gearteten Zeitgenossen ihn freut, genug ist sie ihm nicht. Jedenfalls holt er im nächsten Satz so weit wie nur möglich aus: »Aber lehrte nicht von Urzeiten das apollinische Doppel-Symbol der Leier und des Bogens – hat nicht zuletzt noch der großartige, wundervolle Fall Nietzsche die Zusammengehörigkeit, die Verwandtschaft, die *Identität* von Lyrik und Kritik gelehrt?« (40, S. 171) Für Leier und Bogen hatte Thomas Mann eine Vorliebe. An ihre Zusammengehörigkeit erinnert er schon in ›Bilse und ich‹ (X, 21), zum Symbol seiner Dichtung wurden sie als Signet zweier Gesamtausgaben.[21] Hier, als Argument für die Identität von Lyrik und Kritik, haben sie eine speziell enthistorisierende Funktion. Nachdem das »von Urzeiten« diese Identität bereits zu einer zeitlosen Tatsache erklärt hat, macht das mythologische Symbol sie auch noch zu einer übergeschichtlichen. Sie demonstrierte »zuletzt noch« Nietzsche. Er ist also nur einer nach anderen, der Letzte in der Reihe derer, die jene seit eh und je bestehende Identität verwirklichten und vor Augen führen. Während es in ›Bilse und ich‹ heißt, Nietzsche habe eine Schule von Geistern »geschaffen«, in der die Grenze zwischen Kunst und Kritik viel unbestimmter sei, »als sie ehemals war« (X, 18f.), bestätigt »der Fall Nietzsche« hier nur ein uraltes Prinzip. Nietzsches geschichtliche Besonderheit

---

[20] Fritz Kaufmann, Thomas Manns Weg durch die Ewigkeit in die Zeit, a.a.O. S. 570.

[21] ›Gesammelte Werke‹ (in Einzelbänden), 1922ff. und ›Stockholmer Gesamtausgabe‹, 1938ff. – Vgl. auch Georg Potempa, Bogen und Leier, eine Symbolfigur bei Thomas Mann. Oldenburg 1968.

beschränkt sich darauf, die Einheit von Lyrik und Kritik so klar demonstriert zu haben, daß sie nach ihm eigentlich auch allgemein anerkannt werden müßte. »Wie ist es in Deutschland nach Nietzsche noch möglich«, lautet die abschließende Frage, »im ›Schriftsteller‹, im Kritiker etwas Inferiores und Gegensätzliches zum Dichter und Künstler zu sehen!?« Ähnlich universal und zeitlos wie die Identität von Lyrik und Kritik ist für Thomas Mann der Zusammenhang von ›Literatur‹ und Größe. Sie seien »immer« miteinander verbunden gewesen. Mit dieser Behauptung endet ein Gedankengang, der ein besonders wichtiges Moment des ›verewigenden‹ Zeitlosigkeitsdenkens vorführt: die Unfähigkeit, sich vom Überlieferten abweichende Veränderung vorzustellen. Von welcher Tragweite das ist, wird später Thomas Manns Auseinandersetzung mit dem Ersten Weltkrieg, vor allem sein Kampf gegen die Demokratie in den ›Betrachtungen eines Unpolitischen‹ zeigen. Das ist einstweilen nicht abzusehen, doch wird immerhin ein Stück wilhelminisches Kulturbürgertum sichtbar:

> [...] mir hat immer geschienen, daß alle Dinge, deren sprachlicher Ausdruck, wie der aller Technika, irrelevant ist, und über die man überhaupt schlecht, häßlich, gemein sprechen und schreiben *kann,* kulturell nicht in Betracht kommen... Nicht nur die Kontemplation, sondern auch die aktive Größe, ist immer mit ›Literatur‹ verbunden gewesen (Alexander, Cäsar, Napoléon, Friedrich, Luther, Bismarck, Lasalle, Moltke) und wer mir einen geduldigen Erfinder als Nationalhelden und großen Mann aufschwatzen will, den lache ich aus. (67, S. 187)

Hier vermischen sich zwei Vorstellungen und bestärken einander. Zunächst herrscht ein an der Sprache orientierter Kulturbegriff, für den Größe an ›Literatur‹ geknüpft ist, für den dementsprechend alle »Technika« kulturell wertlos sind und der es folgerichtig zum Lachen findet, daß ein Erfinder ein großer Mann sein könnte. Zugleich herrscht ein Konservativismus, der gar nicht auf den Gedanken kommt, daß sich verändern könnte, was kulturell zählt oder was als groß gilt, und für den undenkbar ist, daß durch geschichtliche Veränderungen sich Verhältnisse entwickeln könnten, in denen Technik und Erfinder einen hohen Rang einnehmen. Zukunft ist hier nicht mehr als verlängerte Gegenwart und Vergangenheit. Von vornherein das Urteil gesprochen ist damit dem Fortschrittsgedanken. Thomas Mann hält ihn für geistlos und subaltern. Zweimal setzt er sich in den Aufzeichnungen (beiläufig) mit ihm auseinander. Kritisiert er erst nur »sonderbar ingenieurhafte Begriffe von Fortschritt« (53, S. 178), so kennt er später bloß noch »den Ingenieur-Begriff ›Fortschritt‹« (94, S. 201).

Dem Fortschrittsdenken stehen Gegenwart und Zukunft über der Vergangenheit. Diese war relativ schlechter und ist überwunden oder soll überwunden werden. Auch die Gegenwart ist nur Durchgang, Übergang zu weiteren Fortschritten. Auf ein etwas vereinfachtes Schema reduziert: das Fortschrittsdenken ist zukunftsgerichtet; die Vergangenheit ist ihm bestenfalls gleichgültig, es kann aber auch vergangenheitsfeindlich sein. Darin unterscheidet es sich vom im engeren Sinn historischen Denken, dessen Aufmerksamkeit sich gerade auf den Zusammenhang von Gegenwart und Vergangenheit (auch einer früheren Gegenwart und ihrer Vergangenheit) richtet, wobei die Gegenwart – um es so neutral wie möglich zu bezeichnen – als aus der Vergangenheit geworden aufgefaßt wird. Innerhalb dieses Rahmens gibt es nicht unerheblich verschiedene Fragestellungen, die man in zwei Gruppen einteilen kann: entweder richtet sich der Blick mehr auf die Gegenwart oder mehr in die Vergangenheit. Im ersten Fall wird z. B. vor allem das Neue der Gegenwart interessieren, das, worin sie sich von der Vergangenheit unterscheidet, wie weit sie sich von dieser entfernt hat usw. Im zweiten Fall sind Ähnlichkeit oder Übereinstimmung zwischen Gegenwart und Vergangenheit wichtiger, die Gebundenheit der Gegenwart an die Vergangenheit oder die Verbundenheit mit ihr. Dem Fortschrittsdenken ist diese zweite Denkart jedenfalls in einer Hinsicht entgegengesetzt: als vergangenheitsgerichtet. Es ist die Form historischen Denkens, zu der Thomas Mann in den Notizen dreimal ansetzt.

Die Stichworte dieser Stellen sind »Tradition. Geschichte«, danach nur »Tradition«, schließlich »Überlieferung«. Sachlich geht es um Gorki, Wedekind und Richard Wagner. Nicht was ›neu‹ an ihnen ist, beschäftigt Thomas Mann, sondern ihre Abhängigkeit von der Vergangenheit. Mehr nebenbei geschieht das bei Gorki (3, S. 153), etwas genauer bei Wedekind. Sein Drama ›Musik‹ soll nicht ohne Ibsens ›Wildente‹, »Wedekinds literarische Persönlichkeit überhaupt« ohne die Gestalt des Großhändlers Werle kaum denkbar sein. »Auch diese Kerze ist am Feuer der Literatur entzündet, auch dieses Werk steht innerhalb der literarischen Tradition an seinem Platze. Wie dürfte es anders sein? Es wäre ein Rühr- und Schauerschmarren . . .« (51, S. 176). Der Satz ist unvollständig geblieben, doch darf man ihn wohl so lesen: ein Rühr- und Schauerschmarren ist das Werk deshalb nicht, weil es in der Tradition steht, d. h. seinen Wert verdankt es seiner Gebundenheit an das Frühere. Bedeutet dies, daß literarische Qualität für Thomas Mann grundsätzlich von der Bindung an Vergangenes abhängig ist? Taugt ein Werk nichts, dem diese Bindung fehlt? Offenbar. Denn Wagners Texte, die »an sich keine literarische Überlieferung haben, sind denn auch wunderlich genug«. Für seine Musik und die Opern als Ganzes gilt das nicht, sie aber stehen auch in einem historischen Zusammenhang. Die Sätze darüber sind aufschlußreich, weil Thomas Mann anfangs durch-

aus nicht nur Wagners Vergangenheitsbezug sieht: »Wagner ›Originalgenie‹, unliterarisch, ohne Überlieferung und Gleichzeitigkeit?« (52,
S. 177) Mit dieser Frage beginnt die Notiz – zunächst sind Verbundenheit
mit der Vergangenheit und Übereinstimmung mit der eigenen Zeit anscheinend gleich wichtig. Danach jedoch tritt der Gesichtspunkt ›Gleichzeitigkeit‹ zurück und die Vergangenheitsperspektive setzt sich durch:
»W.s Ehrgeiz war es gerade, Überlieferung zu haben, *nicht* allein zu stehen. Man schlage die Tafel seiner ›Vorläufer‹ auf« (ebd.).[22] Die Eigenart
dieses historischen Denkens wird schnell deutlich, vergegenwärtigt man
sich, wie Thomas Mann in vergleichbaren späteren Feststellungen die
Akzente setzt. In ›Leiden und Größe Richard Wagners‹ etwa spricht er
von Wagners »auf Neuerung, Änderung, Befreiung« gestelltem Künstlertum (IX, 425), versteht er ihn als »verwegenen musikalischen Neuerer«
(ebd.), sind Wagner und Ibsen schöpferisch in dem Sinne, »daß sie aus
dem Gegebenen das Neue und Ungeahnte entwickeln« (IX, 368). Historisch wird Wagner auch hier aufgefaßt. Aber während Thomas Mann
1933, als er die Einseitigkeit seiner Vergangenheitsorientierung überwunden (und die nationale als verhängnisvoll erkannt) hatte, Wagners Hinausgehen über die Überlieferung betont, bemüht er sich in den Aufzeichnungen zum Literaturessay gerade umgekehrt, ihn musikalisch auf die
Vergangenheit zurückzubeziehen: »Es gab Weber und die romantische
Oper. Es gab Beethoven. Berlioz hatte instrumentiert« (52, S. 177). So
knapp diese Hinweise und auch die Bemerkungen über Wedekind sind,
eines lassen sie immerhin erkennen: nicht um das gegenüber der Vergangenheit Neue geht es Thomas Mann hier, nicht dessen Unterschied zum
Früheren interessiert ihn, sondern er bezieht es auf die Vergangenheit zurück und versteht es von ihr her.
Auf das Phänomen des Neuen lenkt Vergangenheitsorientierung den
Blick kaum; daß es in den Aufzeichnungen weiter keine Rolle spielt, überrascht deshalb nicht. Dennoch fehlt es nicht völlig. In einer Novelle Wilhelm Speyers fühlt Thomas Mann »viel Neues, Zukünftiges, Junges,
Symptomatisches, viel ›neue Generation‹, viel ›Heraufkommendes‹« (103,
S. 207). Was da heraufkommt, ist ein Ideal der Gesundheit, die Forde-

---

[22] Zwischen diesen beiden Sätzen belegt Thomas Mann, warum Wagner kein
Originalgenie war: »Es gab Weber und die romantische Oper. Es gab Beethoven. Berlioz hatte instrumentiert. Der Nibelungenstoff lag in der Luft. Hebbel. *W. Jordan.* Schumann (auch ein Romantiker) hatte Nibelungen im Pult«
(52, S. 177). Diese Beispiele, zu denen noch die auf der Rückseite des Blattes
notierte Anmerkung zu Jordan gehört (u. a. »Hauptwerk das Doppelepos Die
Nibelunge, in alliterirenden Stabreimen«), erlauben den Schluß, daß »Gleichzeitigkeit« hauptsächlich die Beliebtheit des Nibelungenstoffes im 19. Jahrhundert berücksichtigt.

rung der Zeit, »alles, was irgend gesund ist in uns, zu kultivieren«, ist Abwendung vom »Interesse am Pathologischen«, an dessen Stelle »Bejahung des Leibes« und »Bejahung der Erde« treten. Scheinbar paradoxerweise zeichnet sich jedoch selbst hier, in der Bemühung, dieses Neue zu bestimmen, undeutlich doch unübersehbar die Tendenz ab, sogar das Neue erstens zeitlos zu begreifen und es zweitens durch eine Art von historischem Analogiedenken mit Vorstellungen zu erfassen, die es halb und halb in ein altes Neues zurückverwandeln. Beides geht ineinander über in Notiz 49 (S. 175). Sie beginnt mit der Fixierung eines zeitlos-allgemeinen Schemas, nämlich »Geist – Christentum, Platonismus« und »Sinnlichkeit, Plastik – Heidentum«. Hierauf werden die »Regenerations- und leiblichen Bestrebungen« der Zeit bezogen, natürlich dem Heidentum zugeordnet und dabei unversehens um ihre geschichtliche Besonderheit gebracht. Auf Erscheinungsformen eines übergeschichtlich Allgemeinen reduziert, verlieren sie ihre historische Eigenart und hören sie auf, noch etwas ›Neues‹ zu sein. Auf andere Weise erreicht das der folgende Satz: »Zuweilen scheint mir, daß erst jetzt das Mittelalter sich endigt und daß die eigentliche Renaissance mit der Geburt Darwins u. mit seinem Wirken beginnt, das, obgleich er Christ zu sein glaubte, der Anfang aller heutigen Ideale, der ›Rückkehr zur Natur‹, der Betonung der Erde, des Leibes, der endgültigen Abkehr vom Christentum war.«[23] Vorausgesetzt und unverändert übernommen wird hier das für einen Jahrhunderte zurückliegenden geschichtlichen Ablauf eingebürgerte Schema Mittelalter–Renaissance, ebenso das parallele Christentum–Heidentum. Um beide auf die eigene Zeit übertragen zu können, wird das Mittelalter bis ins 19. Jahrhundert verlängert. Trotzdem bleibt die üblicherweise Renaissance genannte Epoche irgendwie erhalten, als »eigentliche« Renaissance ist die Zeit nach Darwin ja so etwas wie deren Zu-sich-selbst-Kommen. In die weiträumige Übertragung des lange Zurückliegenden auf die Gegenwart ist mit der Formel »Zurück zur Natur« dann noch eine zweite, weniger weit ausgreifende (auch nur partielle) Identifikation von Gegenwärtigem mit Vergangenem eingebaut: die der »heutigen Ideale« mit dem Rousseauismus. Beide Vorstellungen tauchen auch in anderen Notizen auf. Gundolfs ›Shakespeare in deutscher Sprache‹ (1908) erhält den Kommentar: »Die neue Shakespeare-Ausgabe als Renaissance-Symptom«[24] (150,

[23]  So fast wörtlich auch im ›Vorwort zu dem Roman eines Jungverstorbenen‹, 1913 (X, 565).
[24]  Vielleicht ist auch ›Fiorenza‹ (1905) ein Symptom – eines für Thomas Manns Annahme einer Gegenwärtigkeit der Renaissance. Als Erzähler hat er in ›Gladius Dei‹ schon 1902 die Renaissance bis in die Gegenwart verlängert, den Renaissancismus des zeitgenössischen München dabei aber als harmloses Epigonentreiben enthüllt.

S. 222; fast genauso 83, S. 195). Einen »Zukunftsgeist« wie Whitman nennt Thomas Mann Thoreau, doch der Zukunftsgeist, den sie verkörpern, ist »dieser indianische Rousseau-Geist« (109, S. 211).

Fassen wir zusammen und versuchen wir dabei, wenn auch nur hypothetisch, die Frage zu beantworten, warum der Literaturessay ungeschrieben blieb, obwohl Thomas Mann immerhin eine Zeitlang intensiv daran arbeitete. Er wollte der zeitgenössischen Ablehnung des ›Literarischen‹ (der ›Literatur‹, des ›Literaten‹) entgegentreten. Aber was war das, wofür er eintreten wollte? War es das Moderne oder etwas ›Ewiges‹? Das braucht kein absoluter Gegensatz zu sein, ›Literatur‹ kann das eine und das andere sein, doch hat das Wort dann verschiedene Bedeutungen. Eine auf den Inhalt beschränkte Analyse der Notizen erbrächte denn auch ziemlich sicher, daß Thomas Mann ›Literatur‹ teils in einem engeren, teils in einem weiteren Sinne meint, ohne dazwischen genau zu unterscheiden. Diese beiden Begriffe von ›Literatur‹ aber sind zugleich Ausdruck, wenn nicht Folge zweier Denkrichtungen, intellektueller Positionen, die in den Notizen verschieden deutlich zu erkennen sind. Auf der einen Seite gibt es Ansätze zu einem Entwicklungsdenken, das zwar viel mehr als im ›Versuch über das Theater‹ bloße Tendenz bleibt, das Entwicklung aber auch anders versteht, nicht als Niedergang, sondern als Fortschreiten, und so ein positives Verhältnis zur Gegenwart begründet. Dem entspricht die grundsätzlich bejahende Hinwendung zur eigenen Zeit (»Ich liebe unsere Zeit«). Darüber hinaus führt es zu der Überzeugung, intellektuelle Kunst, ›das Literarische‹ seien zeitgemäß im Sinne von modern. Aber der Hinwendung zur Gegenwart fehlt Gegenwartsbewußtsein und viel ausgeprägter als linear-progressives Entwicklungsdenken und Bejahung der Gegenwart ist die Vergangenheitsorientierung eines rückwärts gerichteten Denkens. Es äußert sich auf verschiedene Weise: in dem Bestreben, das Neue in etwas Altes gleichsam ›zurückzuverwandeln‹; als ein historisches Denken, das allein die Gebundenheit des Gegenwärtigen an das Vergangene sieht; in der Unfähigkeit, sich Veränderung vorzustellen, so daß Zukunft zur Verlängerung von Gegenwart und Vergangenheit, Fortschritt zu einem subalternen Gedanken wird; vor allem aber in dem Bemühen, ›Literatur‹ in eine unabsehbare Vergangenheit zurückzuverlegen, sie zu verteidigen als etwas, das es seit eh und je gibt, »von Urzeiten« wie die Identität von Lyrik und Kritik. Vom Geschichtsdenken des ›Versuchs über das Theater‹ unterscheidet sich das der Notizen somit nicht unerheblich. Dort zyklisches und lineares Geschichtsdenken nebeneinander, wobei in der konservativen Rückwärtsgewandtheit Vergangenheitsorientierung nur in einer anderen Form zum Ausdruck kommt als in der Vorstellung eines zurückkehrenden Geschichtsverlaufs. Hier dagegen Annäherung an ein linear-progressives Entwicklungsdenken und Gegenwartsbejahung auf der einen, nach rückwärts ›verewigendes‹ Denken und Vergangenheitsorientierung auf der anderen Seite: weniger ein Nebeneinander als ein Gegensatz, der durchaus erklären kann, warum Thomas Mann am Literaturessay scheiterte.[25]

Wie stark Vergangenheitsorientierung sein Denken damals bestimmte, verrät am deutlichsten der Umweg zum Gegenwärtigen durch dessen Verewigung nach rückwärts und Enthistorisierung zum Zeitlosen. Er gleicht den Gegensatz zwischen Gegenwartsinteresse und Vergangenheitsorientierung aus, doch so, daß rückwärts gerichtetes Denken das Gegenwärtige gleichsam überformt. Daß der ungleiche Kompromiß der Entzeitlichung und Enthistorisierung gleichwohl die Perspektive war, aus der Thomas Mann damals das Gegenwärtige sah und fragmentarisch auch darstellen konnte, führe abschließend das Stück des Essays vor Augen, das Thomas Mann als einziges veröffentlicht hat: der Aufsatz ›Der Künstler und der Literat‹ (X, 62–70).

## 2. ›Der Künstler und der Literat‹

Den Titel ›Der Künstler und der Literat‹ erhält der gesamte Text erst 1960 in den ›Gesammelten Werken‹. Er ist sachlich und druckgeschichtlich irreführend. Druckgeschichtlich, weil im ›März‹, wo der Aufsatz zum ersten und zu Lebzeiten Thomas Manns einzigen Mal veröffentlicht wurde, nur der zweite Teil so heißt – und selbst das könnte auf die Redaktion der Zeitschrift zurückgehen. Denn auch in diesem zweiten Teil (er erschien eine Woche nach dem ersten) ist der Künstler nicht mehr als eine Kontrastfigur, Mittel zu dem Zweck, einen bestimmten Zug des Literaten, seine Anständigkeit, hervortreten zu lassen. Ähnlich taucht im ersten Teil kurz »der Bürger« auf. Sachlich jedoch geht es immer nur um den Literaten, der Aufsatz ist, wie er in den ›Betrachtungen eines Unpolitischen‹ bezeichnet wird, »eine Studie, dem ›Literaten‹ gewidmet« (XII, 99).

Das Bild, das Thomas Mann von ihm entwirft, hat mit Tonio Krögers melancholischem Zweifel am Wert der Literatur[26] ebensowenig gemein wie mit dem ›Literaten‹ Savonarola. Ein ironischer Vorbehalt ist ge-

---

[25] Das bestätigt Lehnerts allgemeine These: »Die vorhandenen Notizen zeigen mehrere Gesichtspunkte, die sich nicht leicht vereinigen ließen.« (Lehnert, Thomas Mann, S. 102)

[26] Auf die Wandlung seit ›Tonio Kröger‹ weist Wysling schon bei den Notizen zum Literaturessay hin (Studien I, S. 136).

legentlich zu bemerken, was herauskommt ist trotzdem ein Bild auf Goldgrund. Der Literat ist ein »Künstler der Erkenntnis«, er verbindet »Tugend mit Schönheitssinn«, »Philantropie und Schreibkunst«. Kunst und Moral sind ihm eines. Sein »Urtrieb« ist das Wort, zugleich ist er Moralist in einem doppelten Sinn, nämlich »Seelenkundiger und Sittenrichter«. Neben »Abenteuerlust und Meisterschaft im Reiche des Ausdrucks« tritt »ethische Leidenschaft«. Als »der wesentlich anständige Mensch« ist er für das Ehrenhafte und gegen das Nützliche, gegen Anpassung an die Gegebenheiten, erfüllt von Freiheitspathos, sensibel und kritisch »gegenüber dem unreinen Heldentum der Tat«. Er verfügt über »soziale Einsicht«, ist im Urteil streng bis zu Absurdität, aber man »möge bedenken, daß das Absurde nichts anderes als das geistig Ehrenhafte ist«, und ehrenhaft, das ist der Literat »bis zur Heiligkeit«.

Der wenige Jahre später beschimpfte Zivilisationsliterat ist das, auch wenn man den Wechsel von der verherrlichenden zur verteufelnden Perspektive berücksichtigt, nur halb. Was fehlt, darauf macht Thomas Mann in den ›Betrachtungen eines Unpolitischen‹ selbst aufmerksam, ist das Politische. Er erläutert aber sogleich, daß es eigentlich nicht fehle. »Allein die politischen Konsequenzen dessen, was ich da ausgekramt hatte, lagen ja auf der Hand: die politische Konsequenz von ›Philantropie und Schreibkunst‹, das ist die radikale Republik, die Advokaten- und Literatenrepublik, wie der Zivilisationsliterat sie im Haupte und Herzen hegt... Nochmals, ich hatte es getroffen. Aktivisten und Männer des ›Ziels‹ drückten mir ihre Anerkennung aus« (XII, 100f.).[27] Solche Anerkennung mag ihm bestätigt haben, wovon er auch in den ›Betrachtungen‹ überzeugt ist: daß es sich beim Literaten um einen »im höchsten Grade *aktuellen* geistigen Typus« handele (XII, 99). Damit hält er an einer Einsicht aus der Zeit des Literaturessays fest. Geändert hat sich jedoch die Bewertung des Literaten. Während er ihn 1909 verteidigen wollte und er ihn Anfang 1913 verherrlicht hat, haßt er ihn nun (und distanziert sich dementsprechend auch von seinem Aufsatz: »Welch ein Sermon!« [XII, 100]). Erhalten aber hat sich trotz dieser Umkehrung des Urteils die Überzeugung, daß der Literat zeitgemäß sei, der Hinweis auf seine Aktualität verschärft das sogar noch. Jedoch, worauf beruht diese seine Aktualität? Ist er eine moderne oder eine ›ewige‹ Erscheinung? Tho-

---

[27] »Männer des ›Ziels‹« sind sie allerdings erst später geworden: der Aufsatz über den Literaten erschien im Januar 1913, das erste ›Ziel‹-Jahrbuch Ende 1915 (vgl. Paul Raabe, Die Zeitschriften und Sammlungen des literarischen Expressionismus, S. 125). Der Anachronismus löst sich auf, wenn man die Entstehungszeit des Kapitels ›Einkehr‹, in dem die zitierte Stelle steht, hinzunimmt. Es war im September 1916 fertig (vgl. Amann-Briefe, S. 45f. und Bürgin/Mayer, Chronik S. 44).

mas Manns Antwort in den ›Betrachtungen‹ ist, obwohl es dort um andere Probleme, nicht mehr um den Literaten, sondern den Zivilisationsliteraten geht, dennoch recht klar – er bezeichnet Sokrates als »präexistenten Zivilisationsliteraten« (XII, 322). Als was er den Literaten im Aufsatz von 1913 versteht, ist aus der Darstellung zu erschließen, die er dort von ihm gibt.

Er skizziert nicht einen – sei es auch in einem weiten Sinn – modernen Typ, eher entwirft er einen Archetyp, anscheinend ganz bewußt. Dem Text vorangestellt ist eine Bemerkung, in der er den früher geplanten Essay erwähnt. In diesem Zusammenhang charakterisiert er den Aufsatz als Versuch, »den Typus des literarischen Menschen in seiner abstrakten Reinheit kritisch darzustellen« (62). Eindeutiger als das Ziel abstrakter Reinheit, das auch soviel wie idealtypisch bedeuten kann, ist die Ausweitung des Literaten zum literarischen Menschen. Sie kündigt seine Enthistorisierung zu der universalen Gestalt an, als die er von Anfang an gesehen wird, eine Enthistorisierung, die sich bereits mit dem ersten Satz vollzieht. Als solle dem Leser von vornherein klargemacht werden, daß der Literat eine weder zeitlich noch räumlich festgelegte Erscheinung ist, beginnt Thomas Mann mit dem indischen Brahmanen: »›Die, welche mit mehr Klugheit und größerer Liebe zur Tugend geboren sind als die andern‹, heißt es im Vedam, ›sollen Brahmanen werden.‹« (62f.) Um das Zitat benutzbar zu machen, muß er »Klugheit« und »Liebe zur Tugend« weit und immer weiter auslegen, gelangt so aber schließlich zu dem Ergebnis, daß »in dieser Definition der Brahmanenbegabung die literarische Anlage auf ihre kürzeste Formel gebracht« sei (63). Demgemäß bleibt diese Definition bis zum Schluß für den Literaten verbindlich; noch seine Verklärung im letzten Satz ist auf »Klugheit« und »Liebe zur Tugend« aufgebaut. Zwischendurch jedoch werden eine Reihe anderer Eigenschaften des Literaten beschrieben. Zunächst die, daß er ein »Künstler der Erkenntnis« und kein Gelehrter sei. Der Zeuge, auf den Thomas Mann sich dabei stützt, ist nicht mehr der Brahmane, sondern der ›Philosoph‹ des europäischen 18. Jahrhunderts. Es scheine, daß damals mit dem Philosophen »ungefähr das gemeint war, was wir heute unter einem Literaten verstehen« (63). Die Gleichsetzung ist vorsichtig, der folgende Satz betont auch Unterschiede. Indessen, es sind nur »Zeitunterschiede«, die lediglich darin bestehen, daß sich »der heutige Begriff« des Literaten noch weniger als »der damalige« des Philosophen mit dem des Gelehrten deckt. Gewisse historische Unterschiede gibt es also immerhin, völlig gleich bleibt der Typ sich nicht (später ist auch einmal vom Literaten »auf seiner vornehmsten Entwicklungsstufe« die Rede [69]), doch diese Unterschiede sind nur graduell und verdeutlichen dadurch erst recht, wie wenig der

Typus des »literarischen Menschen« an eine bestimmte Zeit gebunden ist.

Der Rückgriff auf die Philosophen des 18. Jahrhunderts, um zu zeigen, daß der Literat nie und grundsätzlich nicht Gelehrter ist, ist ebenso wie vorher der Rückgriff auf die Brahmanendefinition eine Technik, deren sich Thomas Mann durchweg bedient, um die Wesenszüge des Literaten darzulegen. So beruft er sich für »Tugend mit Schönheitssinn« auf Äußerungen Schillers und Goethes (64), aber auch auf die »Volkspädagogen der Alten«, denen das schöne Wort gleichfalls als Erzeuger der guten Tat gegolten habe (65). Montaigne, der »Renaissanceliterator«, ist sein Kronzeuge für die Parteinahme des Literaten zugunsten des Ehrenhaften und gegen das Nützliche (66f.), die Neigung zu moralisch strenger Kritik führt er an Voltaire vor (68f.). Aus solchen Rückgriffen in die Geschichte könnte sich ein historisch differenziertes Bild des Literaten ergeben. Thomas Mann jedoch setzt das Historische ganz und gar unhistorisch ein. Am deutlichsten wird das bei Voltaire. Er fungiert ausdrücklich nur als »Beispiel« und wird dafür zu einer Art Allegorie enthistorisiert, zur Verkörperung einer bestimmten Lebenshaltung und geistigen Einstellung: er repräsentiert ›reine Betrachtung‹. Sein Urteil über Karl den Großen – Thomas Mann referiert es eine Seite lang –, »das ist der historische Heros vor dem Richterstuhl reiner Betrachtung« (69). Das Historische ist nur Material und Beleg, es dient allein dem Zweck, einen Typus in seiner »abstrakten Reinheit« darzustellen. Thomas Mann benutzt es, um die Eigenschaften des Literaten zu entwickeln, zugleich beglaubigt es sie, beweist es gewissermaßen, daß all das, was er ihm zuschreibt, nicht frei erfunden ist. Als eine moderne oder überhaupt als eine zeitlich-historisch begrenzte Erscheinung aber wird der Literat auf diese Weise gerade nicht sichtbar. Der Brahmane und die Philosophen des 18. Jahrhunderts, Schiller, Goethe und die Volkspädagogen der Alten, Montaigne, Voltaire, außerdem einmal noch die »philantropischen Publizisten der Aufklärungszeit«:[28] der Literat, dessen Bild Thomas Mann aus diesen ›Bausteinen‹ zusammensetzt, ist ein Typ über der Zeit oder quer durch die Zeiten. So modern

---

[28] Dieser Hinweis auf die philanthropischen Publizisten der Aufklärungszeit zeigt textgeschichtlich, wie sehr es Thomas Mann auf das allgemein Charakteristische, wie wenig es ihm auf das geschichtlich Konkrete ankam. Die betreffenden Sätze beruhen sachlich weitgehend, zum Teil auch wörtlich auf Notiz 41 (S. 171) über den italienischen Aufklärer Beccaria. Auf ihn bezieht sich dort z. B. der Satz »Philanthropie und Schreibkunst als herrschende [Notiz 41: dominierende] Passionen *einer* Seele«, erwächst dort aber aus der Zusammenstellung seiner Schriften, d. h. er kennzeichnet das konkrete Wirken eines einzelnen, während er im Aufsatz wie eine Erinnerung an eine allgemeine Tatsache dasteht.

dieses Bild sachlich, ›inhaltlich‹ ausfällt, *dargestellt* hat er den Literaten als eine unbestimmt zeitlose Gestalt, die der Gegenwart nicht mehr zugehört als der Vergangenheit.

### 3. ›Der Tod in Venedig‹

Der Aufsatz über den Literaten erschien im Januar 1913, am Literaturessay arbeitete Thomas Mann 1909, dazwischen liegt der 1911/12 geschriebene ›Tod in Venedig‹ (VIII, 444–525). Auf die Erzählung sei abschließend kurz eingegangen, nicht um Thomas Manns Tendenz zum Zeitlosen daran noch einmal aufzuweisen, sondern weil sie zeigt, wie der Dichter Thomas Mann zur gleichen Zeit erheblich anders verfährt und auch weiter ist als der Essayist. Während dieser den aktuellen Typ des Literaten als zeitlosen beschreibt, gestaltet der Dichter gerade die Spannung zwischen Gegenwärtigem und Zeitlosem, indem er das Gegenwärtige *als* Gegenwärtiges herausstellt, ihm aber allmählich, teilweise unauffällig, eine zeitlose Perspektive gibt.

Der Aufsatz über den Literaten beginnt mit einer Definition des Brahmanen, der ›Tod in Venedig‹ mit einem Satz, der klarstellt, daß die folgenden Ereignisse zeitgenössisch sind, höchstens wenige Jahre zurückliegen: die Handlung beginnt »an einem Frühlingsnachmittag des Jahres 19..« (444). Diesen Gegenwartsbezug vertieft Thomas Mann im zweiten Kapitel, in dem er entwickelt, wodurch Aschenbach und sein Werk für die Zeit repräsentativ sind. Seine Helden zeichnet Heroismus der Schwäche aus: »Welches Heldentum aber jedenfalls wäre zeitgemäßer als dieses?« (453) Aschenbach ist der Dichter all derer, die am Rande der Erschöpfung arbeiten, der Moralisten der Leistung – »Ihrer sind viele, sie sind die Helden des Zeitalters. Und sie alle erkannten sich wieder in seinem Werk« (454). Diese Bindung an die Gegenwart gehört zum ›Realismus‹ der Novelle, an dem Thomas Mann bis zum letzten Satz festhält, auf dieser Grundlage unternimmt er die »gegen die Zeit gerichteten Experimente«, die Hans-Bernhard Moeller dargelegt hat.[29] Über die wahrhaftig zahlreichen Interpretationen und Beiträge zum Verständnis des ›Tod in Venedig‹ hinausgehend, kommt er zu dem Ergebnis, daß es in der Erzählung »um das Beseitigen der Zeit geht«.[30] Seine manchmal etwas aphoristischen Feststellungen leuchten nicht immer ein, zumal er zwischen den verschiedenen Gestaltungs- und Bedeutungsebenen nicht deutlich genug unterscheidet.

[29] Hans-Bernhard Moeller, Thomas Manns venezianische Götterkunde, Plastik und Zeitlosigkeit, DVjs. 40/1966, S. 184–205. Das Zitat S. 195.
[30] ebd. S. 196.

Das berührt jedoch nicht die Einsicht, daß die später im Josephroman am entschiedensten im Knecht Eliezer gestaltete Technik mythischer Identifikation sich schon bei Aschenbach abzeichnet. Sein Tun wird »an mythische Muster angenähert«, sein Erlebnis wird »durch den Brückenschlag zu Platen und Sokrates aus dem privaten zum archetypischen« emporgehoben.[31] Die realistische Dimension der Novelle wertet Moeller demgegenüber ab, geringschätzig spricht er von »Oberflächenfabel« und »realistische[r] Vordergrundshandlung«.[32] Zu Unrecht. Zeitgenosse bleibt Aschenbach stets, bis zum letzten Satz (»Und noch desselben Tages empfing eine respektvoll erschütterte Welt die Nachricht von seinem Tode«), Thomas Manns Kunstleistung und die Bedeutung der Zeitlosigkeit in der Novelle erschließen sich überhaupt erst, wenn man dies nicht aus dem Auge verliert. Wie das Chaos Aschenbach nicht von außen überwältigt, sondern aus ihm selbst aufsteigt, weil seine Meisterlichkeit es bloß ignoriert und so unvollkommen verdrängt hat, daß es sich (in der Sumpf- und Tigervision des Anfangs) schon bei leichter Abspannung wieder einstellt, seine Disziplin zersetzt und schließlich in Untergangssehnsucht verwandelt, ganz ähnlich läßt Thomas Mann Zeitlosigkeit sich in der Zeit herstellen, öffnet die Zeitentiefe sich in der Gegenwart, aus der Aschenbach herausfällt, indem er mehr und mehr in die Vergangenheit, zuletzt in ein ›mythisches‹ Griechentum, versinkt und endgültig im Zeitlosen aufgeht und untergeht, als er dem Psychagogen »dort draußen im Meer« zu folgen wähnt. Die Zeitlosigkeit, die Thomas Mann intellektuell anstrebt und die er denkend verwirklicht, dichterisch gestaltet hat er sie im ›Tod in Venedig‹ um dieselbe Zeit bereits als das, was der ›Zauberberg‹ später weitausgreifend entfaltet, der Verlust des Zeitsinns aber schon 1899 in der Erzählung ›Der Kleiderschrank‹ bedeutet: als Verfall, Untergang, Tod. Thomas Manns Geschichtsdenken realisiert diese Einsicht erst während der Weimarer Republik.

---

[31] ebd. S. 193 und S. 199.
[32] ebd. S. 203.

# III

## ZUKUNFT DER VERGANGENHEIT

### ›Der alte Fontane‹

Im Sommer 1910,[1] bald nach dem Scheitern des Literaturessays also, schrieb Thomas Mann den Aufsatz ›Der alte Fontane‹. Er schickte ihn an Maximilian Harden, den Herausgeber der ›Zukunft‹, in der er am 1. Oktober 1910 auch erschien,[2] obwohl Harden zunächst u. a. an Fontanes skeptischen Urteilen über Bismarck Anstoß genommen zu haben scheint. Thomas Mann verteidigt seine Begeisterung für den alten Fontane und ausdrücklich auch seine Sympathie für Fontanes »nur auf den ersten Blick zweideutiges Verhältnis zu Bismarck« in einem Brief an Harden vom 30. August 1910 (Br.I, 85f.). Vielleicht ist es Taktik, soll es Harden versöhnen, daß er darin von »Referat« und »Gelegenheitsarbeit« spricht.[3] Falsch ist das gleichwohl nicht. Denn anscheinend hatte der Aufsatz einen äußeren Anlaß, nämlich die Veröffentlichung von Briefen Fontanes,[4] und offensichtlich hat dieser Anlaß auch die Darstellungsweise beeinflußt. Streckenweise erinnert der Text an eine Buchbesprechung. Als wende er sich an Leser, die noch nicht wissen, was in den Briefen steht, zitiert und referiert Thomas Mann oft und ausführlich. Über sein Geschichtsdenken geben nur ein paar Bemerkungen Auskunft, deren Unbestimmtheit zeigt, wie wenig es Thomas Mann damals darauf ankam, historische Sachverhalte zu erfassen und zu formulieren. Mehrmals stößt man auf Gesichtspunkte, die im und nach dem Ersten Weltkrieg für sein

---

[1]  Vgl. Bürgin/Mayer, Thomas Mann-Chronik, S. 32.
[2]  Die Zukunft, 19. Jahrgang, Heft 1/Bd 73, S. 1–21. Nach diesem ersten Abdruck zitiere ich, Seitenzahlen jeweils nach den Zitaten in Klammern. Der Text in ›Rede und Antwort‹, obwohl dort 1910 datiert, und der mit ihm übereinstimmende in den Gesammelten Werken von 1960 (IX, 9–34) ist durch Streichungen und Zusätze verändert. Er stammt aus dem Jahr 1919. Vgl. Oskar Seidlin, Der junge Joseph und der alte Fontane, in: Festschrift für Richard Alewyn, S. 388, Anmerkung 14.
[3]  Er spricht sogar von einer »schwachen« Gelegenheitsarbeit. Im Lebensabriß von 1930 dagegen erklärt er, ›Der alte Fontane‹ sei ihm »unter allen Exkursen dieser Art wohl die liebste geblieben« (XI, 130).
[4]  Vgl. den ersten Satz: »Ein neuer Band von Briefen Theodor Fontanes ist erschienen, – etwas ganz Entzückendes.«

Geschichtsdenken sehr wichtig wurden, während sie hier nur eben auftauchen und halb und halb unartikuliert bleiben.

Eine Ausnahme ist die Stelle, an der er anerkennend hervorhebt, »bei aller Lust am Historischen« habe Fontane »der reaktionäre Zug, der Haß gegen ›diese Zeit‹« gefehlt. »Jene tapfere Modernität zeichnete Fontane aus, die heute, im Gegensatz zum Heiligen Stefan, etwa Richard Dehmel vertritt« (15). Thomas Manns Zustimmung zu dieser Haltung überrascht nicht. Objektiviert kommt hier dasselbe ›Prinzip Gegenwart‹ zum Ausdruck, das sich in den Aufzeichnungen zum Literaturessay als Liebe zur eigenen Zeit persönlich-bekenntnishaft äußert. Auch die Wendung »tapfere Modernität« begegnet dort bereits in einer Gegenüberstellung Dehmel–George (vgl. 116, S. 213f.). Im Unterschied zu den Aufzeichnungen jedoch gibt es im Fontane-Essay so etwas wie Gegenwartsbewußtsein. Er ist ein Rückblick auf Fontane und dessen Zeit, die nicht bloß äußerlich-chronologisch vergangen ist. Thomas Mann stellt fest, daß es heute anders ist, als es damals war:

> Dennoch: wie obsolet, wie altfränkisch muthet dies äußerlich kleinbürgerliche und enge Leben in seiner pauveren Loyalität uns Heutige an! Die Zeiten haben sich gewandelt, die Mächte der Gesittung, die man die »destruktiven« nennt, sind in so siegreichem Vormarsch gegen die »etablirten«, die Rangstellung der Kunst, die Geltung des Geistes haben sich in dem Grade erhöht, daß eine Unterwürfigkeit wie die Fontanes uns fast kümmerlich dünkt. [...] In München ward kürzlich ein Hochstapler gefangen, der sich ins Fremdenbuch eines noblen Hotels als »Schriftsteller« eingetragen hatte. Wir können nicht mehr verlangen ... (7)

In der Gegenwart ist es anders als zu Lebzeiten Fontanes, aber ist es inzwischen besser geworden? Ist der siegreiche Vormarsch der Mächte der Gesittung ein Fortschritt? Die Frage scheint überflüssig zu sein, da es ja ausdrücklich heißt, das Ansehen von Kunst und Geist habe sich »erhöht«. Der sich als Schriftsteller ausgebende Hochstapler spricht indessen nicht unbedingt dafür, daß Thomas Mann diese Erhöhung als Fortschritt empfindet. Überdies nennt man die Mächte der Gesittung destruktiv – nennt »man« sie nur so oder beurteilt auch Thomas Mann selbst sie derart negativ? Bedeutet ihr siegreicher Vormarsch, weil Destruktion des Bestehenden (Etablierten), daß der Wandel der Zeiten ein Niedergang ist? In den ›Betrachtungen eines Unpolitischen‹ sieht Thomas Mann es so. Die Gesamttendenz des Fontane-Essays legt nahe, die Frage zu verneinen. Sicher ist sie jedoch nicht zu beantworten. Klar erkennbar ist zunächst nur ein Bewußtsein, daß es heute nicht mehr ist wie früher, d. h. ein geschichtliches Denken ganz elementarer Art: das Wissen, daß ›die Zeiten‹ sich wandeln. Über die Qualität dieses Wandels, ob er Fortschritt, Niedergang oder einfach ein wertneutrales Anderswerden ist, ist damit nichts gesagt. Ebenso bleibt offen, welchen formalen Charakter der geschichtliche Wandel hat, wie er vor sich geht, wie aus dem Früheren das Spätere wird.

Aus einem anderen Gedanken ist dies jedoch wenigstens ungefähr zu erschließen. Am Schluß des Aufsatzes feiert Thomas Mann das Schauspiel, das der alte Fontane biete, »dies Schauspiel einer Vergreisung, die künstlerisch, geistig, menschlich eine Verjüngung ist, einer zweiten und eigentlichen Jugend und Reife im hohen Alter«. »Die Zeit« habe diesen Werdegang begünstigt: »Die Zeit, die sich verjüngte, als er die Schwelle des Greisenalters überschritt« (21). Was er mit der Verjüngung ›der Zeit‹ konkret meint, sagt Thomas Mann nicht (wahrscheinlich ist es die naturalistische »Revolution der Literatur«),[5] doch genügt die Tatsache, daß er einen Veränderung bringenden historischen Ablauf als Verjüngung versteht. Die Zeiten wandeln sich nicht nur, die Zeit verjüngt sich auch. Das ist ebenso abstrakt wie es poetisch klingt, man könnte es auch kurzerhand als wenig ergiebige Übertragung einer biologischen Vorstellung auf die Geschichte abtun. Indessen weist die Vorstellung ›Verjüngung‹ ja durchaus auf eine bestimmte Auffassung vom Geschichtsprozeß hin. Was sich verjüngt, verwandelt sich und besteht verwandelt fort. Verjüngung ist eine Form der Veränderung, durch die fortdauert, was bisher war. Und zwar lebt es fort, obwohl es im Lauf der Zeit, ›mit der Zeit‹ alt geworden war, weil es jetzt eben nicht mehr ›alt‹, sondern wieder ›jung‹ ist – eine paradoxe Umkehrung der Zeit. In dem biographischen Paradoxon der Charakteristik des alten Fontane bildet sich das ab: Vergreisung, die eine Verjüngung ist, ein Altwerden, das ein »wundervolles Hineinwachsen in Jugend und Zukunft« ist (17). Die ›Umkehrung‹ der Zeit bewirkt, daß ein vergangener Zustand sich wiederherstellt: das Schauspiel, das der alte Fontane für Thomas Mann bietet, ist das einer »zweiten und eigentlichen Jugend und Reife im hohen Alter«. Wiederherstellung des Früheren im Späteren also, möglicherweise Wiederherstellung auf einer höheren Stufe, anscheinend aber keine Wiederherstellung, weil das Leben selbst zyklisch verläuft. Obwohl Umkehrung der Zeit und Wiederherstellung die Vorstellung eines linear voranschreitenden Ablaufs ausschließen, findet man für ein Kreislaufdenken im Fontane-Essay keinen Anhaltspunkt.

Jedoch enthält er einen Gedankengang über Fontanes Entwicklung, an dem zu beobachten ist, wie wenig Thomas Mann für Aufeinanderfolge in der Zeit, zeitliches Nacheinander übrig hat. Er zitiert zwei gegensätzliche Briefäußerungen Fontanes, eine voll bürgerlicher Verachtung für die

---

[5] Vgl. S. 15 f.: »Damals ist er Siebenzig, und er wird immer jünger. Die ›Revolution der Literatur‹ findet ihn auf der Höhe ...«

Masse und eine achtzehn Jahre später geschriebene über »die Arbeiter«, den vierten Stand als »neue, bessere Welt«, betont zunächst auch, daß zwischen diesen beiden Urteilen eine »Entwicklung« Fontanes liege, »das Bewußtwerden seiner Modernität, sein wundervolles Hineinwachsen in Jugend und Zukunft«, schiebt dies jedoch sofort beiseite, indem er, und zwar ohne es irgendwie zu belegen, erklärt: »beide Anschauungen, die konservative und die revolutionäre«, konnten in Fontane »neben einander bestehen« (17). Konservativ und revolutionär – zum erstenmal taucht hier die Kombination auf, mit deren Hilfe Thomas Mann nach dem Ersten Weltkrieg Vergangenheitsorientierung, Hinwendung zur Gegenwart und Zukunftsbejahung zu vereinigen sucht und aus der dann die Parole ›Konservative Revolution‹ wurde, die er (übrigens gleichzeitig eine allgemeine »Wiederherstellung« fordernd) noch 1937 retten und zu einer geistigen Gegenposition zum Nationalsozialismus machen möchte (Vorwort zum 1. Jahrgang von ›Maß und Wert‹: XII, 798–812).[6] Vergleicht man die spätere Ausführung des Gedankens mit der Verknüpfung von konservativ und revolutionär im Fontane-Essay, dann wirkt diese fast wie ein verspielter Einfall. Sie paßt dennoch genau hinein. Die Tendenz, inhaltlich einander widersprechende Einstellungen – Erhaltenwollen und Veränderungwollen – zusammenzusehen, entspricht ganz dem Bestreben, das Nacheinander verschiedener Standpunkte als Nebeneinander, temporal ausgedrückt: als ein Zugleich hinzustellen. Aus Entwicklung, in der es Vergangenheit und Gegenwart gibt, weil frühere Überzeugungen aufgegeben werden, wird eine zeitlose Gleichzeitigkeit des Früheren und Späteren. Ist es eine zu weit gehende Folgerung, darin eine Neigung zur Entzeitlichung wirksam zu sehen, zu der gehört, daß Vergangenes nicht *als* vergangen realisiert wird?

Das wäre allenfalls eine mehr oder weniger plausible Vermutung, läse man nicht drei Seiten weiter Sätze, in denen u. a. diese Neigung zur Entzeitlichung in einer anderen Form erkennbar ist. Es geht darin nicht um einen lebensgeschichtlichen Ablauf, sondern um den Gang der politischen und Geistesgeschichte. Thomas Mann zitiert eine ziemlich kritische Bemerkung Fontanes über Bismarck, die mit dem Verdikt endet, dem Zweckdienlichen alles unterzuordnen, sei ein furchtbarer Standpunkt. Thomas Mann kommentiert das folgendermaßen:

Das Zweckdienliche ein furchtbarer Standpunkt: Das ist etwas Neues, Nachbismarckisches, ist etwas über »Reich« und »Realpolitik« hinaus. Ganz ähnlich, wie Fontane über Bismarck spricht, sprach Voltaire, der Zukunftbürger, über Karl den Großen; und fast sicher ist heute schon, daß die politische

[6] Zum Thema Konservative Revolution vgl. Armin Mohler, Die konservative Revolution in Deutschland 1918–1931, Stuttgart 1950.

Geistigkeit des zwanzigsten Jahrhunderts der wohlwollenden Expansivität des achtzehnten verwandter sein wird als der düster-ungläubigen Brutalität des neunzehnten. Fontane hatte in sich viel achtzehntes Jahrhundert und an der Wende des neunzehnten, ein hoher Siebenziger für seine Person, spricht er Worte, die ganz und gar dem zwanzigsten angehören. (20)

Beginnen wir mit dem Schluß. Fontane hatte in sich viel achtzehntes Jahrhundert und spricht an der Wende des neunzehnten Worte, die dem zwanzigsten angehören: mit einem einzigen Satz gelingt es Thomas Mann, drei Jahrhunderte ineinander übergehen zu lassen. Ihr Nacheinander wird dadurch keineswegs aufgehoben, wird jedoch nicht erst hier zu einer chronologischen Äußerlichkeit. Denn offenbar sieht Thomas Mann diese drei Jahrhunderte als eine in sich gegliederte, doch relativ zeitlose Einheit, in der Vergangenheit und Zukunft sich verschränken und das Neue zugleich etwas Altes ist. Was im Schlußsatz etwas deutlicher hervortritt, ist von Anfang an bestimmend. Wie vergangen ist das 18. Jahrhundert, wenn Voltaire so aktuell ist, daß er ein »Zukunftsbürger« sein kann? Und wie neu ist das Neue der Feststellung Fontanes, wenn »ganz ähnlich«, wie er über Bismarck spricht, schon Voltaire über Karl den Großen sprach? Insbesondere Voltaires Ernennung zum Zukunftbürger verrät jedoch auch, worauf Entzeitlichung und Enthistorisierung beruhen. Sichtbar wird, wie unbeirrbar Thomas Mann in die Vergangenheit zurückblickt, wenn er sich die Zukunft vorstellt. In den ›Betrachtungen eines Unpolitischen‹ ist er überzeugt, daß die Gedankenwelt des Zivilisationsliteraten eine »Wiederherstellung« der Ideologie der Französischen Revolution, der für unabwendbar gehaltene Sieg von ›Politik‹ und Demokratie ein geistiger Triumph des 18. Jahrhunderts ist. Bereits in der Vorrede erfährt der Leser: »Selbst dem nun aber, der es nicht schon längst, seit zehn oder fünfzehn Jahren sah, kann heute nicht mehr verborgen bleiben, daß dieses junge Jahrhundert, das zwanzigste, aufs allerdeutlichste Miene macht, dem achtzehnten weit stärker nachzuarten als seinem unmittelbaren Vorgänger« (XII, 26). Danach gefragt, wann er selbst das denn schon gesehen habe, hätte Thomas Mann auf den Fontane-Essay verweisen können, auch wenn er sich dort noch vorsichtiger ausdrückt, nur meint, die politische Geistigkeit des zwanzigsten Jahrhunderts werde der des achtzehnten »verwandter« sein als der des neunzehnten. Immerhin heißt das soviel wie: in einem unbestimmten Ausmaß wird das zwanzigste Jahrhundert wieder wie das achtzehnte sein. Kein Wunder, daß das Neue, über Bismarck Hinausgehende Thomas Mann sogleich an Voltaire denken läßt, kein Wunder auch, daß er Fontanes Modernität betonen und ihn zugleich auf das 18. Jahrhundert zurückbeziehen kann. Er tut das sogar bei Fontanes Bild und entdeckt, daß um Fontanes Mund »ein Lächeln rationalistischer Heiterkeit liegt, wie man es auf gewissen Altherren-Portraits des achtzehnten Jahrhunderts findet« (2). Die ›Verwandtschaft‹ des achtzehnten Jahrhunderts mit dem zwanzigsten erklärt, warum Fontane sowohl viel achtzehntes Jahrhundert »in sich« hat als auch Worte spricht, die ganz und gar dem zwanzigsten angehören. Er kann in die Zukunft hineinwachsen, weil diese Zukunft, deren Bürger auch Voltaire sein wird, die Zukunft einer Vergangenheit ist, an der er teil hat.

Wie es zu dieser Zukunft der Vergangenheit kommt, darüber gibt der Fontane-Essay keine Auskunft (und auch kein anderer Aufsatz aus dieser Zeit). Von ›Verjüngung‹ kann bei einer – wie schwebend auch immer gehaltenen – Festlegung des zwanzigsten Jahrhunderts auf das achtzehnte nicht gut die Rede sein. Gemeinsam ist der Verjüngungs-Vorstellung und der zurückblickenden Zukunftsauffassung jedoch, daß es keine Entwicklung gibt, die Früheres wirklich hinter sich läßt und es zu einem Stück Vergangenheit macht. Die Vergangenheit besteht vielmehr fort, das Frühere stellt sich – auf verschiedene Weise – im Späteren wieder her,[7] ohne daß diese Wiederherstellung, wie im ›Versuch über das Theater‹, Rückkehr zu einem ursprünglichen Zustand ist. Das lineare Geschichtsdenken hat sich durchgesetzt. Gleichzeitig ist die Vergangenheitsgebundenheit jedoch nach wie vor so stark, daß Thomas Mann zwar konkret registrieren kann: die Zeiten haben sich gewandelt, aber nicht imstande ist, sich die Zukunft anders als von der Vergangenheit her vorzustellen, vielmehr beim Neuen an das Alte denkt.

Das trifft allerdings nur auf die Fassung des Fontane-Essays von 1910 zu. Als Thomas Mann ihn 1919 umarbeitete, strich er nicht nur den Satz »Die Zeit, die sich verjüngte«, sondern auch das ganze zuletzt analysierte Stück. Lediglich eine flüchtige Frage erinnert noch an das Verhältnis, das er vor dem Krieg zwischen dem zwanzigsten und dem achtzehnten Jahrhundert bestehen sah. Über Fontanes Wesen sprechend, verweist er auf das, »was rationalistisch-humanitäres achtzehntes Jahrhundert (und zwanzigstes Jahrhundert?) in ihm war« (IX, 33). Im übrigen führt er jetzt die Formel »Mythus und Psychologie« ein, verknüpft sie mit »konservativ und revolutionär«[8] und nähert sich der schwierigen Verbindung von Be-

---

[7]  Auch wenn Thomas Mann 1911 die Kunst der Zukunft beschreibt und das »Meisterwerk des zwanzigsten Jahrhunderts« gegen die Kunst Richard Wagners abgrenzt, prophezeit er eine neue alte Kunst: eine »neue Klassizität«, meint er, »muß kommen« (X, 842 in ›Über die Kunst Richard Wagners‹).

[8]  »Der Dichter ist konservativ als Schützer des Mythus. Psychologie aber ist das schärfste Minierwerkzeug demokratischer Aufklärung. – In den späten Briefen Fontanes, des Verherrlichers kriegerischen Preußenadels – in seinen Briefen, das heißt außerhalb seiner Produktion – findet man Kundgebungen stark revolutionären und demokratischen Gepräges [...]« (IX, 33).

wahrung des Überlieferten und Bejahung einer Zukunft, die sich vom Überlieferten wegbewegt. Sehr ausgeprägt ist dieser Gedanke einer Vereinigung von Bewahrung und Veränderung noch nicht, doch kündigt er sich unübersehbar an und führt vor Augen, wie Krieg und Kriegsausgang auf Thomas Manns Geschichtsdenken einzuwirken beginnen. Veränderung, die bloß Verjüngung, und das Bild einer Zukunft, die eine Zukunft der Vergangenheit ist, gehören weitgehend der Vorkriegszeit an. Es ist denkbar, daß die Ansicht, die Zukunft werde nichts Neues bringen, 1914 zu der Überzeugung beigetragen hat, es werde keinen Krieg geben.

## IV

## ZEITLOSIGKEIT UND WIEDERHOLUNG

### 1. ›Gedanken im Kriege‹

Der Ausbruch des Ersten Weltkrieges hat Thomas Mann überrascht. Er hielt ihn nicht für möglich, noch am 30. Juli 1914 schrieb er an Heinrich Mann, er neige »noch immer zu dem Glauben, daß man die Sache nur bis zu einem gewissen Punkte treiben wird« (Briefwechsel, S. 107).[1] Um so mehr überwältigte ihn dann der Kriegsausbruch. »Ich bin noch immer wie im Traum«, berichtet er dem Bruder am 7. August (ebd. S. 108). »Schicksalsergriffenheit« nennt er die Stimmung im ›Lebensabriß‹ (XI, 126).[2] Ihr Dokument sind die im September 1914 geschriebenen ›Gedanken im Kriege‹.[3] Von der Kriegsbegeisterung und dem patriotischen Überschwang dieses Aufsatzes ist in den wenigen nicht-literarischen Zeugnissen aus die-

[1] An den befreundeten Germanisten Philipp Witkop schreibt er auch noch reichlich drei Monate später: »Im Ernst, muß man sich nicht schämen, so garnichts geahnt und gemerkt zu haben? Selbst nach dem Fall des Erzherzogs hatte ich noch keinen Schimmer, und als der Kriegszustand verhängt war, schwor ich immer noch, daß es zu nichts Ernsthaftem kommen werde.« (Br. I, 112f.)
[2] Knappe Hinweise auf die biographisch-psychologischen Voraussetzungen des ›Kriegserlebnisses‹ gibt Hellmut Haug, Erkenntnisekel, S. 147f. Mindestens ebenso wichtig wie der dort zitierte Brief Thomas Manns vom 21. Januar 1944, der immerhin dreißig Jahre später geschrieben wurde, und zwar um eine »törichte Denunziation« des Emigranten Thomas Mann zurückzuweisen, ist der deprimierte Brief an Heinrich Mann vom 8. November 1913. »Es ist schlimm, wenn die ganze Misere der Zeit und des Vaterlandes auf einem liegt, ohne daß man die Kräfte hat, sie zu gestalten. Aber das gehört wohl eben zur Misere der Zeit und des Vaterlandes. [...] Ich bin ausgedient, glaube ich, und hätte wahrscheinlich nie Schriftsteller werden dürfen.« (Briefwechsel, S. 104) Ein wenig erklärt das die ressentimentgeladene Schilderung der Friedenswelt in den ›Gedanken im Kriege‹, einer Friedenswelt, in der »buchstäblich niemand mehr aus noch ein wußte« und die ihn den Krieg als »Reinigung, Befreiung [...] und eine ungeheuere Hoffnung« erleben ließ. Erkennbar werden hier übrigens auch autobiographische Wurzeln der Problematik Leverkühns.
[3] Veröffentlicht zuerst im Novemberheft 1914 der ›Neuen Rundschau‹, dann zusammen mit dem Friedrich-Essay und der Antwort an ›Svenska Dagbladet‹ als Buch, das von 1915 bis 1917 eine Auflage von 35 000 erreichte (vgl. Bürgin, Bibliographie, S. 25), dort S. 7–31. Nach diesem Abdruck zitiere ich.

ser Zeit, den Briefen (soweit bisher veröffentlicht), allerdings nicht viel zu spüren. Wie er empfand und den Krieg erlebte, verrät aber auch eine so temperierte Äußerung wie die folgende, besonders wenn man berücksichtigt, daß sie in einem Brief an den ganz anders urteilenden Bruder steht: »Muß man nicht dankbar sein für das vollkommen Unerwartete, so große Dinge erleben zu dürfen? Mein Hauptgefühl ist eine ungeheure Neugier – und, ich gestehe es, die tiefste Sympathie für dieses verhaßte, schicksals- und rätselvolle Deutschland [...]« (Briefwechsel, S. 108).

Der Hinweis auf das *verhaßte* Deutschland berührt ein zentrales Erlebnis der ersten Kriegsmonate: die geistige und moralische Ablehnung Deutschlands nicht nur in der Propaganda der Entente. Ganz unvorbereitet kann diese intellektuelle Feindschaft jedoch selbst den politikfernen Thomas Mann nicht getroffen haben, mindestens durch Heinrich Manns Kritik am wilhelminischen Deutschland war sie ihm seit Jahren vertraut. In den ›Betrachtungen eines Unpolitischen‹ spricht er von einer »notgedrungenen national-geistigen Selbstbehauptung«, die sich nicht erst 1914 hergestellt habe (XII, 151), und meint damit den politischen Gegensatz zu seinem Bruder lange vor dem Krieg.[4] Nun aber trat ihm, was bis dahin private Auseinandersetzung und Teil eines zeitweise ohnehin spannungsvollen Verhältnisses gewesen war, als allgemeine Meinung der »wider Deutschland geifernden Welt« (XII, 152) entgegen, als internationale Erscheinung und keineswegs auf die Kriegsgegner beschränkt. Das »verfemte, bespieene Deutschland, unter dem unerhörten Druck der demokratischen öffentlichen Welt-Meinung« – so sieht er noch in den ›Betrachtungen‹ die Situation am Anfang des Krieges (XII, 168). Sie erbitterte ihn und traf ihn wohl auch deshalb so sehr, weil Politik ihm fremd, er infolgedessen nicht imstande war abzuschätzen, was und wieviel von all dem doch auch Propaganda war, psychologische Kriegsführung. Statt sich zu ihr kritisch unterscheidend zu verhalten, nahm er sie offenbar gewissermaßen wörtlich und wurde dadurch in eine Empörung getrieben, die die Sympathie für Deutschland zu trotziger Leidenschaft steigerte. Insofern ist die Heftigkeit seines Nationalismus auch Antwort auf das, was er – quasi naiv – als »unnatürliche und stupide Welthetze gegen Deutschland« empfand

---

[4]  Begonnen hat dieser Gegensatz anscheinend 1904 (vgl. Briefwechsel S. 25). Wie er sich in den folgenden zehn Jahren entwickelt hat, ist weder den Briefen noch anderen Zeugnissen auch nur einigermaßen genau zu entnehmen. – Die persönlichen Beziehungen der Brüder bis zum Kriegsausbruch haben zuletzt André Banuls (Thomas Mann und sein Bruder Heinrich, S. 11–24), Hans Wysling in der Einleitung zu seiner Ausgabe des Briefwechsels (S. VII–XLVII) und Heinz Ludwig Arnold in dem Aufsatz ›Die Brüder‹ (Text und Kritik, Sonderband Heinrich Mann, S. 34–47) dargestellt. Banuls berührt das Politische nur kurz, Wysling geht etwas mehr darauf ein (vor allem S. XLI–XLVII).

(Friedrich, S. 129).[5] »Was aber dies Volk – sprechen wir leise, aber scharf und deutlich – *ein Volk wie dieses* sich seit Kriegsbeginn hat sagen und anthun lassen müssen, das, sollte ich denken, hätte das abgesondertste Einzelwesen zu nationalem Solidaritätsgefühl, zu nationaler Parteinahme erregen müssen. Mir wenigstens erging es so.« (Amann-Briefe, S. 25)[6] Eine solche Parteinahme waren die ›Gedanken im Kriege‹, deren Motiv und Ziel Thomas Mann an derselben Stelle halb erklärend, halb rechtfertigend bestimmt als »Aktion, hervorgegangen aus Zorn« und dem Bedürfnis, »meiner beschimpften Nation geistig zu Hülfe zu kommen«.[7]

Er kam ihr zu Hilfe, indem er der Parole ›Zivilisation gegen Militarismus‹ der Entente-Propaganda die Parole ›Zivilisation gegen Kultur‹ entgegenstellte. Dieses Begriffspaar hatte ihn (außer im ›Versuch über das Theater‹) fünf Jahre vor dem Krieg schon in einer der im Berliner ›Tag‹ veröffentlichten ›Notizen‹ beschäftigt (Studien I, S. 225f.). Damals skizzierte er den Gegensatz von Kultur und Zivilisation jedoch, um das Verhältnis von – dies der Titel der Notiz – ›Geist und Kunst‹ zu bestimmen. Eine manifest politische Bedeutung haben die Begriffe nicht; sie zu benutzen, um einen nationalen Gegensatz polemisch zu artikulieren, liegt ihm noch so fern, daß er das Kunstfeindliche der Zivilisation mit einer Äußerung von Georges Bizet erläutert. 1914 aber entdeckt er den politischen Gehalt dieser Begriffe. Er greift nach ihnen, um die Eigenart Deutschlands zu kennzeichnen, und entwirft eine Kriegsideologie, die eine (nicht nur Thomas Mann geltende) Beobachtung von Lukács über die ›machtgeschützte Innerlichkeit‹ bei Ausbruch des Ersten Weltkrieges bestätigt, nämlich daß deren Lage sich umkehrte und nun die Innerlichkeit zum idcologischen Schutz der Macht in den Kampf trat.[8] In unscrem Zusammenhang interessiert hauptsächlich, daß Thomas Mann sich dabei auf aufschlußreich reduzierte Vorstellungen des Historismus stützt.

Auf Kleists Frage ›Was gilt es in diesem Kriege?‹ von 1809 anspielend, heißt es zunächst bloß allgemein: »es gilt rund und schlicht unser Recht, zu sein und zu wirken« (18). Das kann besagen, daß der Krieg ein Kampf um die nationale Existenz schlechthin sein soll. Daß Thomas Mann es anders meint, zeigt sich gleich darauf, wenn er bedingungslos anerkennend, ja stolz die »internationale Fremdheit und Unheimlichkeit der

---

[5]   Einiges dazu in dem in Anmerkung 2 erwähnten Brief vom 21. Januar 1944 (Br. II, vor allem S. 352 oben).

[6]   Ähnlich in der Antwort an ›Svenska Dagbladet‹, Friedrich S. 120.

[7]   Fast genauso: Bertram-Briefe, S. 22. Im Brief an Richard Dehmel vom 14. Dezember 1914 ist bescheidener nur von dem Bedürfnis die Rede, »wenigstens meinen Kopf einmal unmittelbar in den Dienst der deutschen Sache zu stellen.« (Br. I, 115).

[8]   Lukács, Thomas Mann, S. 28.

deutschen Seele« betont (19). Konkret bedeutet das: im Gegensatz vor allem zu England und Frankreich haben die Deutschen ›Kultur‹ der ›Zivilisation‹ immer vorgezogen. »Die deutsche Seele ist zu tief, als daß Zivilisation ihr ein Hochbegriff oder etwa der höchste gar sein könnte« (21). Dem pazifistischen Ideal der Zivilisation bringe sie tiefe und instinktive Abneigung entgegen (22). Das Ziel der westlichen Feinde ist darum im Grunde Seelenmord. Denn für sie ist der Krieg »eine Art von Zwangszivilisierung Deutschlands« (26f.), sie wollen »uns den Segen der Entmilitarisierung und Demokratisierung« bringen (27). Insbesondere Frankreichs »Art von Vernunft« zwinge es zu glauben, »ein Volk stehe auf einer höheren, edleren, freieren Stufe, wenn es, statt durch einen Monarchen im Soldatenrock, durch einen ehrgeizigen Rechtsanwalt repräsentiert und parlamentarisch regiert wird« (28). Man meine, Deutschland sei durch eine Niederlage »zu revolutionieren, zu demokratisieren« und werde dann »den Rationalismus annehmen und ein verständig-verständliches Volk« sein, »ohne Rätsel und Unheimlichkeiten fortan für eine gesittete Mitwelt« (29). Davon hält Thomas Mann gar nichts. Die »politische Ausprägung unserer bürgerlichen Freiheit« könne sich allein »nach deutschen – nicht nach gallisch-radikalen – Geistesgesetzen« vollenden (29). Zwar sei »deutsches Wesen« quälend problematisch, aber »wer da wünscht, daß deutsche Art zugunsten von humanité und raison oder gar von cant von der Erde verschwinde, der frevelt« (30). Schließlich die Beruhigung: die »sendungsvolle und unentbehrliche Eigenart« des deutschen Volkes zu verneinen, wird mißlingen, vielmehr werden die Feinde Deutschland »studieren« müssen (31).

Mit all dem will Thomas Mann die Besonderheit Deutschlands und Deutschlands Recht auf seine Besonderheit verteidigen. Das geschieht zweckentsprechend undifferenziert,[9] die geistige Welt aber, mit der diese Kriegsideologie von ferne zusammenhängt, schimmert immerhin noch erkennbar durch. Absolute Verschiedenheit der Völker, die als Individuen empfunden werden und nur nach ihren eigenen Geistesgesetzen leben können – nationale Eigenart als hoher, wenn nicht höchster Wert, damit auch Vorrang der Vielfalt vor der Einheit – nicht nur Zurückweisung des ›Rationalismus‹ für Deutschland, sondern (im Hinweis auf die französische »Art von Vernunft« deutlich werdende) Ablehnung, Leugnung einer allgemein gleichen, allgemeingültigen Vernunft: das weist über den

[9] Thomas Mann selbst nennt die ›Gedanken im Kriege‹ unmittelbar nach Erscheinen »reine Journalistik« (Br. I, 113), doch darf man diese Geringschätzung nicht absolut nehmen. Sie entspringt dem damals noch sehr starken Zweifel des *Dichters* Thomas Mann am Wahrheitswert jeder Meinungen nicht gestaltenden, sondern direkt aussprechenden Äußerung. Vgl. Amann-Briefe, S. 25; Bertram-Briefe, S. 22 und XII, 228f.

europäischen Nationalismus und die Romantik zurück auf die Frühzeit des deutschen historischen Denkens, auf Herder etwa oder auch Möser. Die Erinnerung an diese Tradition macht indessen sofort bewußt, was aus ihr geworden, man darf sagen: wie sie heruntergekommen ist. Wenn der »ältere Historismus« die Verschiedenheit von »Individuen, Ländern, Völkern, Sprachen, Sitten usw. innerhalb einer und derselben Zeit, vor allem innerhalb der Gegenwart« feststellte, so verstand er diese Verschiedenheit einmal als »großenteils historisch begründet«, zum anderen führte er sie auf »geographische, klimatische, ethnologische Ursachen« zurück.[10] Solche Erklärungen, die die Verschiedenheit gerade auch von Völkern als vielfach bedingt und jedenfalls vermittelt verstehen, fehlen bei Thomas Mann völlig. Deutsche Art oder Eigenart, deutsche Seele und deutsches Wesen sind für ihn sämtlich unbedingte Größen, nicht das Ergebnis einer – wovon auch immer beeinflußten – Entwicklung, in deren weiterem Verlauf sie sich auch wandeln könnten. Sie haben keine Vergangenheit, in der sie geworden sind, dementsprechend keine Zukunft, in der sie anders werden können. Sie sind quasi metaphysische Gegebenheiten, etwas zeit- und geschichtslos Innerliches.

Dieses ungeschichtliche Denken bestimmt den Aufsatz bis in Details. Es äußert sich in einer Formulierung, die den Krieg als »das große Wetter« (13) in ein Naturereignis umdeutet, ebenso wie beispielsweise in der Fassungslosigkeit, die reale historische Vorgänge nicht mehr begreifen und z. B. das »brüderliche Zusammenarbeiten von Sozialdemokratie und Militärbehörde« nur noch unter »Wunder und Paradoxien« registrieren kann (12). Entzeitlicht und enthistorisiert wird aber auch das Hauptthema des Aufsatzes, der Gegensatz Kultur-Zivilisation, dessen Auffassung in mehr als einer Hinsicht an den Aphorismus ›Kultur contra Zivilisation‹ des späten Nietzsche erinnert. Thomas Mann beruft sich auf diesen Aphorismus weder in den ›Gedanken im Kriege‹ noch in der die Antithese verteidigenden Antwort an Romain Rolland in den ›Betrachtungen‹ (XII, 165–176). Da er damals wahrscheinlich keinen Autor so genau kannte wie Nietzsche, dieser für ihn gerade in den Kriegsjahren höchste Autorität war,[11] dürfte er indessen auch diesen im sogenannten ›Willen zur Macht‹ abgedruckten Aphorismus gekannt haben. Direkter Einfluß oder nicht – geistesgeschichtlich ist die Position Thomas Manns darin jedenfalls recht klar vorgebildet.

[10] Bauer, Geschichtlichkeit, S. 11.
[11] In den ›Betrachtungen‹ ist er der meistgenannte Autor, 168mal wird er erwähnt (vgl. Keller, Der unpolitische Deutsche, S. 170). Über Thomas Mann und Nietzsche vgl. Peter Pütz, Friedrich Nietzsche, S. 84–88. Dort auch weitere Literatur.

*Kultur contra Zivilisation.* – Die Höhepunkte der Kultur und der Zivilisation liegen auseinander: man soll sich über den abgründlichen Antagonismus von Kultur und Zivilisation nicht irreführen lassen. Die großen Momente der Kultur waren immer, moralisch geredet, Zeiten der Korruption; und wiederum waren die Epochen der gewollten und erzwungenen *Tierzähmung* des Menschen (›Zivilisation‹) – Zeiten der Unduldsamkeit für die geistigsten und kühnsten Naturen. Zivilisation will etwas anderes, als Kultur will: vielleicht etwas Umgekehrtes . . .[12]

Vom »abgründlichen Antagonismus« von Kultur und Zivilisation ist auch Thomas Mann überzeugt. Doch nicht nur das. Wie er die beiden charakterisiert, das ist kaum mehr als eine realisierende Ausführung dessen, was Nietzsche mit »Korruption« und »Tierzähmung des Menschen« aphoristisch andeutet.[13] Darüber hinaus geht er nur, indem er die Begriffe aktuell und unmittelbar politisch einsetzt: in der Anwendung des Gegensatzes auf den Krieg von 1914. Dabei jedoch bleibt – eine besonders folgenreiche Übereinstimmung – Nietzsches ungeschichtliche Sehweise erhalten. Bei ihm gibt es sowohl Zeiten der Kultur als auch Epochen der Zivilisation, jede herrscht im Lauf der Geschichte also nur zeitweilig, doch mehrmals; ihre Herrschaft wechselt, aber wiederholt sich. Obwohl innergeschichtliche Erscheinungen, werden sie selbst nicht als geschichtlich aufgefaßt, sondern als eine Art geschichtsloser Urphänomene. So faßt sie hier auch Thomas Mann auf. Für ihn sind ›Kultur‹ und ›Zivilisation‹ universal, weder zeitlich noch räumlich festgelegt oder festlegbar. Kultur, das ist das Deutschland von 1914, aber auch z. B. Mexiko im 16. Jahrhundert: »Niemand wird leugnen, daß etwa Mexiko zur Zeit seiner Entdeckung Kultur besaß« (7). Zivilisation, das ist England und Frankreich im Jahre 1914, aber auch z. B. das alte China – »zivilisiert waren von allen Völkern des Altertums vielleicht nur die Chinesen« (7). Kultur und Zivilisation sind zeitlose Realitäten, immer (und überall) möglich. Thomas Mann selbst formuliert das unter einem anderen Gesichtspunkt.

[12] Nietzsche, Werke. Hrsg. von Karl Schlechta. Bd. III, S. 837 (›Aus dem Nachlaß der Achtzigerjahre‹). – Die »Wandlung und Verschiebung« der Begriffe Kultur und Zivilisation u. a. bei Nietzsche und im Hinblick auf Thomas Mann stellte Banuls zusammen (Thomas Mann und sein Bruder Heinrich, S. 61–76). Vgl. auch: Kultur und Zivilisation. Europäische Schlüsselworte, Band 3 (München 1967).
[13] »Kultur kann Orakel, Magie, Päderastie, Vitzliputzli, Menschenopfer, orgiastische Kultformen, Inquisition, Autodafés, Veitstanz, Hexenprozesse, Blüte des Giftmordes und die buntesten Greuel umfassen. Zivilisation aber ist Vernunft, Aufklärung, Sänftigung, Sittigung, Skeptisierung, Auflösung, – Geist.« So fast völlig übereinstimmend in den ›Notizen‹ und den ›Gedanken im Kriege‹ (8), und zwar mit derselben Tendenz wie Nietzsche. Der Geist, in dem die Zivilisation gipfelt, ist »der geschworene Feind der Triebe, der Leidenschaften, er ist antidämonisch, antiheroisch und [. . .] auch antigenial«.

Er habe sich die Begriffe, erklärt er am Anfang des Aufsatzes, »folgendermaßen zurechtgelegt«: »sie bilden eine der vielfältigen Erscheinungsformen des ewigen Weltgegensatzes und Widerspieles von Geist und Natur« (7). Mit dieser Auslegung nimmt er sich von vornherein die Möglichkeit, den Ersten Weltkrieg als historische Realität wahrzunehmen. Als Krieg zwischen Kultur und Zivilisation wird er zunächst nur vergeistigt, aber da ›Kultur‹ und ›Zivilisation‹ Erscheinungsformen eines ewigen Weltgegensatzes sind, wird er damit zugleich enthistorisiert. Nicht als etwas Besonderes, ›Einmaliges‹ wird er erfaßt, sondern in ihm wiederholt sich, was immer schon war. Infolgedessen steht er auch nicht in irgendeinem Entwicklungszusammenhang. Der aktuelle militärische Konflikt ist bloß Aktualisierung, das Gegenwärtige nicht mehr als Vergegenwärtigung eines ewigen Gegensatzes. Gegenwart wird zu etwas nur Äußerlich-Chronologischem, ›eigentlich‹ gibt es sie ebensowenig, wie es Vergangenheit gibt.

Vergangenes wird auch ausdrücklich entzeitlicht. Dafür ein Beispiel, das zugleich vorführt, was für eine rigorose Abstraktion Entzeitlichung und Enthistorisierung sind. Die Wirklichkeit erstarrt zum Zeichen, bedeutet nur noch.[14] Aus der Zeit herausgehoben werden auf diese Weise Voltaire und Friedrich der Große.

> Seit ich die beiden kenne, stehen sie vor mir als die Verkörperung des Gegensatzes, von dem diese Zeilen handeln. Voltaire und der König: Das ist Vernunft und Dämon, Geist und Genie, trockene Helligkeit und umwölktes Schicksal, bürgerliche Sittung und heroische Pflicht; Voltaire und der König: das ist der große Zivilist und der große Soldat seit jeher und für alle Zeiten. (17)

Noch radikaler – kritisch ausgedrückt: noch überspannter – kann man historische Gestalten nicht ins Zeitlose entrücken. Voltaire und der preußische König sind hier nicht Menschen des 18. Jahrhunderts, die über ihre Zeit hinausragen und in diesem Sinne überzeitlich sind. Thomas Manns Formel »seit jeher und für alle Zeiten« geht darüber qualitativ hinaus. Sie umfaßt die gesamte Vergangenheit (»seit jeher«) und jede Zukunft (»für alle Zeiten«), d. h. sie umschreibt mit zeitlichen Vorstellungen ›Ewigkeit‹. Wurden zunächst Zivilisation und Kultur zu Erscheinungsformen eines ewigen Weltgegensatzes erklärt, so werden nun Voltaire und Friedrich ins Ewige und zu einem ewigen Gegensatz überhöht. Der-

---

[14] Fritz Kaufmann erklärt das individuell-psychologisch und geistesgeschichtlich: »Thomas Manns frühe Lebenseindrücke und Lebensstimmung kamen der Lehre Kants und Schopenhauers entgegen, daß die äußere Ordnung in Raum und Zeit der Welt der Erscheinung angehöre und nicht die innere Wahrheit der Dinge an sich offenbare.« (Thomas Manns Weg durch die Ewigkeit in die Zeit, S. 564).

art entzeitlicht, sind sie ebenso Vergangenheit wie Gegenwart, zeitlos gegenwärtig: ohne weiteres spricht Thomas Mann vom »immer noch herrschenden« Voltaire und von dem König, »dessen Seele jetzt mehr als je in uns allen lebt« (17).

Ohne Gegenwart und Vergangenheit gibt es auch keine Zukunft. Für ein Denken, das Zeit nur als äußere Chronologie kennt, gibt es keine Veränderung und nichts Neues; was sich ereignet, ist immer nur das Gleiche. Zeitlosigkeit und Wiederholung gehören zusammen. Extrem demonstriert Thomas Mann das in den ›Betrachtungen eines Unpolitischen‹, wo er, einen Gedanken Dostojewskis aufnehmend, den Weltkrieg als einen »neuen Ausbruch« des »uralten deutschen Kampfes gegen den Geist des Westens« hinstellt und diesen Kampf gegen den »Imperialismus der Zivilisation« mit der Schlacht im Teutoburger Wald beginnen läßt (XII, 48 u. 52). »Die Hermannsschlacht, die Kämpfe gegen den römischen Papst, Wittenberg, 1813, 1870« heißen dort die Stationen dieser ewigen Auseinandersetzung, die nun also ein weiteres Mal stattfindet. So weit geht er in den ›Gedanken im Kriege‹ noch nicht zurück, dafür skizziert er hier die Parallele Erster Weltkrieg–Siebenjähriger Krieg.

> Unbesorgt! Wir stehen am Anfang, wir werden um keine Prüfung betrogen sein. Friedrich, nach allen Heldentaten, war im Begriffe, unterzugehen, als ein gutes Glück, der russische Thronwechsel, ihn rettete. Und Deutschland ist heute Friedrich der Große. Es ist sein Kampf, den wir zu Ende führen, den wir noch einmal zu führen haben. Die Koalition hat sich ein wenig verändert, aber es ist sein Europa, das im Haß verbündete Europa, das uns nicht dulden, das ihn, den König, noch immer nicht dulden will, und dem noch einmal in zäher Ausführlichkeit, in einer Ausführlichkeit von sieben Jahren vielleicht, bewiesen werden muß, daß es nicht angängig ist, ihn zu beseitigen. Es ist auch seine Seele, die in uns aufgewacht ist, diese nicht zu besiegende Mischung von Aktivität und durchhaltender Geduld, dieser moralische Radikalismus, der ihn den anderen so widerwärtig zugleich und entsetzlich, wie ein fremdes und bösartiges Tier, erscheinen ließ. Sie wußten nichts von seiner Unbedingtheit – wie sollten sie, da es für sie nicht um Tod und Leben ging –: das war sein sittlicher Vorteil. Auch ist nicht glaubhaft, daß ihnen heute die Tiefe deutscher Entschlossenheit zugänglich sein sollte, – die einen sind zu weit verbürgerlicht, die anderen zu roh und dumpf, um ihrer fähig zu sein. Aber heute ist Friedrich so stark geworden, daß auch die anderen, auch sie um ihr Leben kämpfen – und sie sind drei gegen den einen. Unbesorgt! Wir werden geprüft werden. Deutschlands Sieg wird ein Paradoxon sein, ja ein Wunder, ein Sieg der Seele über die Mehrzahl – ganz ohnegleichen. (15 f.)[15]

[15] Die folgende Analyse und ebenso die des Friedrich-Essays nimmt zum Teil auf und führt weiter, was ich unter dem Gesichtspunkt ›Ideologie‹ dargelegt habe in: Ideologische Geschichtsdarstellung. Zu Thomas Manns ›Friedrich und die große Koalition‹. In: Festschrift für Klaus Ziegler, S. 323–342.

Das ist bereits ein Entwurf von ›Friedrich und die große Koalition‹. Über Voraussetzungen und Ziel dieses Essays gibt es sogar klarer Auskunft als dieser selbst, weil wenigstens andeutungsweise dargelegt wird, was dort in die eigentümlich essayistisch erzählende Gestaltung eingegangen ist und nur noch als Bild oder Formel erscheint. Aufschlußreich ist, wie Thomas Mann mit einer Schwierigkeit fertig wird, der er sich in dem anders angelegten Essay gar nicht zu stellen braucht: der Verschiedenheit der Koalitionen von 1756 und 1914. Nicht mehr Habsburg und die Bourbonen sind heute die Feinde, das Kaiserreich Österreich, damals der Hauptgegner, ist jetzt Verbündeter; Schweden, einst ein bedeutender Kriegsgegner, ist diesmal neutral; das früher verbündete England, inzwischen ein Weltreich und weitgehend parlamentarisch regiert, ist heute Alliierter des seinerseits nicht mehr bourbonischen, sondern bürgerlich-demokratischen Frankreich. Nicht nur die Koalition als solche hat sich geändert, bis zu einem gewissen Grade spiegelt ihre Veränderung auch den Wandel Europas in anderthalb Jahrhunderten, die Entwicklung vom Europa des Absolutismus zu einem mehr oder weniger bürgerlich-liberalen, nationalistischen und imperialistischen Europa. Irgendwie ist das Thomas Mann natürlich bewußt (Frankreich nennt er geradezu »Volk der Revolution« und stellt sarkastisch fest, daß es sich mit dem »verworfensten Polizeistaat« Rußland verbündet habe), trotzdem will er es nicht wahrhaben und bagatellisiert es entschlossen. Verändert hat sich die Koalition nur »ein wenig«, ja nicht einmal das: »noch immer« will »sein«, d. h. Friedrichs Europa den König nicht dulden. Einfach stehengeblieben ist die Entwicklung in den letzten hundertfünfzig Jahren nicht – ein wenig hat die Koalition sich ja immerhin verändert und nicht zuletzt ist »Friedrich« inzwischen so stark geworden, daß auch die anderen um ihr Leben kämpfen. Aber Europa ist auf der Stelle getreten – noch immer will es Friedrich nicht dulden. Sachlicher Unterschied wie zeitliche Entfernung zwischen 1756 und 1914 verschwimmen, verschwinden. Sogar im Aufbau des Aufsatzes bildet sich das ab. Bis zu den zitierten Sätzen spielt Thomas Mann auf Friedrich den Großen, den Siebenjährigen Krieg, das 18. Jahrhundert nicht einmal an. Er spricht ausschließlich über den gegenwärtigen Krieg, zuletzt vom »Siegeszug unseres Volksheeres bis vor die Tore von Paris«, und geht danach so selbstverständlich zu »Friedrich« über, als rede er nach wie vor von 1914 – auch 1756 ist Gegenwart. Fortgeführt wird das dann in einer systematischen Verschränkung der Zeiten: es ist *sein* Europa, das *uns* nicht dulden, das *ihn noch immer* nicht dulden will, dem *noch einmal* bewiesen werden muß, daß es *ihn* nicht beseitigen kann. Objektiviert erscheint, was Karl Mannheim als charakteristisch konservativ erfaßt hat, »ein Erleben, das Vergangenheit und Gegenwart ineinander aufgehen läßt«.[16] Die Zeit wird praktisch aufgehoben und hundertfünfzig Jahre europäischer Geschichte werden zu einer »Ewigkeitssuppe«. So heißt im ›Zauberberg‹, dem »Buch ideeller Absage an vieles Geliebte« (XI, 595), die aufgehobene Zeit. »Man bringt dir die Mittagssuppe, wie man sie dir gestern brachte und sie dir morgen bringen wird. [...] die Zeitformen verschwimmen dir, rinnen ineinander, und was sich als wahre Form des Seins dir enthüllt, ist eine ausdehnungslose Gegenwart, in welcher man dir ewig die Suppe bringt« (III, 258). Die ewig gebrachte Suppe ist in diesem Fall die »Wiederholung oder Fortsetzung« von Friedrichs Kampf gegen Europa über hundertfünfzig Jahre hinweg. Die Formel taucht erst später im Friedrich-Essay auf, der Sachverhalt aber wird bereits hier formuliert: es ist sein Kampf, den wir »zu Ende führen«, den wir »noch einmal« zu führen haben. Der Unterschied zwischen den beiden Vorstellungen ist vergleichsweise gering. Ob ›noch einmal‹ oder ›immer noch‹, fortschrittsloses Fortschreiten und leere Zeit sind die hundertfünfzig Jahre so und so. Vorrang hat jedoch die Wiederholungsvorstellung, sogar die genaue Wiederholung ›sieben Jahre‹ hält Thomas Mann allen Ernstes für möglich. Das mag eine Folge seiner Neigung zum Zahlenspiel sein,[17] außerdem ist sieben »diese alte Märchenzahl von Prüfungsjahren« (Friedrich und die große Koalition; X, 130), und eine Prüfung verheißt er seinen Lesern ja auch hier. Der Gedanke zielt jedoch darüber hinaus. Noch einmal, vielleicht wieder sieben Jahre lang muß Europa bewiesen werden, daß es »den König« nicht beseitigen kann: das hat auch eine Zukunftsperspektive. Der Blick zurück ist zugleich ein Blick nach vorn. Die Deutung des eben begonnenen Krieges als Wiederholung des Siebenjährigen dient ebenso der Diagnose wie der Prognose. Diese ist nicht gefällig, auf längere Sicht aber doch ermutigend. »Wir werden geprüft werden« – auch Friedrich wurde es ja, und Schlimmes, wie er es durchmachte, erwartet auch uns, vielleicht auch diesmal sieben Jahre lang. Aber die Prüfung wird auch enden wie damals, Deutschland wird siegen, wie Friedrich siegte. Nicht nur, daß ist, was war, es wird auch sein, was gewesen ist. Nicht nur die Gegenwart, auch die Zukunft ist Wiederholung der Vergangenheit. Die Aufhebung der Zeit umfaßt Vergangenheit, Gegenwart und Zukunft gleichermaßen.

Eine besondere Färbung erhält diese Aufhebung der Zeit durch den kurz auftauchenden Gedanken, daß »wir« Friedrichs Kampf »zu Ende füh-

---

[16] Mannheim, Das konservative Denken, a.a.O. S. 99.
[17] Vgl. den vorletzten Absatz im ›Lebensabriß‹ (XI, 144) und den Kommentar dazu am Anfang der ›Entstehung des Doktor Faustus‹ (XI, 145) sowie die verwandte Bemerkung in ›Meine Zeit‹ (XI, 314). Über die Bedeutung der Sieben vor allem im ›Zauberberg‹ vgl. Charles Neider, The Artist as Bourgeois, a.a.O. S. 340–343.

ren«. Die Formulierung stellt flüchtig in Aussicht, daß Friedrich sich *endgültig* behauptet haben wird, wenn Deutschland jetzt siegt. Was Friedrich damals noch nicht gelang, wird Deutschland diesmal gelingen – angedeutet wird zwischen Vergangenheit und (naher) Zukunft eine Beziehung, die von ferne an die heilsgeschichtliche Deutung des Geschichtsverlaufs nach dem Schema Verheißung–Erfüllung erinnert. Allerdings wirklich nur von ferne daran erinnert, weil jeder religiöse Bezug fehlt. Übrig geblieben ist nur das säkularisierte – und eben deshalb so schwach ausgebildete? – Schema. Zu ihm paßt, daß die Gleichsetzung des Ersten Weltkrieges mit dem Siebenjährigen Krieg, die Angleichung der Konstellation von 1914 an die von 1756 und die stilisierende Anpassung der gegenwärtigen Realität an die der Vergangenheit als eine Art von figuraler Geschichtsdeutung aufgefaßt werden kann, durchaus vergleichbar derjenigen, die Albrecht Schöne als Gestaltungsprinzip des ›Carolus Stuardus‹ von Gryphius aufgedeckt hat. Hier wie da handelt es sich um ein »Gleichwerden«. Dem Gleichwerden des Carolus, der aus der eigenen, »weitgehend neutral und gleichsam abstrakt gehaltenen Existenz [...] mit ganzer Person hinübertritt in die Rolle des leidenden Gottessohnes«,[18] entspricht *formal* Deutschlands Gleichwerden mit Friedrich: »Deutschland ist heute Friedrich der Große«, es ist »seine Seele, die uns aufgewacht ist« usw. Genauso wichtig wie die strukturelle Übereinstimmung ist jedoch die sachliche Verschiedenheit. Das Leiden des Carolus ist »Nachfolge«, die »auf den Nachvollzug der Passion Christi« zielt.[19] Die Leiden dagegen, die Thomas Mann Deutschland ankündigt – »Wir werden geprüft werden« –, sind ein Nachvollzug der Passion Friderici (dessen Leben als kriegführender König, wie der Friedrich-Essay es schildert, durchaus etwas von einer Passion hat). Passion Christi – Passion Friderici, das besagt: von seiner christlichen Grundlage hat sich das figurale Geschichtsdenken hier völlig gelöst. Zu tun haben wir es nur noch mit einem säkularisierten Nachspiel davon, das, denkt man an Thomas Manns weitere Entwicklung, eher wie ein Vorspiel zu dem anmutet, was er später als mythische Wiederholung verstand.[20] Freilich auch nicht mehr als ein Vorspiel. Denn im Gegensatz zum ›Leben im Mythos‹ und anders als im Josephsroman kommt es 1914 in der Deutung des Ersten Weltkrieges zu einer Aufhebung der Zeit eben gerade nicht in einem ›mythischen‹, sondern in einem strikt historischen Zusammenhang.

[18] Albrecht Schöne, Säkularisation als sprachbildende Kraft, 2. Auflage 1968, S. 64.
[19] Ebd. S. 84.
[20] Hierauf hat Bernt Richter zweimal hingewiesen. Vgl. Thomas Manns Stellung zu Deutschlands Weg in die Katastrophe, S. 87 f.; Der Mythos-Begriff Thomas Manns und das Menschenbild der Josephsromane, a.a.O. S. 417.

Durch diese Aufhebung der Zeit unterscheidet sich das Geschichtsdenken der ›Gedanken im Kriege‹ aber auch von der zyklischen Geschichtsvorstellung des ›Versuchs über das Theater‹. Aufgehoben wurde die Zeit dort nicht, Rückkehr zum Ursprünglichen und Wiederherstellung des Früheren zielen zwar auf Überwindung der Zeit, setzen aber zunächst Vergangenheit, Gegenwart und Zukunft voraus. Hier dagegen bilden sie einen einheitlichen Zeit-Raum. Einen Geschichtsprozeß gibt es in diesem zeitlosen Raum nicht, nicht einmal einen, der zur Vergangenheit zurückkehrt, sondern nur das ›noch einmal‹ oder ›immer noch‹. Die Vergangenheit jedoch herrscht auch hier, nur in anderer Form. Die Überzeugung, der Krieg 1914 sei Wiederholung oder Fortsetzung des Krieges von 1756–1763, sieht Gegenwart und Zukunft ausschließlich von der Vergangenheit her. Sie stehen so völlig im Schatten der Vergangenheit, daß sie nichts weiter als deren Verlängerung sind. Das ist freilich eine Beurteilung ›von außen‹. Für Thomas Mann waren ›Vergangenheit‹ und ›Gegenwart‹ damals im Zeitlosen aufgehoben, gab es Zeit nur als – äußere – Chronologie. Im Prinzip war das die Position auch schon der Notizen zum Literatur-Essay, doch beschränkten sich seine Überlegungen damals auf den literarischen Bereich, während er jetzt von diesem Standpunkt aus die Wirklichkeit zu erfassen sucht, politische Vorgänge, internationale Gegensätze, den Krieg. Zurück tritt dabei zunächst völlig die Vorstellung linear fortschreitender Entwicklung. Im ›Versuch über das Theater‹ mündete das Entwicklungsdenken, ohnehin nicht sehr ausgeprägt, schließlich in konservative Rückwärtsgewandtheit. In den Notizen zum Literaturessay äußerte es sich noch einmal undeutlich in dem Bemühen, ›das Literarische‹ als zeitgemäß zu erfassen, blieb aber Ansatz, den entzeitlichendes und enthistorisierendes Denken überlagerte. In den ›Gedanken im Kriege‹ nun ist es überhaupt nicht mehr zu entdecken. Scheinbar ändert sich das auch in ›Friedrich und die große Koalition‹ nicht. Idee und Konzeption des Essays sind vom Entwicklungsdenken weit entfernt, die Entwicklung, die Thomas Mann dort nur kennt, ist nichts weiter als Entfaltung, In-Erscheinung-Treten. Dennoch kommt darin, höchstwahrscheinlich jedoch ohne daß ihm dies bewußt geworden ist, linear fortschreitende, zukunftsgerichtete und Vergangenheit überwindende Entwicklung vor: ein wesentlicher Teil der dargestellten Wirklichkeit, das Zustandekommen der großen Koalition gegen Preußen, ist nur so zu verstehen.

## 2. ›Friedrich und die große Koalition‹

Einer der wenigen biographischen Belege für die von Eiffert angenommene Neigung Thomas Manns zur »Zeitenthobenheit«[21] ist eine Äußerung über Friedrich den Großen. Heinrich Manns Einwand, für einen Friedrich-Roman fehle dem Bruder der historische Instinkt, stellt er entgegen, Friedrich sei ein großer Mann, »bei dem die Hauptsache eben seine – zeitlose – Größe ist.« (Briefwechsel, S. 48) Diese Zeitlosigkeit ist die Grundlage der Geschichtsparabel ›Friedrich und die große Koalition‹ (X, 76–135). Sie verbindet das Preußen von 1756 und das Deutschland von 1914 »nicht durch eine rational konstruierte Analogie [...], sondern durch die Aufhebung nicht der Identität, aber der Individualität der historischen Situationen«.[22] Daß der historische Gegenstand, den der Titel nennt, eine aktuelle Bedeutung hat, kündigt bereits der Untertitel ›Ein Abriß für den Tag und die Stunde‹ an. Er ist freilich vieldeutig, aber der Leser bleibt nicht lange im Ungewissen, welche Beziehung zwischen Vergangenheit und Gegenwart besteht. Gleich im dritten Satz charakterisiert Thomas Mann den Essay als »Skizze der Ursprünge eines Krieges, dessen Wiederholung oder Fortsetzung wir heute erleben« (77).[23] Damit ist von Anfang an klargestellt, wie alles Folgende zu verstehen ist, und wer es etwa vergessen sollte, wird später noch ein paar Mal daran erinnert. Ein solcher Wink ist die Bemerkung, die suggeriert, daß sich in der Empörung über den Bruch der belgischen Neutralität durch Deutschland im Jahre 1914 nur die Empörung von 1756 über den preußischen Einmarsch in Sachsen wiederhole: »Von dem Lärm, der sich über diesen unerhörten Friedens- und Völkerrechtsbruch in Europa erhob, macht man sich keine Vorstellung. Oder doch, es ist wahr, ja, neuerdings macht man sich wieder eine Vorstellung davon.« (116f.)

[21] Eiffert, Das Erlebnis der Zeit im Werke Thomas Manns, S. 34.
[22] Richter, Thomas Manns Stellung zu Deutschlands Weg in die Katastrophe, S. 86.
[23] Nicht gut sagen kann man also, daß Thomas Mann bei der Erörterung des Dritten Schlesischen Krieges eine »unausgesprochene« Parallele zum Ersten Weltkrieg ziehe (Haiduk, Die Bedeutung der polemischen Schriften im Schaffen Thomas Manns, a.a.O. S. 49). Überhaupt nicht erkannt wird diese Parallele von A. Williams, der lediglich feststellt: »In his *Abriss für den Tag und die Stunde* Mann exploited the full allegorical potential of the story of *Friedrich und die große Koalition*.« Daß die Gleichsetzung 1756–1914 eine Gleichsetzung politischer Konstellationen ist, sieht er vielleicht deshalb nicht, weil er den Essay hauptsächlich von der Gestalt des Königs her interpretiert: »Friedrich was Mann's symbol for the elemental, metaphysically orientated German ›Volk‹, he was one embodiment of the daemonic force that had guided the course of German history.« (Williams, Thomas Mann's Nationalist Phase, S. 150).

Sätze wie diese meint Erich Heller vermutlich mit den »da und dort zur Erbauung ›des Tags und der Stunde‹ gehißten Vaterlandsfähnchen«, die man entfernen könnte, »so wie man Fremdkörper entfernt, und gewiß ohne der Komposition auch nur den geringsten Schaden zuzufügen«.[24] Der Gedanke ist absurd. Vielleicht könnte man diese Stellen tatsächlich streichen. Ein Werk absichtslos gestaltender Phantasie aber wäre der Essay auch dann nicht, allenfalls wäre seine Tendenz weniger sichtbar. Hellers Interpretation, die den Essay als eine Beinahe-Dichtung über Friedrich den Großen und den »heroischen Trotz des verzweifelten Geistes«[25] versteht, ignoriert den genau gezielten und Thomas Manns Darstellung der Ereignisse von 1756 konstituierenden Gegenwartsbezug. Er besteht nicht gerade in der schlichten Absicht, »in Friedrich dem Großen dem Deutschland Wilhelms II. ein Denkmal« zu setzen.[26] Ebensowenig aber wird die Geschichte von Friedrich und der großen Koalition um ihrer selbst willen erzählt und durch ein paar Anspielungen künstlich (und opportunistisch) aktualisiert, um die Zeitgenossen politisch zu erbauen. Sie soll nicht mehr und nicht weniger als zeigen, daß die gerade geschehende Geschichte nur »Wiederholung oder Fortsetzung« der vor anderthalb Jahrhunderten geschehenen ist.[27] »Zum Lachen genau sah ich in der Entstehungsgeschichte unseres Krieges Friedrichs Geschichte sich wiederholen. Ich schrieb sie auf, die eine zugleich mit der anderen.« (XII, 148) Tendenziös ist der Text insgesamt, ein »Vaterlandsfähnchen« ist der Essay als Ganzes, und was Heller so nennt, leistet etwas ganz anderes: an diesen Stellen wird die Perspektive, unter der das Vergangene gesehen, und der Gesichtspunkt, unter dem es dargestellt wird, offen ausgesprochen, und dem Leser die Absicht zu erkennen gegeben, die der Essay verfolgt, obwohl er *unmittelbar* allein von »Friedrichs Geschichte« handelt. Daran hält Thomas Mann sich konsequent, direkt beschreibt er so gut wie ausschließlich Geschichte und Vorgeschichte des Siebenjährigen Krieges

---

[24] Heller, Thomas Mann, S. 133.
[25] ebd.
[26] Sontheimer, Thomas Mann und die Deutschen, S. 22.
[27] Für Klaus Schröter ist »der nicht gewöhnliche Vergleich von Deutschlands Lage 1914 mit derjenigen Preußens 1756 [...] aus dem politischen Geschichtsdenken Treitschkes hervorgegangen« (Literatur und Zeitgeschichte, S. 56). Ist die Bedeutung Treitschkes für Thomas Mann wirklich so groß, wie Schröter annimmt? Er hält Treitschke für »den wichtigsten Gewährsmann für Thomas Manns politische Überzeugungen um 1914« (ebd. S. 30), sogar für den »Hauptzeugen seines Politisierens 1914/1918« (ebd. S. 63). Dagegen spricht jedoch z. B., daß Treitschke in den ›Betrachtungen‹ ganze vier Mal genannt wird (vgl. Keller, Der unpolitische Deutsche, S. 170). Zweifellos zutreffend sind jedoch Schröters Hinweise auf die Bedeutung Carlyles für den Friedrich-Essay (Literatur und Zeitgeschichte, S. 53ff.).

und betont dabei auch – allerdings nicht durchweg – den Zeitabstand zwischen 1756 und 1914. Er führt sich als »Geschichtsschreiber« ein (76), erwähnt später einander widersprechende Meinungen früherer Historiker (113), zitiert Ranke (129) und läßt den Leser nicht vergessen, daß die Ereignisse mehr als hundertfünfzig Jahre zurückliegen. Genaue Zahlenangaben,[28] Bemerkungen, die manchmal beiläufig, manchmal mit Nachdruck zwischen »heute« und »damals« unterscheiden,[29] schließlich der Ausblick in eine Zukunft, die inzwischen ihrerseits Vergangenheit geworden ist,[30] halten die historische Entfernung bewußt. Zunächst wird der Zeitabstand also durchaus nicht verwischt, anders als in den vorn analysierten Sätzen der ›Gedanken im Kriege‹ gehen Vergangenheit und Gegenwart nicht einfach ineinander über. Sobald es darauf ankommt, sind die hundertfünfzig Jahre dann aber doch belanglos, sind sie nichts weiter als eine neutrale Zeitstrecke.

Dieses Entscheidende ist »Friedrichs Kampf gegen Europa«, für Thomas Mann ein Konflikt, in den »die junge, die aufsteigende Macht« Preußen mit den »bestehenden Mächten« unvermeidlich geraten mußte (129). Hergestellt hat dieser Gegensatz sich nach dem Zweiten Schlesischen Krieg, dessen Ergebnis gewesen war, daß »dies armselige junge Preußen« sich »unter die Mächte Europas gedrängt« hatte mit dem Anspruch, »fortan in allen europäischen Angelegenheiten als Großmacht mitzureden«, und es fertig gebracht hatte, die anderen Staaten zu zwingen, »fortan mit Preußen als mit einem erheblichen politischen Faktor zu rechnen, – einem ausschlaggebenden sogar« (84). Diese Situation, in der die »alte, erbeingesessene Staatengesellschaft« sich auf einmal der »Neubildung« Preußen gegenübersieht, kommentiert Thomas Mann so:

> Eine solche Nötigung aber, umzudenken, sich neu zu orientieren, fällt Europa entsetzlich schwer, es wird in Jahrhunderten nicht damit fertig. Es sperrt sich, es höhnt, es keift; es spricht der Neubildung jede politische, kulturelle, vor allem moralische Berechtigung ab, es kann sich nicht genugtun in Hohn und Erbitterung gegen den Eindringling, es prophezeit ihm den baldigen, notwendigen Wiederuntergang, und wenn solche Prophezeiung sich nicht prompt genug erfüllen will, so ist die alte, erbeingesessene Staatengesellschaft imstande, alle sonstigen Prestigestreitigkeiten und Interessengegensätze, auch die vitalsten und grimmigsten, zu begraben und zu ver-

[28] Zum Beispiel: »Im Jahre 1778« (92), »Anfang 1745« (97), »am 1. Mai 1756« (109), »im Frühling dieses Jahres 1756« (114).
[29] »Das Spionagewesen stand damals in reichstem Flor, es blühte eher noch prächtiger als heutzutage (100). Oder die Gegenüberstellung: »Uns scheint heute« – »ein Kritiker von damals« (110).
[30] »Die Zukunft hat gelehrt, daß nicht nur der Vorteil von Preußen und Sachsen, sondern auch der von Preußen und Österreich ein dauerndes Bündnis erheischt. Aber damals war man noch nicht so weit.« (119).

gessen, nur um sich zu dem hoffnungsinnigen Versuche zusammenzutun, den Störenfried einzuzingeln und abzuwürgen, – zweimal versucht sie das, wenn es sein muß, in nur einhundertfünfzig Jahren. (84f.)

Mit der Schlußwendung, dem Sprung in das Jahr 1914, werden mehr als anderthalb Jahrhunderte europäischer Geschichte eines; ohne es auszusprechen, sagt sie, daß sich in der sogenannten Einkreisung Deutschlands am Anfang des 20. Jahrhunderts noch einmal dasselbe ereignet hat wie in der Mitte des 18. Jahrhunderts. Daß es damals Preußen war und heute Deutschland ist, dieser Unterschied geht in der Vorstellung ›Neubildung‹ unter, daß die alte, erbeingesessene Staatengesellschaft sich ganz verschieden zusammensetzt, verdeckt der Sammelbegriff ›Europa‹. Die Konstellation von 1756 ist über »nur« hundertfünfzig Jahre hinweg unverändert geblieben, die Gegenwart von 1914 ist die Vergangenheit noch einmal, diese ist unverändert fortdauernde Gegenwart. Die später noch zu analysierende Überzeugung, Europa könne »in Jahrhunderten« nicht umdenken, bedeutet, daß es weder Vergangenheit noch Gegenwart, von 1756 aus gesehen weder Gegenwart noch Zukunft, d. h. keine Zeit und keine Entwicklung gibt.

Eine Aufhebung der Zeit wie in den ›Gedanken im Kriege‹ ist das trotzdem nicht. Den zeitlichen Abstand nicht zu überspielen, sondern zu betonen und ihn erst in einer Gegenbewegung als wesenlos erscheinen zu lassen, ist eine raffinierte »Entwertung der Zeit«.[31] Ihre Dialektik formuliert Thomas Mann in der Bemerkung, die er Zitaten aus Briefen Friedrichs voranstellt: »Es wird uns die größte Freude machen, einige Stellen aus seinen Briefen von damals auszuziehen. Man erinnert sich dabei in absonderlicher Richtung, nämlich vorwärts, – welches entschieden die anregendste Art von Erinnerung ist.« (124) Eine Paradoxie ist die Erinnerung nach vorn nur scheinbar, auch mit dem alten Wort ›Vorerinnerung‹ hat sie nichts zu tun.[32] Sicher ohne es zu wissen, umschreibt Thomas Mann hier Kierkegaards Definition der Wiederholung.[33] Man erinnert sich – erinnert werden kann nur, was gewesen ist: die Ereignisse von 1756 sind Vergangenheit. Im Vergangenen aber findet die Erinnerung die gegenwärtige Situation, die damals in der Zukunft lag, wieder und erinnert sich also vorwärts: das Vergangene ist auch Gegenwart. Ver-

---

[31] So überschreibt Kaufmann den ersten Abschnitt seines Aufsatzes ›Thomas Manns Weg durch die Ewigkeit in die Zeit‹, a.a.O. S. 564.

[32] Vgl. Grimmsches Wörterbuch, Bd 12, II. Abt. (Leipzig 1951), Spalte 1005f.

[33] »Wiederholung und Erinnerung sind die gleiche Bewegung, nur in entgegengesetzter Richtung; denn wessen man sich erinnert, das ist gewesen, wird rücklings wiederholt; wohingegen die eigentliche Wiederholung sich der Sache vorlings erinnert.« (Kierkegaard, Gesammelte Werke. 5. und 6. Abteilung: Die Wiederholung. Drei erbauliche Reden 1843, Düsseldorf 1955, S. 3).

gangenheit und Gegenwart werden zugleich unterschieden und gleichgesetzt. Unterschieden, weil das Vergangene chronologisch durchaus vergangen ist, gleichgesetzt, weil es als fortdauernd gegenwärtig erfahren wird. Der Glaube an die fortdauernde Gegenwärtigkeit des Vergangenen erlaubte Thomas Mann, die »Entstehungsgeschichte unseres Krieges« zu erzählen, indem er ausschließlich »Friedrichs Geschichte« erzählte. Der Gegenwart jedoch spricht er damit jede, auch eine nur relative Eigenständigkeit ab. Sie wird nicht aus der Vergangenheit hergeleitet oder erklärt, sondern in diese zurückverlegt. 1914 wird auf 1756, das Heute auf das Damals festgelegt. Das gilt in gleicher Weise für den Ersten Weltkrieg als »Wiederholung« wie als »Fortsetzung« des Siebenjährigen Krieges. Der Unterschied zwischen diesen beiden Vorstellungen beschränkt sich darauf, daß ›Wiederholung‹ geschichtliche Entwicklung ausschließt, ›Fortsetzung‹ dagegen eine Scheinform von Entwicklung zuläßt, eine Entwicklung, in der die Gegenwart ebenfalls der Vergangenheit unterstellt wird. Folgendermaßen faßt Thomas Mann das Ergebnis des Siebenjährigen Krieges zusammen:

> Zweck und Ziel der großen Koalition [waren] vollkommen verfehlt. Das war eine schwere Demütigung des Erdteils durch den einen Mann. Der Spruch des Fatums hatte gegen alle Wahrscheinlichkeit für ihn entschieden, das Urteil anzufechten war untunlich auf lange Zeit, man mußte Preußen, mußte Deutschland den Weg freigeben, – welcher sich auch hinfort als ein Weg erwies so steil und schicksalsvoll, an mächtig erzieherischen Wendungen so reich wie keiner, den ein Volk je gegangen. (133)

Im Unterschied zu dem ›zweimal in nur einhundertfünfzig Jahren‹ gibt es hier einen »Weg«, steil, schicksalsvoll und an erzieherischen Wendungen reich, also in irgendeiner Form Werden und Entwicklung. Aber es ist eine Entwicklung, die sogar noch darin vergangenheitsbestimmt ist, daß sie »auch hinfort« den Charakter problematischer Auserwähltheit behält, die ihren Anfang – romantisch gesprochen: ihren Ursprung – auszeichnete. Nicht nur Preußen, auch schon Deutschland, zu dem sich das damals erfolgreiche Preußen doch erst im Begehen dieses Weges, im Verlauf von mehr als hundert Jahren europäischer Geschichte, entwickelte, soll 1763 der Weg freigegeben worden sein. Im Ergebnis des Krieges, dem auf lange Zeit unanfechtbaren »Spruch des Fatums«, ist für Thomas Mann dieses Zukünftige schon enthalten. In der Folgezeit tritt dann nur noch in Erscheinung, was früher, am Anfang, ›ursprünglich‹ schicksalhaft vorgegeben ist. Damit wird Zukunft eine Funktion der Vergangenheit und Zeit letzten Endes wiederum bloß Chronologie. Diese ihre Entwirklichung hängt hier mit einer Vorstellung zusammen, auf die der »Spruch

des Fatums« hinweist und die Thomas Mann einige Seiten vorher ausführlicher dargelegt hat. Die für jedes Entwicklungsdenken schwierige
Frage, wann und wie die Entwicklung in Gang gekommen ist, löst er mit
einer pseudo-metaphysischen Konstruktion, in der zwei Gedanken undeutlich ineinander übergehen: der einer übergeschichtlichen Instanz, die
Preußen/Deutschland mit und durch Friedrich den Großen auf die Bühne
der Weltgeschichte ruft, und der eines schicksalhaften Gesetzes der Geschichte, nach dem damals die weltgeschichtliche Stunde Preußen/Deutsch-
lands geschlagen hatte.

[Friedrichs] Recht war das Recht der aufsteigenden Macht, ein problema-
tisches, noch illegitimes, noch unerhärtetes Recht, das erst zu erkämpfen, zu
schaffen war. [...] Nur wenn sich durch den Erfolg herausstellte, daß er der
Beauftragte des Schicksals war, nur dann war er im Recht und immer im
Rechte gewesen. Jede Tat, die diesen Namen verdient, ist ja eine Probe
auf das Schicksal, ein Versuch, Recht zu schaffen, Entwicklung zu verwirklichen und die Fatalität zu lenken. Und der Haß gegen den Täter ist psychologisch genommen nichts weiter als ein Versuch, den Spruch der Geschichte gegen ihn zu beeinflussen − ein naiver und irrationaler Versuch, da
ja der Spruch im voraus feststeht [...]. (122f.)

Das ist vieldeutig bis dunkel und Hellmut Haugs Bemerkung zum ›Tonio
Kröger‹ trifft, entsprechend abgewandelt, auch auf diese Sätze zu (vielleicht sogar mehr als auf die Erzählung): an die Stelle einer Analyse tritt
der »pathetisch-verschwommene Rekurs auf ein ›Schicksal‹«.[34] Geschichtliches Handeln hält zwar auch dieser Schicksalsglaube für erforderlich, es
›verwirklicht‹, aber es verwirklicht im Auftrag eines Schicksals. Der
»Spruch der Geschichte« steht im voraus fest, so daß ›Entwicklung verwirklichen‹ nicht mehr heißt als eine schon feststehende Tatsache voll-
strecken. So total auf eine zu Schicksal und Geschichte formalisierte und
säkularisierte Vorsehung bezogen, werden historische Vorgänge zu einem
metageschichtlichen Geschehen, das in der Zeit vor sich geht, ohne daß
Zeit selbst etwas bedeutete. Der Schluß des Essays radikalisiert das noch.
»Opfer und Werkzeug höheren Willens« wird der König dort genannt
(133), »entstanden und gesandt«, um »große, notwendige Erdendinge in
die Wege zu leiten« (134). Es sei »durchaus eine deutsche Denkbarkeit«,
daß sein »geheime[r] Instinkt«, der ihn bewogen habe, Krieg zu führen,
statt sein Leben der Literatur zu widmen, »der Drang des Schicksals, der
Geist der Geschichte« gewesen sei. »Er war ein Opfer. Er mußte unrecht
tun und ein Leben gegen den Gedanken führen, er durfte nicht Philosoph,
sondern mußte König sein, damit eines großen Volkes Erdensendung sich

[34] Haug, Erkenntnisekel, S. 42; »entsprechend abgewandelt«: Haug vermißt
eine »präzise psychologische« Analyse.

erfülle.« (135) Hiermit endet der Essay, sein letzter Satz entläßt den Leser endgültig in das Jahr 1914. Das große Volk ist ja nicht Preußen, es ist Deutschland, und damit dessen Erdensendung sich erfülle, soll schon Friedrich sich geopfert haben. Auf diese Weise werden die Mitte des 18. Jahrhunderts und der Anfang des 20. nicht mehr bloß miteinander verbunden, sondern ineinander geschoben, zuletzt verschwindet auch in ›Friedrich und die große Koalition‹ der zeitliche Abstand. Dem entspricht der Entwicklungsbegriff. Obwohl Friedrich »in die Wege« leitete, ist er nicht Anfang einer Entwicklung zu etwas Neuem, damals noch nicht Vorhersehbarem. Was mit ihm beginnt, ist eine Entwicklung, über deren Ergebnis von Schicksal und Geist der Geschichte im vorhinein bereits entschieden ist. Im Anfang ist das Ziel, die ›Erfüllung‹, wenn auch noch nicht ausgeführt, schon ›da‹: Entwicklung als Entfaltung, Ent-wicklung.

Ursprungsdenken ist auch diese ›organische‹ und teleologische Auffassung von Entwicklung, verglichen mit dem des ›Versuchs über das Theater‹ aber ein abgeschwächtes. Es ist eine Kompromißbildung, in der sich der Glaube an das Maßgebende und Bestimmende des Anfangs mit der Idee der Entwicklung verbindet und diese zugleich aushöhlt, indem er sie durch den Vorrang des ›Ursprungs‹ zur leeren Form macht. Geistesgeschichtlich erinnert diese Art von Vereinigung des Ursprungs- mit dem Entwicklungsdenken wiederum an die Romantik, an Görres' Vorstellung vom »Wachsthum der Historie«. Der Überzeugung (vor allem wenn man sie als geschichtsphilosophisches Modell nimmt), daß »in der Mythe, mit der das geistige Leben einer Menschengemeinschaft beginnt, [...] die ganze Zukunft dieser Gemeinschaft vorgebildet« ist,[35] steht der Schluß des Friedrich-Essays recht nahe. Was den ›naturfernen‹ Thomas Mann jedoch historisch unüberbrückbar von Görres trennt, ist der naturphilosophisch-organologische Charakter von Görres' Denken. Die ›biologische‹ Orientierung fehlt bei Thomas Mann fast völlig, mit ihr entfällt aber auch das Dynamische, durchaus Zukunftsgerichtete der ›Wachstums‹-Vorstellung. Hundert Jahre später und in einer inzwischen auch in Deutschland immer mehr städtisch-industriell gewordenen Zivilisation lebend, ist bei ihm davon nur noch das rückwärtsgerichtete Element erhalten geblieben, die Gebundenheit der Entwicklung an ihren Anfang.

Objektiviert begegnet diese Rückwärtsgerichtetheit auch in der Behauptung, in Jahrhunderten werde Europa nicht damit fertig, umzudenken und sich neu zu orientieren (84). Sie stellt die Vergangenheitsgebundenheit als allgemeine Eigenschaft des europäischen Denkens und Gesetz der europäischen Geschichte hin. Als Beweis dient die Nichtanerken-

---

[35] Korff, Geist der Goethezeit; IV, S. 180. Vgl. auch Schrey, Mythos und Geschichte, S. 157–160.

nung der Neubildung Preußen/Deutschland und das gegen sie zustande kommende Bündnis vor allem zwischen Frankreich und Österreich. Sein Ziel: Preußen soll auf den Stand vor dem Dreißigjährigen Krieg »zurückgebracht«, sein König »wieder zum kleinen Marquis gemacht werden« (121f.). Rückkehr in die Vergangenheit also. Ein hundertdreißig Jahre zurückliegender Zustand soll wiederhergestellt, die ganze Entwicklung seitdem rückgängig gemacht werden. Das Bündnis selbst jedoch ist eher revolutionär, vereinigt »geborene und geschworene Erbfeinde« (110) und kommt *gegen* die Vergangenheit zustande.

»Gegeben war die althergebrachte dreihundertjährige Rivalität zwischen Österreich und Frankreich, – sie schien eine politische Konstante, mit welcher für alle Ewigkeit zu rechnen sei.« (96) Das setzt voraus, daß sein wird, was war, und kennt Gegenwart und Zukunft nur als Verlängerung der Vergangenheit. Die Überlegungen, die Thomas Mann Friedrich anstellen läßt, als er die österreichisch-französische Annäherung zu spüren bekommt, gehen von dieser Voraussetzung aus und zeigen zugleich, wie abwegig sie ist. Friedrich fand Frankreichs Verhalten »um so törichter, als er einen englisch-französischen Konflikt groß und schwarz am Horizont emporwachsen sah« (107). Töricht erscheint es, weil »seit den Tagen Ludwigs XIV.« in einem englisch-französischen Konflikt »der Platz Österreichs, so gut wie der Hollands, auf englischer Seite« war, Frankreichs »junge Liebschaft« mit Österreich daher, »wenn der Krieg mit England einmal da war, ohnehin ein rasches Ende würde nehmen müssen« (107). So zwingend ist die Verbindlichkeit des Hergebrachten indessen keineswegs, Thomas Mann läßt den König so denken, gehandelt aber hat dieser ganz anders. Er hielt sich nicht an die überlieferten Gegensätze, sondern »gab Frankreich auf«, näherte sich England und bewirkte mit der Konvention von Westminster, daß es zu dem völlig neuen System von Verträgen kam, um das Kaunitz sich schon seit langem bemüht hatte. Thomas Mann ist preußisch gesinnt, infolgedessen schildert er den österreichischen Staatsmann als höchst unsympathisch. Gleichwohl ist Kaunitz ein Genie, »wenn Genie im wesentlichen Unabhängigkeit bedeutet«, nämlich Unabhängigkeit von der Tradition. Daß »Frankreich und Österreich je Hand in Hand gehen könnten, galt in der Welt für völlig undenkbar; eher, dachte man, würden Wasser und Feuer sich vermischen, als daß Bourbon und Habsburg ein Bündnis einzugehen sich entschließen könnten, – diese beiden Häuser, deren Eifersucht nicht erst seit des großen Richelieu Tagen der ganzen Geschichte des Kontinents ihr Gepräge gegeben hatte. Aber mochte sie das getan haben, so sah Kaunitz darin keinen Grund, daß es immer so bleiben müsse.« (103) Er, der Vertreter der alten, erbeingesessenen Staatengesellschaft, fühlt sich von diesem Erbe durchaus nicht festgelegt. »Wem zu Nutz und Frommen hatten Frankreich und Österreich eigentlich seit Jahrhunderten einander in den Haaren gelegen?« (105) »Es war hergebracht, daß sie einander entgegenarbeiteten, damit sie es beide zu nichts brächten, und dabei mußte es natürlich für alle Ewigkeit bleiben. Die Gewohnheit war stark, und am stärksten waren schlechte Gewohnheiten. Am stärksten war das Vorurteil, und die Vernunft hatte sich zu bescheiden. Oder nicht? Oder doch vielleicht einmal nicht?! Dies tröpfelte Kaunitz in jedes Ohr, das ein wenig stille hielt.« (106) Er will eine jahrhundertealte Tradition überwinden, hält es für möglich, die Vergangenheit vergangen sein zu lassen, und mit dem Zustandekommen der großen Koalition ist sie es auch.

Mit Entwertung der Zeit, Zeitlosigkeit und Wiederholung oder Fortsetzung des Früheren hat das alles nichts zu tun. Unreflektiert, dafür um so lebendiger schildert Thomas Mann hier einen geschichtlichen Ablauf, bei dem die Gegenwart nicht im Schatten der Vergangenheit steht, eine Entwicklung, die nicht bloß Entfaltung ist, sondern Veränderung des Überlieferten und Vorgegebenen. Dadurch wird die Zukunft – relativ – offen und auch durch menschliches Handeln beeinflußbar. Von einem Schicksal oder Spruch der Geschichte ist nicht die Rede, die große Koalition wird im Gegenteil eindringlich als politische Leistung und persönliches Werk eben von Kaunitz beschrieben. Er demonstriert, daß ›Europa‹ nicht nur nicht Jahrhunderte braucht, um umzudenken, sondern daß es sich, um einer neuen Situation zu begegnen, ziemlich schnell von der Vergangenheit lösen kann. Die Vergangenheitsgebundenheit, die Thomas Mann Europa unterstellt, ist seine eigene.[36] Sie bewirkt, daß er den Geschichtsprozeß nur als Wiederkehr des Gleichen oder als bloß chronologischen Ablauf sieht, der von früher her – und metageschichtlich – festgelegt ist. So erscheint die Gegenwart von 1914 als Wiederholung oder Fortsetzung der Vergangenheit von 1756. Das ist die Konzeption von ›Friedrich und die große Koalition‹,[37] das *Prinzip der Darstellung,* dem sich ein Teil der geschilderten historischen Tatsachen auch unterordnet. Ein wesentlicher

[36] Die Behauptung, Europa könne in Jahrhunderten nicht umdenken, soll vor allem das ›zweimal in nur einhundertfünfzig Jahren‹ erklären, d. h. aufgestellt wird sie mit dem Blick allein auf ›Europas‹ feindselige Ablehnung der Neubildung Preußen. Wie sich aber ›Europa‹ sozusagen ›unter sich‹ verhielt, d. h. wie die große Koalition gegen Preußen zustande kam und was sie bedeutete, das wird, der historischen Dimension so gut es geht ausweichend, umschrieben: die alte, erbeingesessene Staatengesellschaft sei imstande, »alle sonstigen Prestigestreitigkeiten und Interessengegensätze, auch die vitalsten und grimmigsten, zu begraben und zu vergessen« (84).
[37] Es ist zugleich die Konzeption einer im Sinne Nietzsches ›monumentalischen‹ Geschichtsschreibung. Vgl. Verfasser, Ideologische Geschichtsdarstellung, a.a.O. S. 327f.

Teil der *dargestellten* Geschichte jedoch – die große Koalition – widerspricht dem so völlig, daß er die Konzeption des Essays relativiert, ja im Grunde widerlegt.

Denn diese Relativierung reicht weiter als die des zyklischen Geschichtsdenkens durch das lineare im ›Versuch über das Theater‹. Die Orientierung am Vergangenen, die dort die beiden Vorstellungen verband, kennzeichnet hier nur noch das »Wiederholung oder Fortsetzung«-Schema, während das Geschichtsdenken, das Kaunitz verwirklicht und repräsentiert, grundsätzlich zukunftsgerichtet ist. Bewußt, jedenfalls gedanklich bestimmend, ist einstweilen allerdings allein die Vergangenheitsorientierung. Vergangenheit überwindende Entwicklung, in deren Verlauf etwas Neues Wirklichkeit wird, wird lediglich dargestellt, kommt nur erst als unreflektiert erzählte Wirklichkeit vor. Nicht um ein Nebeneinander zweier verschieden klar ausgebildeter Geschichtsauffassungen handelt es sich, sondern um ein Untereinander einer manifesten, die expliziert wird, und einer latenten, die intellektuell unartikuliert bleibt. Dadurch bleibt zunächst auch ihr Gegensatz verdeckt. Das ändert sich jedoch bald. In den ›Betrachtungen eines Unpolitischen‹ verschärft er sich zum Gegensatz zwischen konservativer Stellungnahme und bedauernd erkannter objektiver Entwicklung, in den Jahren danach wird die Spannung zwischen Vergangenheitsorientierung und Zukunftsgerichtetheit dann zum Mittelpunkt von Thomas Manns Geschichtsdenken, bis hin zu seiner Mythos-Konzeption und ihrem zentralen Problem, wie sich mythische Wiederholung und fortschreitende Entwicklung zueinander verhalten. Zunächst jedoch kommt es in den ›Betrachtungen‹ zu einer extremen Zuspitzung des zurückblickenden Denkens.

# V

## RÜCKWÄRTSGEWANDTHEIT

### ›Betrachtungen eines Unpolitischen‹

Einleitung

Die ›Betrachtungen eines Unpolitischen‹ (XII, 9–589) sind eine sehr persönliche Auseinandersetzung mit den »geistigen Zeitumständen«. Sie sind eine durch und durch ›subjektive‹ Stellungnahme zu der »Zeitwende«, als die Thomas Mann den Ersten Weltkrieg schließlich erlebte, aber diese Subjektivität äußert sich in ganz verschiedenen Formen. Bekenntnis, Protest und Polemik, haßvolle Karikaturen und eine bis zur Donquichotterie ›subjektive‹ Auffassung von Tatsachen und Begriffen, die zum labyrinthischen Charakter des Buches nicht wenig beiträgt, schließen gelassen Betrachtung, sachliche Erörterung und vergleichsweise ›objektive‹ Darlegung nicht aus. Im Gegenteil, das Neben- und Ineinander, gelegentlich auch Gegeneinander dieser Tendenzen ist geradezu ein Kennzeichen des Buches und einer der Gründe, warum ihm so schwer beizukommen ist.

Etwas anderes erhöht diese Schwierigkeit. Es geht in den ›Betrachtungen‹ um Deutschland und seine Zukunft, um Politik, Demokratie, die deutsche »Urbesonderheit« und das Wesen des »Ewig-Deutschen« (49), ebenso jedoch geht es um Thomas Mann selbst, um seine Weltsicht und sein unpolitisches Dichtertum. Die ›Betrachtungen‹ sind nicht nur Bekenntnis und Betrachtung, sie sind auch Abhandlung und autobiographischer Bericht, und nicht selten geht dies ebenfalls ineinander über. Ausschließlich geistige Autobiographie und Selbstdeutung ist das Kapitel ›Einkehr‹ (69–101), hauptsächlich Selbstverteidigung ist das Kapitel ›»Gegen Recht und Wahrheit«‹ (149–221), in dem Thomas Mann u. a. sein Verhalten beim Kriegsausbruch 1914 gegen die Kritik Romain Rollands und die (zum Teil wohl eingebildeten) Angriffe Heinrich Manns zu rechtfertigen sucht. Außerdem aber passiert es nicht ganz selten, daß auch aus sachbezogenen Überlegungen unvermittelt persönliche werden. »Man forscht in den Büchern, man forscht in der Not der Zeit nach den fernsten Ursprüngen, den legitimen Grundlagen, den ältesten seelischen Überlieferungen des bedrängten Ich, man forscht nach Rechtfertigung«: das steht nicht im Kapitel ›Einkehr‹, sondern mitten in dem Versuch, bürgerliche Geistigkeit, den »bürgerlich-kulturellen Typus« zu bestimmen (114). Zu den ›Betrachtungen‹ gehört, was Thomas Mann anläßlich Pfitzners ›Palestrina‹ als ein Merkmal romantischer Kunst hervorhebt, nämlich daß diese, »reflexiv-reflektierend, sich auf das Subjekt zurückwendet« (414).

Um Thomas Mann geht es jedoch nicht nur dort, wo er offen von sich selbst spricht – und das kompliziert das Verständnis der ›Betrachtungen‹ noch einmal. Die Kritik des Zivilisationsliteraten etwa ist Kritik eines »literarisch-politischen Typus« (62), eines Stücks Wirklichkeit, repräsentiert unter anderem von Heinrich Mann, aber Thomas Mann weiß, wieviel er selbst vom Zivilisationsliteraten hat. Wiederholt macht er darauf aufmerksam, manchmal wirkt das etwas kokett, wahrscheinlich zu Unrecht. Daß er es ernst meint, zeigt z. B. die ruhige Feststellung, »daß mein eigenes Sein und Wesen sich zu dem des Zivilisationsliteraten viel weniger fremd und entgegengesetzt verhält, als die kalt objektive Kritik, die ich dem seinen zuteil werden ließ, glauben machen könnte« (67). Kalt objektiv ist diese Kritik allerdings kaum einmal, meistens ist sie gar keine Kritik mehr, sondern Polemik, deren Heftigkeit jedoch nicht zuletzt eben darin wurzeln dürfte, daß Thomas Mann zugleich gegen Züge seines eigenen Wesens und Dichtertums ankämpft, die er ablehnt und nicht gelten lassen möchte. Demselben Zweck dient die bemühte Selbststilisierung nach rückwärts, etwa wenn er betont, daß sein geistiger Schwerpunkt »jenseits der Jahrhundertwende« liege und daß er sich als Schriftsteller »als Abkömmling (natürlich nicht als Zugehörigen) der deutsch-bürgerlichen Erzählungskunst des neunzehnten Jahrhunderts« fühle (21f.). Diese Selbststilisierung und die Polemik gegen den Zivilisationsliteraten sind zwei Seiten desselben Versuchs, sich sozusagen vom Zivilisationsliteraten in sich selbst abzusetzen und eine weniger widerspruchsvolle innere Position zu gewinnen. Mit anderen Worten: die Auseinandersetzung mit dem Zivilisationsliteraten ist *auch* eine verdeckte Auseinandersetzung Thomas Manns mit sich selbst, insofern charakterisiert er die ›Betrachtungen‹ durchaus treffend, wenn er sie am Schluß der Vorrede dem Leser als »die Darstellung eines innerpersönlichen Zwiespaltes und Widerstreites« (41) präsentiert.

In Gedankenentwicklung und Beweisführung hat dieser Zwiespalt tiefe Spuren hinterlassen. Die Weitschweifigkeit, die extremen Überspitzungen und manche Widersprüche des Buches dürften in ihm ihren Grund haben, vor allem aber erklärt er bis zu einem gewissen Grade das Schwanken zwischen sehr apodiktischen Feststellungen und der Neigung, sie gleich wieder in Frage zu stellen. »Die deutsche Demokratie« sei das und das, »nie« werde sie etwas anderes sein, das und das werde sie nicht sein – am Schluß aber steht dann doch die Frage da: »Ist denn das alles nicht wahr?« (37) So schnell und so deutlich wird der Zweifel an einer eben erst entschieden vorgetragenen Überzeugung meistens nicht laut, Unsicherheit jedoch begleitet viele Überlegungen. Sie führt zu einer zuweilen abenteuerlichen Geschmeidigkeit der Formulierung, deren Präzision alles in der Schwebe lassen möchte – das ist für die ›Betrachtungen‹ nicht weniger charakteristisch als die scharfe, auch grobe, zugespitzte und keinen Zweifel verratende Aussage –, und sie äußert sich nicht zuletzt in einer »Unrast«, die Thomas Mann »beständig von einem Aspekt zum andern, entgegengesetzten, hinübertreibt, von einer Meinung, einer flüchtigen Überzeugung zur andern, konträren, einer plötzlichen Anwandlung des Glücks vor einer gefundenen Wahrheit zur ebenso plötzlichen Ernüchterung des Zweifels«.[1] Ganz so dramatisch geht es in den ›Betrachtungen‹ zwar nicht zu, immerhin gibt es diese Unrast und neben dem Willen zur bekenntnishaften Klarheit und Entschiedenheit immer wieder auch das Bestreben, sich doch nicht ganz endgültig festzulegen. Es liegt nahe, hier an die Ironie des Erzählers Thomas Mann zu denken, der »keine Perspektive fälschlich absolut setzt, sondern sie gelten läßt und sie doch immer wieder als einseitig und subjektiv aufhebt«.[2] Von dieser Ironie und von dem Perspektivismus des Erzählens, den Heinz Peter Pütz beschrieben hat,[3] unterscheidet sich die »Unrast« in den ›Betrachtungen‹ jedoch wesentlich. (Psychologisch gesehen ist sie vielleicht deren Vorstufe.) Sie realisiert nicht eine Einheit »verschiedenartigster und dennoch zusammenhängender Perspektiven«,[4] sie relativiert auch nicht Standpunkte als einseitig und subjektiv, sie drückt bloß Zweifel aus, vielleicht großen, dennoch praktisch folgenlos bleibenden Zweifel, Unsicherheit, ob die deshalb trotzdem nicht aufgegebene und oft genug mit Heftigkeit vertretene Stellungnahme wirklich richtig ist. Thomas Mann scheint dieses Schwanken beunruhigt zu haben. Er spricht von einem »Rest von Überzeugungslosigkeit«, den er mit der Versicherung zu neutralisieren versucht: »[...] und doch war jeden Augenblick, was ich sagte, wahrhaftig meines Geistes Meinung, meines Herzens Gefühl« (12).

Beunruhigt hat ihn anscheinend auch eine andere Eigentümlichkeit der ›Betrachtungen‹: die Vielzahl und Verschiedenartigkeit und Verschiedenwertigkeit ihrer Themen. Ein »Ragout sondergleichen« nennt er das Buch einige Wochen, nachdem er damit fertig ist (Amann-Briefe, S. 59), und als

---

[1]  Bisdorff, Thomas Mann und die Politik, S. 26.
[2]  Richard Brinkmann, Romanform und Werttheorie bei Hermann Broch, a.a.O. S. 351.
[3]  Pütz, Kunst und Künstlerexistenz bei Nietzsche und Thomas Mann. Zum Problem des ästhetischen Perspektivismus in der Moderne.
[4]  Ebd. S. 140.

ein Ragout, für das er alles verwertete, was er auftreiben konnte,[5] wirkt es hin und wieder tatsächlich. Es enthält Überlegungen über Deutschlands »Herrschaftsrechte«, seinen »Anspruch auf die Teilhaberschaft an der Verwaltung der Erde« (205), doch ebenso den Stoßseufzer »Die Lösung der Dienstbotenfrage liegt völlig im Dunkel« (484). Es kritisiert den Freiheitsbegriff, der von grenzenloser Negativität, ein »nihilistischer Begriff« sei (515), so streng wie die »Tanzwut« der internationalen Zivilisation und ihren Kult »exotischer Geschlechtstänze« (486). Es handelt von Schopenhauer, Wagner und Nietzsche, von Luther, von Goethe und von Bismarck, von Eichendorffs ›Taugenichts‹ und Pfitzners ›Palestrina‹, läßt sich aber auch den Geburtenrückgang in Deutschland nicht entgehen, den »Fruchtbarkeitssturz«, bei dem »von eigentlicher Rassenverschlechterung« nicht die Rede sein könne, der vielmehr ein moralisch-politisch-biologischer Prozeß sei, »hinter dem der Zivilisationsliterat mit der Hetzpeitsche steht« (585f.). Ganz ohne Zusammenhang ist dies alles, sind auch die ›Betrachtungen‹ insgesamt natürlich nicht. Doch ist es kein sachlicher Zusammenhang und ein gedanklicher nur durch die Unbekümmertheit, mit der Thomas Mann immer wieder selbst sehr Verschiedenes miteinander verknüpft oder aufeinander bezieht. Wie intellektuell beliebig die so hergestellten Beziehungen sein können, zeigt die komische, in der Tendenz allerdings eher demagogische Verknüpfung des Geburtenrückganges mit dem Zivilisationsliteraten. Es ist eine Technik der »freien Kombination«, eine Fähigkeit zum »sprunghaften und geistreich-nervösen Kombinieren auch des durchaus Heterogenen und scheinbar Abseitigen«,[6] der die ›Betrachtungen‹ ihre, wenn auch eben nur heterogene Einheit verdanken.

Ineinander sowohl von Bekenntnis und Betrachtung als auch von Abhandlung und autobiographischem Bericht, verdeckte Auseinandersetzung mit sich selbst und unsicheres Schwanken zwischen apodiktischer Feststellung und Zweifel, schließlich Vielzahl und Verschiedenartigkeit der Themen: durch diese Eigenschaften erhalten die ›Betrachtungen‹ eine Spannweite, die zu kurz kommt, wenn man nicht stets das Ganze des Buchs im

[5] Ein Beispiel: die Wieland-Zitate am Schluß der ›Betrachtungen‹ (588f.). Am 29. Juni 1918, als er bereits Umbruchkorrekturen las, berichtet Thomas Mann Ernst Bertram, daß er mit »Erstaunen und Freude« Wielands politische Schriften lese. »Kennen Sie seine Aufsätze zur Franz[ösischen] Revolution? Ein Jammer, daß ich darauf nicht zur Zeit der ›Betrachtungen‹ verfallen bin.« Am 23. Juli teilt er Bertram dann mit: »Ich habe mich nicht entbrechen können, am Schlusse, wo es technisch erlaubt schien, doch noch einigen Wieland anzubringen, wodurch der Abschluß, der mir ohnehin nicht recht zusagte, gewonnen hat, wie ich glaube.« (Bertram-Briefe, S. 68 und 70).
[6] Baumgart, Das Ironische und die Ironie im Werke Thomas Manns, S. 86.

Auge behält, aber auch eine Unübersichtlichkeit, die geradezu verlockt, sich nur an einzelne Aspekte zu halten. Die Thomas Mann-Literatur, auch die wissenschaftliche, neigt dazu, dieser Verlockung zu erliegen. Wohl auch davon begünstigt, daß die ›Betrachtungen‹ meistens bloß nebenher behandelt werden, überwiegt das Interesse für Einzelnes. Vor allem wird der persönliche Aspekt verabsolutiert und hier wieder besonders der Konflikt mit Heinrich Mann. Dabei wird das Buch dann unversehens fast zu einem privaten Dokument, dessen über-individueller Gehalt, den nicht zuletzt auch der Gegensatz zwischen Heinrich und Thomas Mann besitzt, zurücktritt. Oder es wird eine einzelne Äußerung isoliert genommen, wodurch man natürlich auch in den ›Betrachtungen‹ Belege für ziemlich vieles finden kann. Auf diese Weise wird z. B. aus Thomas Manns These, das »innerste Verlangen der Welt« sei nicht auf »weitere Anarchisierung durch den Freiheitsbegriff« gerichtet, der ohnehin von grenzenloser Negativität sei, sondern auf »neue Bindungen«, was im Zusammenhang des Buches nichts weiter als konservative Abwehr von Veränderung und sozialer Kritik bedeutet, ein Beweis ausgerechnet für die Behauptung, Thomas Mann nehme »das totale Versagen des deutschen Liberalismus vorweg, Hitlers ›neuen Bindungen‹ Widerstand zu leisten«.[7]

Das unbefangenste Urteil über die ›Betrachtungen‹, das ich kenne, steht in Erich Kahlers 1944 geschriebenen Aufsatz ›Die Verantwortung des Geistes‹. Ohne ihre Fragwürdigkeit zu verschweigen und obwohl er weiß, daß sie »viele Dinge enthalten, die nicht mehr vertretbar sind, ja manche, die niemals so recht vertretbar waren«, nennt er sie ohne jeden Vorbehalt ein »denkwürdiges und preiswürdiges Buch«. Sie sind es, weil man an kaum einem anderen Buch besser lernen könne, »was ein geistiger Mensch ist«, womit er meint: ein Mensch, »dem die Erkenntnis und Gestaltung der Welt und des Menschen im wörtlichsten Sinne am Herzen liegt, der sich, kurz gesagt, für den Zustand der Welt und des Menschen verantwortlich fühlt.«[8] Nur um anzudeuten, wie gegensätzlich die ›Betrachtungen‹ bewertet werden können, auch nachdem sie alle politische Aktualität verloren haben, sei Kahlers Urteil das von Hans Eichner gegenübergestellt: es wäre sinnlos, stellt er in seinem Thomas Mann-Buch fest, »die ›Betrachtungen eines Unpolitischen‹ hier in größerer Ausführlichkeit zu besprechen; Mann selbst hat die meisten der dort verfochtenen Thesen längst widerrufen.«[9] Ganz so rigoros verfahren andere Kritiker nicht, dennoch ist es, vergegenwärtigt man sich den Umfang der Thomas Mann-

[7] Heller, Thomas Mann, S. 143.
[8] Kahler, Die Verantwortung des Geistes, a.a.O. S. 121 und S. 119.
[9] Eichner, Thomas Mann, S. 54.

Literatur, erstaunlich, daß ein für Thomas Manns Entwicklung so bedeutsames Buch wie die ›Betrachtungen‹ verhältnismäßig wenig beachtet worden ist. Mit Recht konnte Erich Brock seinem kurzen Aufsatz über die ›Betrachtungen‹ noch 1958 den Titel geben: ›Ein gern vergessenes Buch Thomas Manns‹.[10] Etwas hat sich das inzwischen geändert, eine umfassende systematische Analyse jedoch fehlt nach wie vor. Themen wie die Auffassung von Staat und Politik, das »Ideal« an dem Thomas Mann angeblich »die Geschichte beurteilt«, und sein Bild verschiedener Geschichtsepochen behandelt rein referierend Klaus Bock.[11] Mit der Frage, »welche Vorstellung von Wesen und Bestimmung des Deutschtums dem Buch zugrunde liegt bzw. in ihm erarbeitet wird«, beschäftigt sich Bernt Richter, beschränkt sich dabei aber auf einige wenige und keineswegs die wichtigsten Aspekte.[12] So manche Behauptung und kritische Stellungnahme enthalten die Seiten über die ›Betrachtungen‹ in Hans Joachim Maîtres Buch, doch begnügt Maître sich weitgehend damit, durchaus nicht immer überzeugende Feststellungen aneinanderzureihen. Zum zentralen Thema der ›Betrachtungen‹ erhebt er den »Gegensatz von geistigem und politischen Leben in der europäischen Moderne«.[13] Die ausführlichste Darstellung der ›Betrachtungen‹ ist die Studie Ernst Kellers.[14] In je einem Kapitel gibt er einen Überblick über das Verhältnis der Brüder und den Gegensatz Unpolitischer – Zivilisationsliterat, über den Begriff ›Demokratie‹ in den ›Betrachtungen‹ und über die wichtigsten Einflüsse. Außerdem stellt er die ›Betrachtungen‹ in den Zusammenhang des zeitgenössischen konservativ-nationalistischen Denkens in Deutschland. Er bleibt nahe am Text, klärt vieles Unklare, berücksichtigt auch Thomas Manns spätere Entwicklung, verfährt dabei aber gleichsam impressionistisch-unreflektiert, und ein solches Verfahren reicht nicht aus, die Gedankenwelt der ›Betrachtungen‹ wirklich zu erschließen.

[10] Orbis Litterarum, Bd. XIII/1958, S. 3–6.
[11] Bock, Geschichtsbegriff und Geschichtsbild bei Thomas Mann, S. 22ff.
[12] Richter, Thomas Manns Stellung zu Deutschlands Weg in die Katastrophe, S. 100ff.
[13] Maître, Thomas Mann, S. 32–44. Das Zitat S. 33. Zu den nicht wenigen Behauptungen, für die man gern eine sachliche Begründung läse, gehört die folgende: »In die Zeit der *Betrachtungen* fällt auch die enge Bekanntschaft mit Ernst Bertram. Diese Freundschaft mit dem Pseudohistoriker und nationalnationalistisch schwärmenden Bertram muß zu den peinlichen Erscheinungen in Thomas Manns Lebenslauf gerechnet werden, hat er sich doch über lange Zeitläufe von Bertrams schwülstigem Geschichtsbild beeinflussen lassen.« (S. 44) An was für einem Wunschbild von Thomas Mann wird hier die Wirklichkeit gemessen?
[14] Keller, Der unpolitische Deutsche. Eine Studie zu den ›Betrachtungen eines Unpolitischen‹ von Thomas Mann. Bern, München 1965.

Es ist nicht mehr als eine Vermutung, doch eine, die manches für sich hat, daß man sich um die ›Betrachtungen‹ auch deshalb vergleichsweise wenig gekümmert hat, weil sie politisch ein doch recht trübseliges Buch sind, Zeugnis eines alles in allem fatal beschränkten Nationalismus. Für diese Vermutung spricht nicht zuletzt das immer wieder zu beobachtende Bestreben, das auch nicht an einen bestimmten politisch-intellektuellen Standpunkt gebunden ist, diese Tatsache zu verharmlosen und den reaktionären Charakter des Buches zu ignorieren. Die Reihe der mehr konservativen Verteidigungen eröffnete nach dem Zweiten Weltkrieg 1947 Max Rychner. Für ihn sind die ›Betrachtungen‹ »eines der wenigen politisch erheblichen deutschen Bücher aus jener Kriegszeit und ihrem Nachtaumel«.[15] Seine wohlwollende Anerkennung verblaßt neben dem begeisterten Plädoyer Martin Flinkers, dessen Buch ›Thomas Mann's politische Betrachtungen im Lichte der heutigen Zeit‹ die originellste Stellungnahme wohl auch bleiben wird. Mit einem Potpourri von Zitaten möchte er beweisen, daß Thomas Manns politische Äußerungen, »seine ›Betrachtungen‹ nicht nur miteingeschlossen, sondern diese sogar in erster Linie, von einer Hellsichtigkeit und fast prophetischen Voraussicht [sind], die dem heutigen Leser staunende Bewunderung abzwingen.«[16] Konkret sieht das so aus, daß er z. B. bestimmte Verfassungsvorstellungen de Gaulles mit Gedanken aus den ›Betrachtungen‹ parallelisiert und de Gaulle – er »weiß es vielleicht selbst kaum« – unterstellt, »die Thomas Mann'schen Ideen realisieren zu wollen.«[17] Einzubürgern scheint sich allmählich der Gedanke, Thomas Manns Polemik gegen Politik, Demokratie und den Zivilisationsliteraten sei eine der Zeit vorauseilende Kritik von Totalitarismus und ideologischem Terror. Man findet ihn bei Flinker, Stresau und Banuls,[18] unbestimmter ins Allgemeine gewandt auch bei Heller[19]; Bernhard Blume formuliert ihn so: »Die große Gefahr, von der er [Thomas Mann] seine Idee eines kulturellen Deutschtums bedroht gesehen hatte und vor der zu warnen er sein Buch geschrieben hatte, war die Gefahr der Vorherrschaft des Politischen gewesen, die Überwältigung des

---

[15] Rychner, Thomas Mann und die Politik, a.a.O. S. 351.
[16] Flinker, Thomas Manns politische Betrachtungen, S. 21.
[17] Ebd. S. 91, ähnlich S. 79.
[18] Flinker, ebd. S. 41–43; Stresau, Thomas Mann und sein Werk, S. 119f. und S. 122; Banuls, Thomas Mann und sein Bruder Heinrich, S. 164. – Vgl. auch Bernt Richters Frage, auf wen Thomas Manns Bild »des fanatischen Menschen« denn »genauer zutreffen« könnte als auf Hitler (Thomas Manns Stellung zu Deutschlands Weg in die Katastrophe, S. 121).
[19] Heller, Thomas Mann, S. 139: Thomas Mann ahne die Katastrophen, »die da kommen müssen, wenn der ›Geist‹ zum Politiker wird und also die Politik zur Ideologie«.

Individuellen durch das Kollektive, der Totalitätsanspruch des Staates.«[20] Das ist nicht nur allzu modern gesehen, das ist auch in die ›Betrachtungen‹ hineingesehen und unhaltbar. Vor der Möglichkeit einer »unumschränkten Herrschaft des Staates« (280) graut Thomas Mann in der Tat auch in den ›Betrachtungen‹, und er protestiert dagegen aufs heftigste. Dieser Protest aber ist ein Protest gegen die – Demokratie, gegen die liberale Demokratie Westeuropas. Ihr werden von ihm »Wesenszüge zugerechnet, die wir dem totalen Staate zuschreiben würden«,[21] darunter eben auch der Anspruch, daß alles Menschliche »im Staatlich-Gesellschaftlichen unbedingt aufzugehen« habe (280). Das zeigt zunächst, wie wenig Ahnung er damals von der so leidenschaftlich bekämpften Demokratie hatte (erklärt aber auch, warum es ihm nicht besonders schwer fallen konnte, sie zu bejahen, sobald er erkannte, daß sie gar kein solches Monstrum ist); und es zeigt zum anderen, wie fremd ihm der Gedanke einer demokratischen Mitwirkung des einzelnen am staatlichen Leben war – so fremd, daß er sich ihm automatisch zu der obrigkeitsstaatlichen Vorstellung verzerrte, Demokraten seien »Exzedenten der Staatsfrömmigkeit« (280). Es ist genauso obrigkeitsstaatlich gedacht, wenn er dem Zivilisationsliteraten außerdem auch noch das Gegenteil vorwirft und erklärt, diesem erscheine als Aufgabe des Geistes, »Mißachtung, Verfall und Tod des Staates ehemöglichst herbeizuführen« (309), oder wenn er ganz allgemein behauptet, daß »mit dem Prinzip der Aufklärung [...] auf die Dauer kein Staatswesen vereinbar« sei und seine Erfüllung zur »Zerstörung der Bedingungen alles Kulturlebens« führe (327). Wäre die Überwältigung des Individuellen durch das Kollektive und der Totalitätsanspruch des Staates damals wirklich die Gefahr gewesen, die Thomas Mann drohen sah, müßte es in den ›Betrachtungen‹ vor allem um die reale politische und gesellschaftliche Freiheit des Individuums gehen. Gerade sie aber interessiert den Unpolitischen nicht, ja er hält sie für unwesentlich. Er meint, daß unter fürstlichem Absolutismus »das Individuelle selten zu kurz kam« (280), und bezweifelt, »daß soziale Umstände das Glück zu fördern oder hintanzuhalten vermögen« (324). »Eine Lebensform, sage ich, und jede überhaupt menschenmögliche Lebensform ist zuletzt etwas Akzeptables, das Leben füllt sie aus, wie es ist, in seiner Mischung, seiner Relativität von Pein und Behagen, Lust und Qual . . .« (325). Was er damit sagt, wird freilich erst durch eine vorangehende Bemerkung verständlich, in der er sich auf Dostojewskis ›Totenhaus‹ bezieht und erklärt, er habe auch das Leben im »Deportationssibirien« immer als eine Lebensform empfunden (ebd.). Kritisch gesonnen war Tho-

20 Blume, Thomas Mann und Goethe, S. 81.
21 Keller, Der unpolitische Deutsche, S. 47.

mas Mann der Macht des Staates nicht. Die Gefahr, die er drohen sah, war auch nicht eigentlich, d. h. nicht im üblichen Sinn die »Vorherrschaft des Politischen«. Was er fürchtete, war die ›Politik‹, und das ist innerhalb der ›Betrachtungen‹ etwas anderes. Politik, das sind dort die ›modernen Ideen‹, nämlich »Menschheit, Freiheit, Gleichheit, Revolution, Fortschritt« (279). Der Thomas Mann der ›Betrachtungen‹ ist ein guter Bürger des Kaiserreichs, der »Sachlichkeit, Ordnung und Anstand« will (261); der mit Bismarck und Dostojewski der Meinung ist, daß »die westeuropäische Aufklärung, die Vernunft- und Fortschrittspolitik des Liberalismus nihilistischen Wesens sei« (579); der halb verwundert, halb zufrieden registriert, daß »Stolz, Ehre und Lust des Gehorsams« heute eine »deutsche Besonderheit und internationale Unbegreiflichkeit« scheine (481); der mit der Idee der ›Menschenrechte‹ nichts anfangen kann und für den, verglichen mit »aristokratische[r] Ordnung, Distanz-Kultus, Hierarchie«, »demokratische Menschenwürde« das »langweiligste und unlustigste Ding von der Welt« ist (ebd.); der beklagt, daß in den Städten »die letzten Reste patriarchalischer Humanität durch die verhetzende, verdummende und verhäßlichende Macht des Rechts- und Würdebegriffes« zerstört seien (483); der als Staatsform die Monarchie will, nicht die »Parlaments- und Parteiwirtschaft«, die »die Verpestung des gesamten nationalen Lebens mit Politik bewirkt« (261); der überzeugt ist, die »demokratische Addition des Menschlichen« sei eine Addition »des Schlechten im Menschen« (252); und der schließlich in der Vorrede dekretiert, »der vielverschriene ›Obrigkeitsstaat‹« sei die dem deutschen Volk zukömmliche und von ihm gewünschte Staatsform (30). Die Aufzählung ließe sich fortsetzen, aber die Beispiele verdeutlichen zur Genüge, daß es sowohl unhistorisch als gut gemeinte Beschönigung ist, den Haß des Thomas Mann der ›Betrachtungen‹ auf Demokratie und ›Politik‹ als Kampf gegen den Totalitarismus auszugeben. Dieser Haß entspringt keinem Vorausgefühl für kommende Entwicklungen, sondern einer von keiner Kritik relativierten Anhänglichkeit an das Überlieferte, das noch bestehende, aber bedrohte ›gute Alte‹, einem Rückwärtsgefühl, das sich Revolution nur als »das generöse Drunter und Drüber, die Demolierung des Staates, den permanenten Pöbelaufstand« (384) vorstellen kann.

Möglichkeiten, die ›Betrachtungen‹ sozusagen zu ›retten‹, gibt es viele, so auch die, sie überhaupt zu entpolitisieren. Für Hans Mayer etwa sind sie nicht nur ein »Versuch großer geistiger Sinngebung aller Jugendträume und Jugendbemühungen«. Zugleich nimmt er ihnen als politisches Buch ihr Gewicht und verweist sie in den ästhetischen Bereich: »Es war abermals [nämlich wie ›Königliche Hoheit‹] ein ironisches Märchen, eine musikalische rhapsodische Phantasie, was hier geboten wurde«.[22] Einen anderen Weg geht Erich Heller. Er »ist versucht«, sie als »Produkt einer religiösen Krise« zu sehen, hält sie für einen »Versuch, die ästhetische Philosophie zu einer Variante der religiösen Existenz zu machen«, beschwört Kierkegaard und meint, der Autor der ›Betrachtungen‹ »würde, so will es scheinen, die Skepsis seiner Intelligenz gern für den ungestörten Besitz jener religiösen Gewißheit hingeben, um welche seine Phantasie mit werbendem Eifer kreist.«[23] Auf wieder andere Weise überspielt, nicht unelegant, Walter A. Berendsohn die politische Problematik des Buches: »Für die gehalt- und geistvollen ›Betrachtungen‹ bedeutet es wenig, gegen wen und was er [Thomas Mann] kämpft, sehr viel aber, was er verteidigt«, und das ist »die reiche geistige und seelenvolle Welt, die er durch die politische Demokratisierung des deutschen Volkes dem Untergang nahe glaubt.«[24] Indessen, was für eine reiche geistige und seelenvolle Welt ist in den ›Betrachtungen‹ gegenwärtig? Wer verkörpert dort die deutsche »Überlieferung«, um deren Bewahrung es nach Blume Thomas Mann unter dem Eindruck des Krieges ging?[25] Beschränken wir uns auf die Literatur: zu dieser Überlieferung gehört z. B. weder Lessing noch Schiller, weder Hölderlin noch Goethe, der, wie Blume selbst feststellt, in den ›Betrachtungen‹ »zwar viele Male genannt, aber eben nur *genannt*« wird; »noch Lagarde scheint zu dieser Zeit mehr für Thomas Mann zu bedeuten als Goethe.«[26] Aber auch die Romantik gehört nicht dazu: sie repräsentieren in den ›Betrachtungen‹ lediglich der Staatstheoretiker Adam Müller (268, 384) und Eichendorffs ›Taugenichts‹ (375–382). Kleist ist nichts weiter als der Verfasser von ›Was gilt es in diesem Kriege?‹ (154) und des ›Katechismus der Deutschen‹ (156) sowie der Dichter, in dessen Armin [!] »Bismarcks Charakterbild [...] poetisch-prophetisch vorweggenommen« ist (552). Heine schließlich nennt Thomas Mann den »in Paris akklimatisierten Juden Heinrich Heine« (88). Es ist nur wenig überspitzt, wenn man sagt, daß die deutsche Überlieferung in den ›Betrachtungen‹ auf Thomas Manns persönliche ›Bildungserlebnisse‹ Schopenhauer, Wagner und Nietzsche reduziert ist, und das macht es einigermaßen zweifelhaft, ob man sagen kann, daß für ihn damals »der Gedanke an die deutsche Vergangenheit« im Vordergrund gestanden habe

---

[22] Mayer, Thomas Mann, S. 83f. An dieser Deutung hält er bis heute fest: vgl. Thomas Mann. Zur politischen Entwicklung eines Unpolitischen, a.a.O. S. 69f.
[23] Heller, Thomas Mann, S. 127, S. 164 und S. 166. – Über die Religion in den ›Betrachtungen‹ vgl. unten S. 163f.
[24] Berendsohn, Thomas Mann, S. 62f.
[25] Blume, Thomas Mann und Goethe, S. 66.
[26] Ebd. S. 26.

»und die sorgende Überlegung, was es an geistigen und moralischen Werten zu verteidigen und zu erhalten gilt«.[27] Man sollte nicht zu retuschieren versuchen, daß Thomas Mann während des Weltkrieges und in den ersten Jahren danach »im politischen Sinne ein Reaktionär« war: das ist das Fazit Klaus Schröters.[28] Es ist eine Vereinfachung, aber es stimmt. Daß die ›Betrachtungen‹ Stellen enthalten, die für »typische Äußerungen eines forschen Nationalisten von Anno dazumal gehalten werden könnten, wenn nicht gar für solche eines ideologischen Vorläufers des Nationalsozialismus«, erkennt Robert Faesi und möchte es doch nicht wahrhaben. Denn das wären »in boshafter Weise« herausgerissene Stellen, die nur »anonym vorgelegt« dafür gehalten werden könnten.[29] Solch eine Einschränkung macht Edmond Vermeil nicht, für ihn war Thomas Mann damals ein Theoretiker des deutschen Nationalismus.[30] Dialektischer interpretiert Georg Lukács. Er sieht Thomas Manns »Verirrung« im Ersten Weltkrieg als Folge davon, »daß er auch jetzt den Bürger suchte, d. h. bestrebt war, die innere Problematik des deutschen Bürgers aufs tiefste zu erfassen, um aus der Selbstbewegung der Widersprüche in dessen Sein und Bewußtsein die Richtung der Weiterentwicklung zu erlauschen.« Überdies seien seine Irrtümer »nicht subjektiv-persönlicher Art« gewesen.[31] Was für Lukács einer »tiefen Verbundenheit mit dem Deutschtum« entspringt, deutet die strenger kommunistisch argumentierende Inge Diersen gesellschaftlich: der Verfasser der ›Betrachtungen eines Unpolitischen‹ mache »die gefährliche Narrheit seiner Klasse mit, indem er ihren aggressiven Nationalismus zu verteidigen auszieht«. Auch die quasi in die Zukunft weisenden Züge des Buches beurteilt sie reservierter als Lukács. Es weise über sich hinaus nur als ein »erster Schritt zum politischen Denken.«[32] Und während Lukács meint, Thomas Mann habe mit seiner Stellungnahme im Krieg »aus seinem eigenen Schaffen falsche Konsequenzen« gezogen,[33] bestehen für Inge Diersen

---

[27] Ebd. S. 66.    [28] Schröter, Thomas Mann, S. 90.
[29] Faesi, Thomas Mann, S. 164.
[30] Vermeil, Les Doctrinaires de la Révolution allemande, S. 50ff.
[31] Lukacs, Thomas Mann, S. 25 und S. 28f.
[32] Diersen, Untersuchungen zu Thomas Mann, S. 125 und S. 129. – Die Frage, in welchem Verhältnis die ›Betrachtungen‹ zur späteren politischen Entwicklung Thomas Manns stehen, hat natürlich auch viele andere Interpreten beschäftigt. Als Beispiel sei noch auf André Gisselbrecht (›Thomas Manns Hinwendung vom Geist der Musikalität zur Bürgerpflicht‹ in: Sinn und Form. Sonderheft Thomas Mann 1965) verwiesen, der die ›Betrachtungen‹ als »Klärungsprozeß« versteht (a.a.O. S. 297), ihren Zusammenhang mit den späteren Auffassungen Thomas Manns nicht übersieht, aber auch nicht überbetont, sondern klar ausspricht, welche Positionen Thomas Mann überwand (vgl. z. B. a.a.O. S. 332).
[33] Lukacs, Thomas Mann, S. 25.

zwischen den ›Betrachtungen‹ und dem vorangegangenen dichterischen Werk Beziehungen »nicht nur gegensätzlicher Art, sondern [. . .] auch solche der Übereinstimmung.«[34] André Gisselbrecht geht auch darüber hinaus. Für ihn besteht zwischen dem ›Tod in Venedig‹ und den ›Betrachtungen‹ ein »leicht erkennbarer Zusammenhang«.[35] Als das »auf eine sehr ungewöhnliche Weise« politische Buch, das sie sind, interpretiert schließlich Kurt Sontheimer die ›Betrachtungen‹. Ihre auch sonst oft betonte Abhängigkeit von Heinrich Mann ist für ihn schlechthin entscheidend. Sie richteten sich »in ihrem Kern allein gegen den Demokratiebegriff des Zivilisationsliteraten«, ihre »politische Problematik« liege »im wesentlichen im ›brüderlichen Welterlebnis‹«. Bekämpft habe Thomas Mann nur das »radikal-literarische Abziehbild der Demokratie«, wie Heinrich Mann es propagiert habe, das aber selbst wirklichkeitsfern gewesen sei, infolgedessen sei der ganze Konflikt eigentlich ein »Geisterkampf in der Luft« gewesen, den Thomas Mann seinem Bruder geliefert habe.[36] Eine Seite der ›Betrachtungen‹ trifft das zweifellos, psychologisch-genetisch ist es sicher auch richtig, daß Thomas Mann »durch seine Gebundenheit an die Vorlage Heinrichs zu Positionen getrieben worden [ist], die seiner eigenen Natur nach gar nicht durchzuhalten waren.«[37] Dennoch sind diese Positionen mehr als bloß Standpunkte in einem Streit zweier Brüder. Thomas Mann hat sich jahrelang mit ihnen identifiziert und sie öffentlich vertreten, er hat sie, die Gegenposition mit allen Mitteln seiner Sprachkunst bekämpfend, als objektive Wahrheit vorgetragen und von ihnen aus Zeit und Welt gedeutet: das erlaubt nicht nur, es verlangt, sie als politische Stellungnahmen unabhängig von dem Verhältnis zu betrachten, in dem sie zu Heinrich Mann stehen, zumal noch deutlich werden wird, wie eng sie mit Thomas Manns Denken in der Vorkriegszeit zusammenhängen. Überdies: ist der Zivilisationsliterat, wie bei all dem vorausgesetzt wird, wirklich *nur* Heinrich Mann? In welchem Sinne ›ist‹ er es? Wie weit darf man Heinrich Mann als Individuum, wie weit muß man ihn als Repräsentanten einer bestimmten Denkart und Geisteswelt sehen?

Verständnis und Beurteilung der ›Betrachtungen‹ hängen weitgehend davon ab, wie man diese Fragen beantwortet. Je mehr man das Buch als Auseinandersetzung mit dem Bruder liest, desto mehr verschiebt sich seine Bedeutung ins Private. Die Antwort der Thomas Mann-Literatur ist

---

[34] Diersen, Untersuchungen zu Thomas Mann, S. 126.
[35] Gisselbrecht, Thomas Manns Hinwendung vom Geist der Musikalität zur Bürgerpflicht, a.a.O. S. 313.
[36] Sontheimer, Thomas Mann und die Deutschen, S. 38, S. 44, S. 45.
[37] Ebd. S. 43.

ziemlich einheitlich. Herbert Lehnerts Bemerkung, daß der Zivilisationsliterat mit Heinrich Mann nur zu tun habe, soweit die ›Betrachtungen‹
sich gegen »die einseitige Phraseologie des ›Zivilisationsliteraten‹ richten«,[38] und Bernt Richters klare, aber nicht ausgeführte These, daß dem
Zivilisationsliteraten »derart viele rein prinzipiell gedachte und extrem
konstruierte Charakterzüge beigelegt werden, daß er unmöglich noch als
Portrait, sondern nur mehr als fingierte Repräsentationsfigur gelten
kann«,[39] sind Ausnahmen. Was seit Jahrzehnten vorherrscht, ist die Meinung, daß Zivilisationsliterat im Grunde nur ein abstrakter Name für
Heinrich Mann ist. Wenn Thomas Mann »mit einer etwas gequälten Ge-
reiztheit diesen ›Zivilisationsliteraten‹ niederkämpft, so denkt er an den
Bruder Heinrich«, schreibt Theodor Heuss 1919,[40] der Zivilisationsliterat
sei der »ins Ungeheure, Mythische« gewachsene Bruder, schreibt André
Banuls 1968 und behauptet, Heinrich Mann sei für Thomas »ganz
allein [...] zu einer ideologischen Bewegung« geworden.[41] Fast ebenso
beharrlich werden die ›Betrachtungen‹ auf Heinrich Manns Zola-Essay
bezogen, und zwar sowohl inhaltlich als auch entstehungsgeschichtlich.
Man meint, der Zola-Essay sei der »konkrete Anlaß« der ›Betrachtungen‹
gewesen,[42] oder ihr »unmittelbarer«,[43] oder er habe ihre Niederschrift
ausgelöst.[44] Das ist falsch. Ernst Bertram hat schon 1920 klargestellt, daß
der persönliche Konflikt »*nicht* etwa Keim und Anlaß des Buches war: es
war begonnen und wesentliche Teile lagen in erster Niederschrift vor, als
jener große Zola-Aufsatz Heinrich Manns [...] Thomas Mann zu Gesicht
kam.«[45] Briefe bestätigen dies. Thomas Mann hat mit der Arbeit an den

---

[38] Lehnert, Thomas Mann, S. 103.
[39] Richter, Thomas Manns Stellung zu Deutschlands Weg in die Katastrophe,
S. 101.
[40] Heuss, Mann gegen Mann, a.a.O. S. 287.
[41] Banuls, Thomas Mann und sein Bruder Heinrich, S. 40. Die These von der
ideologischen Bewegung ist die Folge eines Mißverständnisses: Banuls verkennt
die Formel »das ›Neue Pathos‹« (vgl. unten S. 111).
[42] Sontheimer, Thomas Mann und die Deutschen, S. 26.
[43] Haiduk, Die Bedeutung der polemischen Schriften im Schaffen Thomas
Manns, a.a.O. S. 49.
[44] Schröter, Thomas Mann, S. 85. – Anscheinend im Sinne von *nur* auslösendes
Moment spricht Kantorowicz von den polemischen Abschnitten des Zola-Essays,
die Thomas Mann auf sich bezogen glaubte: sie »sind als ein auslösendes Element zu werten – wenn anders, wäre unverständlich, daß Thomas Mann sich
zu einer ›Galeeren-Fron‹ von zwei Jahren entschlossen haben sollte, nur um
eine überreizte Antwort an den Bruder zu formulieren« (Kantorowicz, Zola-
Essay – Betrachtungen eines Unpolitischen, a.a.O. S. 264). Trotzdem nennt
Kantorowicz die ›Betrachtungen‹ vorher eine »Antwort« auf den Zola-Essay
(a.a.O. S. 260).
[45] Bertram, Thomas Manns ›Betrachtungen eines Unpolitischen‹, a.a.O. S. 84f.

zunächst als Aufsatz geplanten ›Betrachtungen‹ vor dem 7. November 1915 begonnen (vgl. Amann-Briefe, S. 38) und sie so intensiv vorangetrieben, daß er am 16. Dezember 1915 Ernst Bertram schreiben konnte: »Wollen Sie glauben, daß ich die ganze Zeit, seit ich Sie zuletzt sah, an dem Aufsatz – aber das ist kein Aufsatz mehr! – gearbeitet habe, über den ich damals mit Ihnen sprach?! Es steht eine Menge da, aber bei Weitem bin ich nicht fertig und werde es leider auch bis Weihnacht nicht sein.« (Bertram-Briefe, S. 27). Erst ungefähr drei Wochen danach, genauer: bald nach dem 5. Januar 1916 hat Thomas Mann den Zola-Essay gelesen.[46] Falsch ist es aber auch, die ›Betrachtungen‹ inhaltlich mehr oder weniger ausschließlich auf diesen einen Essay festzulegen, sie als »Gegenschrift« und als »die Antwort« zu bezeichnen, die Thomas Mann darauf gegeben habe,[47] als eine »Antwort« auf die dort vorgebrachten Angriffe,[48] oder zu erklären, Thomas Mann habe geglaubt, gegen den Zola-Essay »seine 600seitigen ›Betrachtungen‹ schleudern zu müssen«.[49] Die zahlreichen Zitate aus dem ›Zola‹ beweisen dessen Bedeutung für die ›Betrachtungen‹, sicher hat er auch deren ursprüngliche Konzeption erheblich verändert, und wie heftig er Thomas Mann getroffen hat, zeigt nicht nur das Kapitel ›»Gegen Recht und Wahrheit«‹ deutlich genug. Trotzdem wird das Werk des Bruders in den ›Betrachtungen‹ nicht auf diesen einen Essay reduziert. Banuls verweist auf Anspielungen und Zitate aus den Romanen, hält anderes für einen Niederschlag früherer Streitgespräche zwischen den Brüdern und führt zu einer Reihe von Stellen andere Aufsätze Heinrich Manns an.[50] Er nennt ›Geist und Tat‹, ›Voltaire–Goethe‹, ›Das junge Geschlecht‹ und ›Leben – nicht Zerstörung‹. Diese Zusammenstellung ist noch zu erweitern. Thomas Manns satirische Bemerkungen

[46] Vgl. die Briefe an Maximilian Brantl vom 31. Dezember 1915 (Br. I, 124) und an Ernst Bertram vom 5. Januar 1916 (Bertram-Briefe, S. 28). Genau dargelegt und belegt wird das zeitliche Nacheinander in Herbert Lehnerts Aufsatz: Anmerkungen zur Entstehungsgeschichte von Thomas Manns ›Bekenntnisse des Hochstaplers Felix Krull‹, ›Der Zauberberg‹ und ›Betrachtungen eines Unpolitischen‹ (DVjs. 38/1964, S. 269f.). Lehnert datiert den Beginn der Arbeit an den ›Betrachtungen‹ auf Ende Oktober oder Anfang November 1915. Gegen die trotzdem zählebige Meinung, der Zola-Essay sei der Anlaß der ›Betrachtungen‹ gewesen, wendet er sich dann noch einmal in seinem Forschungsbericht (DVjs. 41/1967, S. 639). Einer der wenigen Autoren, der betont, daß Thomas Mann die ›Betrachtungen‹ begonnen hatte, ehe er den Zola-Essay las, ist Eberhard Hilscher (Thomas Mann, S. 37).
[47] Kantorowicz, Zola-Essay – Betrachtungen eines Unpolitischen, a.a.O. S. 257 und S. 260.
[48] Keller, Der unpolitische Deutsche, S. 30.
[49] Sontheimer, Thomas Mann und die Deutschen, S. 27.
[50] Banuls, Thomas Mann und sein Bruder Heinrich, S. 43f., S. 36f., S. 26 und S. 43.

gegen die Verherrlichung der englischen Kolonialpolitik beispielsweise (passim, vor allem 356f.) stützen sich nicht – wie Banuls annimmt[51] – auf ein früheres Gespräch. Die in der Tat atemberaubend naive Rechtfertigung des englischen Kolonialismus steht in Heinrich Manns Aufsatz ›Der Europäer‹. Thomas Mann geht auf ihn immer wieder ein, ebenso auf den Aufsatz ›Der Bauer in der Touraine‹.[52] Was Heinrich Mann dort z. B. über die deutschen ›Herren‹ schreibt, hat Thomas Mann so geärgert, daß er sich über viele Seiten hinweg bemüht, es als völlig absurd hinzustellen (332ff.). Heinrich Mann hat nicht nur den ›Zola‹ geschrieben, die Auseinandersetzung mit dem Bruder umfaßt mehr oder weniger dessen gesamtes Werk.

Wie groß jedoch ist die Bedeutung dieser Auseinandersetzung für das Ganze der ›Betrachtungen?‹ Stellen sie »eigentlich einen riesenhaften Brief« dar, gerichtet an den eigenen Bruder, wie Hans Mayer[53] sie charakterisiert? Sind sie nichts als eine »riesige, nicht endenwollende Replik auf Heinrich«, wie Sontheimer[54] es formuliert? Genügt Inge Diersens[55] Unterscheidung zwischen dem Zivilisationsliteraten »in Person« – das ist auch für sie Heinrich Mann – und dem Zivilisationsliteratentum als »politisch-geistige Haltung«? Hierzu zunächst eine allgemeine Vorüberlegung. Es ist bekannt, wie sehr der Erzähler Thomas Mann auf ›Quellen‹ der verschiedensten Art angewiesen war.[56] Reale Tatsachen und Personen, zeitgenössische oder historisch überlieferte Vorgänge, Werke der bildenden Kunst, theoretische Abhandlungen, bereits literarisch vorgeformte Texte fast jeden Ranges sind das Material, auf dem die Welt, die Thomas Mann erzählerisch vergegenwärtigt, sehr weitgehend beruht und das er in ungewöhnlichem Ausmaß in das eigene Werk übernimmt. Das ist bei den Gestalten der Romane und Novellen nicht anders, viele haben manchmal auch unschwer zu identifizierende ›Vorbilder‹. Das berühmteste

[51] Ebd. S. 37.
[52] Alle hier genannten Aufsätze Heinrich Manns sind wieder abgedruckt in: Heinrich Mann, Essays, Bd 1 und 2 (s. Literaturverzeichnis). Der Zola-Essay allerdings wird unverständlicherweise nicht in der Fassung wiedergegeben, die historisch gewirkt hat, sondern in einer überarbeiteten von 1946 (vgl. Essays I, S. 493). Da Heinrich Mann den Text schon in ›Macht und Mensch‹ nicht völlig unverändert übernommen hat, findet man den Text, um den es in den ›Betrachtungen‹ geht, bis heute nur in: Die weißen Blätter, 2. Jg, Heft 11 (November 1915), S. 1312–1382.
[53] Hans Mayer, Thomas Mann, S. 57.
[54] Sontheimer, Thomas Mann und die Deutschen, S. 44.
[55] Diersen, Untersuchungen zu Thomas Mann, S. 128f.
[56] Vgl. z. B. die grundlegende Untersuchung von Hans Wysling, Thomas Manns Verhältnis zu den Quellen. Beobachtungen am ›Erwählten‹. In: Studien I, S. 258–324.

Beispiel ist Gerhart Hauptmann als ›Modell‹ des Mynheer Peeperkorn. Die Thomas Mann-Literatur hat diesem Sachverhalt lange ziemlich hilflos gegenübergestanden. Obwohl Thomas Mann schon in seinem ersten großen Essay, in ›Bilse und ich‹, mit der leidenschaftlichen Schärfe dessen, der sich verteidigt und rechtfertigt, expliziert hat, daß es sich hier um ein bestimmtes dichterisches Verfahren handelt, hat es lange gedauert, bis man dieses Verfahren als solches erkannt und anerkannt hat. Oft haben sich Kritiker und Interpreten damit begnügt, auf die ›Vorbilder‹ hinzuweisen oder sie ausfindig zu machen. Auch die Feststellung, daß der Zivilisationsliterat Heinrich Mann sei, scheint mir auf dieser Ebene zu liegen. Daß der Mynheer Peeperkorn des ›Zauberbergs‹ Gerhart Hauptmann ›ist‹ oder daß Adrian Leverkühns strenger Satz Schönbergs Zwölftontechnik ›ist‹, wird man heute kaum noch ohne weiteres behaupten. An der Meinung, daß Heinrich Mann der Zivilisationsliterat ›ist‹, hält man dagegen hartnäckig fest. Ein Grund dafür liegt auf der Hand: der ›Zauberberg‹ ist eine Dichtung, die ›Betrachtungen eines Unpolitischen‹ sind es nicht; Peeperkorn ist eine Romanfigur, der Zivilisationsliterat soll eine Gestalt der Wirklichkeit sein. Der Unterschied wird prinzipiell nicht aufgehoben, verringert sich aber wesentlich, sobald man sich bewußt macht, was es besagt, daß Thomas Mann mit dem Zivilisationsliteraten ausdrücklich einen literarisch-politischen »Typus« kennzeichnen will (62, vgl. auch 56, 233, 283, 293, 388). Man muß indessen noch einen Schritt weiter gehen. Das dichterische Verfahren, das Thomas Mann in ›Bilse und ich‹ erst als »Beseelung« (X, 15), dann als »subjektive Vertiefung des Abbildes einer Wirklichkeit« (X, 16), schließlich als »Benutzung eines Portraits zu höheren Zwecken« (X, 17) bestimmt, ist ja, außer daß es ein dichterisches Verfahren ist, ein mehr oder weniger willkürlicher Umgang mit der Wirklichkeit. Zu erkennen ist ein Wirklichkeitsverhältnis, für das die vorgegebene und übernommene Realität beliebig benutzbares Material, bloßer ›Stoff‹ ist. »Wenn ich aus einer Sache einen Satz gemacht habe – was hat die Sache noch mit dem Satz zu tun?« (X, 16) Die ›Sache‹ hat mit dem ›Satz‹ nichts mehr zu tun, weil sie zu »höheren« Zwecken benutzt wird und dabei nicht dieselbe bleibt.

> Mit jener erwähnten Folgsamkeit dem gegebenen Detail gegenüber eignet ein Dichter sich Äußerlichkeiten an, welche der Welt ein Recht geben, zu sagen: Das ist Der, ist Die. Hierauf beseelt und vertieft er die Maske mit anderem, Eigenem, benutzt sie zur Darstellung eines Problems, das ihr vielleicht ganz fremd ist, und Situationen, Handlungen ergeben sich, die dem Urbild wahrscheinlich völlig fernliegen. Dann aber halten die Leute sich für berechtigt, auf Grund der Äußerlichkeiten auch alles übrige für ›wahr‹, anekdotisch kolportiert, für Ausplauderei und sensationellen Klatsch zu nehmen, – und der Skandal ist da. (X, 17)

Das gilt nicht allein für den Dichter Thomas Mann. Ob es, wenn auch nicht wörtlich, für den Essayisten allgemein gilt, darf offen bleiben, auf den Zivilisationsliteraten jedenfalls kann man den hier skizzierten Vorgang sinngemäß abgewandelt übertragen. Mit beträchtlicher Folgsamkeit dem gegebenen Detail gegenüber zitiert und paraphrasiert Thomas Mann Aussagen und Formulierungen Heinrichs. Unbestreitbar hält er sich oft an dessen Stellungnahmen und entwickelt mit Hilfe dieses ›Materials‹ Standpunkt und Geistesart des Zivilisationsliteraten. In welchem Umfang er sich dabei an Heinrich Mann orientiert hat, dürfte *genau* allerdings kaum je zu ermitteln sein. Ebenso entzieht es sich einer genauen Bestimmung, wieviel vom »Eigenen« Thomas Manns, nämlich vom Zivilisationsliteraten in ihm selbst, in dessen Bild eingegangen ist und es zwar vielleicht nicht »beseelt« und »vertieft«, doch immerhin beeinflußt hat. Die verschiedenen Hinweise darauf, daß er selbst am Zivilisationsliterarischen teil hat, erlauben jedoch, einen nicht ganz unerheblichen Anteil von »Eigenem« anzunehmen. »Äußerlichkeiten« sind die übernommenen ›Details‹ freilich nicht, ebensowenig kann man sagen, daß Thomas Mann sie zur Darstellung eines Problems benutzt, das ihnen ganz fremd ist, oder daß sich Situationen ergeben, die dem Urbild völlig fernliegen. Der Vorgang in den ›Betrachtungen‹ ist anders, jedoch ähnlich. Es ist ein doppelter Vorgang: einmal verbinden sich in der Charakteristik der – paradox ausgedrückt – abstrakten Gestalt des Zivilisationsliteraten im Laufe der ›Betrachtungen‹ Ansichten und Überzeugungen Heinrich Manns auf eine im einzelnen freilich schwer faßbare Weise mit Gedanken und Stellungnahmen, die Thomas Mann auch aus anderen ›Quellen‹ aufnahm; zum anderen werden zentrale Vorstellungen Heinrich Manns verallgemeinert, und zwar bis hin zu einer Verwendung als unpersönliche Formeln für bestimmte Tendenzen des zeitgenössischen Denkens. Man kann das leicht so verstehen, daß Thomas Mann in dem Bruder eben einen Repräsentanten dieses Denkens sah – und daß er ihn (auch sich selbst) tatsächlich derart ›symbolisch‹ erlebte, das verrät die folgende Bemerkung in einem Brief an Ernst Bertram: »Wahr, allzu wahr ist, was Sie über das Verhängnis Deutschlands sagen. Es ist nicht Größenwahn, sondern nur Bedürfnis und Gewohnheit intimer Anschauung, wenn ich dieses Verhängnis längst in meinem Bruder und mir symbolisiert und personifiziert sehe.« (Bertram-Briefe, S. 43) Auf dieser Ebene wird die Auseinandersetzung mit dem Individuum Heinrich Mann von selbst zu einer Auseinandersetzung mit dem, was er vermeintlich oder wirklich repräsentiert, literarhistorisch gesprochen: mit der geistigen Welt von Expressionismus und Aktivismus, die jedoch auch unabhängig von Heinrich Mann recht deutlich als kritisierte und bekämpfte Gegenposition zu erkennen

sind. Und obwohl das »Problem«, zu dessen »Darstellung« Heinrich
Mann in den ›Betrachtungen‹ »benutzt« wird, ihm nicht im geringsten
fremd ist, ist es doch viel zu umfassend, als daß man es auf ihn reduzie-
ren dürfte: es ist die ohne Zögern als Deutschlands »Enthumanisierung«
und »Entdeutschung« verworfene »Demokratisierung«, »Politisierung«,
»Literarisierung«, »Intellektualisierung«, »Radikalisierung« Deutschlands
(68), die Thomas Mann im Zivilisationsliteraten personifiziert (und dadurch nicht wenig mythisiert).

Im Unterschied zu den Interpreten, die kaum oder gar nicht zögern, die
›Betrachtungen‹ allein als Auseinandersetzung mit Heinrich Mann aufzufassen, spricht Thomas Mann selbst in der Vorrede behutsamer von
jenem »intimen Konflikt, dem eine Reihe von Seiten besonders gewidmet
sind und der auch sonst vielerorten mein Denken färbt und bestimmt«
(19). Mit den dem Konflikt besonders gewidmeten Seiten dürfte er den
Teil des Kapitels › »Gegen Recht und Wahrheit« ‹ meinen, in dem er
sich gegen die Angriffe im Zola-Essay verteidigt, die er auf sich bezogen
hatte.[57] Daß der Konflikt »auch sonst vielerorten« sein Denken »färbt«
und »bestimmt«, gibt dem Gegensatz zu Heinrich Mann auch darüber
hinaus eine gewiß nicht geringe Bedeutung, zugleich aber sollte diese Formulierung davon abhalten, die ›Betrachtungen‹ allzu ausschließlich auf
ihn festzulegen. Einige Bemerkungen über den Zivilisationsliteraten legen
dasselbe nahe. Bei den »sogenannten inneren Feinden«, den »in gläubiger
Liebe dem europäischen Westen zugewandten Geistern« (47) handelt es
sich nicht um einen einzelnen. Desgleichen erklärt Thomas Mann im Kapitel ›Der Zivilisationsliterat‹ programmatisch, daß er, wenn er vom deutschen Zivilisationsliteraten spreche, von »den edlen Vertretern des Typus« spreche (56), und zitiert später gelegentlich, was »ein« deutscher
Zivilisationsliterat über einen historischen Roman geschrieben hat (396).
Pluralische Bedeutung hat zudem auch das Wort Zivilisationsliteraten-

---

[57] Der Titel des Kapitels nennt einen dieser Angriffe, den Heinrich Mann in
späteren Fassungen des Zola-Essays gestrichen hat (im folgenden Zitat vom
zweiten Satz an): »Kameraden bislang, gleich auserlesen, wie es schien: plötzlich aber vertiefen alle Züge sich, und auf jenen steht Untergang, auf diesen
Leben. Jene waren oft die verlockenderen gewesen, auch für ihn selbst wohl;
jetzt macht es nichts aus, daß man in eleganter Herrichtung gegen die Wahrheit und die Gerechtigkeit steht; man steht gegen sie und gehört zu den Ge-
meinen, Vergänglichen. Man hat gewählt zwischen dem Augenblick und der
Geschichte, und hat eingestanden, daß man mit allen Gaben doch nur ein
unterhaltsamer Schmarotzer war. Sogar die Gaben kamen jenen jetzt abhanden,
Zola sah die gehaltensten Dichter unvermittelt den windigsten Journalismus
treiben. Ein Journalist aber, der heute auf seiten der Wahrheit und der Gerechtigkeit stand, konnte Kraft und Höhe davontragen für sein übriges Leben.«
(Die weißen Blätter, a.a.O. S. 1371).

tum, so wenn es heißt, daß »unser gesamtes Zivilisationsliteratentum« bei Nietzsche schreiben gelernt habe (86). Das sind bloß Hinweise, aber man darf ihnen entnehmen, daß für Thomas Mann selbst das Bild des Zivilisationsliteraten durchaus nicht nur ein Portrait Heinrich Manns gewesen ist. Was in dieses Bild alles eingegangen ist, läßt sich jedoch im einzelnen nicht leicht feststellen. Thomas Mann verschleiert ja ziemlich konsequent, gegen wen er konkret argumentiert, und nennt so gut wie keine Namen. Er nennt auch Heinrich Mann nicht, doch sind die Anspielungen auf ihn immerhin deutlich, und im allgemeinen ist er rasch zu identifizieren. Vertritt jedoch ein anderer die Gegenposition, dann erfordert die Identifizierung Detektivarbeit. Der zivilisationsliterarische Hohn »über ›die große Zeit‹, ›die *sogenannte* große Zeit‹« zum Beispiel (465), der Thomas Mann so ärgert, könnte durchaus irgendwo bei Heinrich Mann stehen. Nichts spräche gegen die Annahme, auch hier handele es sich um eine Auseinandersetzung mit dem Bruder, wüßte man nicht zufällig aus einem Brief an Paul Amann, daß Thomas Mann sich hier sehr wahrscheinlich auf einen Leitartikel Theodor Wolffs im ›Berliner Tageblatt‹ bezieht (Amann-Briefe, S. 44 und S. 101, Anm. 12), das er Ernst Bertram gegenüber später einmal das »pestilencise« Berliner Tageblatt nennt (Bertram-Briefe, S. 78). An derselben Stelle der ›Betrachtungen‹ ist davon die Rede, wie wenig dazu gehört, um sich »ohne weiteres als Mitglied des Bundes der Geistigen« auszuweisen (465). Dieser Bund der Geistigen ist keine polemische Erfindung Thomas Manns und auch keine Idee Heinrich Manns. Dieser spricht nur – die Formulierung taucht in den ›Betrachtungen‹ immer wieder auf – von einer »Solidarität aller Geistigen«.[58] Den Bund der Geistigen hingegen proklamiert Kurt Hiller in dem Aufsatz ›Philosophie des Ziels‹, der hauptsächlich ein Aufruf zur »Gründung des Bundes der Geistigen deutscher Zunge« ist.[59] Thomas Mann kannte diesen Aufsatz offenbar. Denn der Satz, den er »einmal bei einem Aktivisten las: es gelte, durch den Geist die Welt so zu gestalten, ›daß sie Geist nicht mehr nötig habe‹« (568), dieser Satz steht in eben jenem Aufsatz Hillers.[60] Er versteht diesen Gedanken als eine aus Haß, tyrannischer Verneinung und Reinheitsfanatismus geborene »nihilistische Utopie« (569). Freundlich ist diese Deutung nicht, aber sie ist auch nicht feindseliger als Hillers Stellungnahme zu Thomas Manns – im Novem-

---

[58] Essays II, S. 246.
[59] Kurt Hiller, Philosophie des Ziels. In: Das Ziel. 1915 [recte 1916], S. 187–217. Hier zitiert nach dem Abdruck in: Der Aktivismus 1915–1920. Hrsg. von Wolfgang Rothe. S. 29–54. Das Zitat dort S. 51.
[60] Ebd. S. 39.

berheft 1916 der ›Neuen Rundschau‹ erschienenen, mit dem Text in den ›Betrachtungen‹ nicht identischen[61] – Essay über den ›Taugenichts‹, den er als einen »Pogrom gegen den Geist« attackierte. Das steht in der Broschüre ›Taugenichts – Tätiger Geist – Thomas Mann‹,[62] die Thomas Mann brieflich kommentiert hat.[63] Sie ist nur eine von drei Veröffentlichungen, mit denen Hiller 1917 auf den Taugenichts-Essay antwortete.[64] Jedoch war Hiller auch schon vor dieser Kontroverse – an der nicht zuletzt interessant ist, daß Hiller Thomas Manns Aufsatz ganz selbstverständlich als Angriff auf den Aktivismus auffaßte – für die Arbeit an den ›Betrachtungen eines Unpolitischen‹ wichtig. Am 1. Juli 1916 schreibt er an Ernst Bertram: »Sie haben natürlich Recht: Bahr, Hiller, Blei, so schöne Leute sie an sich sein mögen, sind hier nicht schön. Ich wußte sie oben nicht zu vermeiden, wenn ich nicht die betreffenden ›Stellen‹ selbst vermeiden wollte, – an denen mir doch, um mich auszudrücken, gelegen war. [...] Aber in diesem rücksichtslosen Selbstgespräch schien es mir freier und biederer, die Namen herauszusagen.« (Bertram-Briefe, S. 34f.) Ob er auf die Stellen schließlich doch verzichtet hat oder ob nur seine im selben Zusammenhang erwähnte »Scheu vor Namennennung« gesiegt hat, ist nicht zu entscheiden, auf jeden Fall enthält der gedruckte Text der ›Betrachtungen‹ Hillers Namen nicht mehr.[65] Dennoch sind eine Reihe kritischer Bemerkungen und Überlegungen möglicherweise oder wahrscheinlich eine Auseinandersetzung mit Hillers Denken und den Gedanken, die er in der ›Philosophie des Ziels‹ vorträgt. Auf diesen Aufsatz beschränkt sich der folgende Überblick.

Gewissermaßen die Grundlage dieser Auseinandersetzung bildet die sich durch die ganzen ›Betrachtungen‹ hinziehende Ablehnung der ›Aktivisten‹ und des ›Aktivismus‹, dessen »Wortführer«[66] Hiller u. a. als Herausgeber der Ziel-Jahrbücher war. Sein Programm war, etwas vereinfacht charakterisiert: Tätiger Geist. »Weiht euch, Geistige, endlich –

---

[61] Vgl. Schröter, Thomas Mann im Urteil seiner Zeit, S. 488.

[62] Ein Stück dieser Schrift ist wieder abgedruckt bei Schröter, Thomas Mann im Urteil seiner Zeit, S. 72–74. Das Zitat dort S. 74.

[63] Begütigend kommentiert hat: in dem Brief an Carl Maria Weber, dem Hiller die Broschüre gewidmet hatte (Br. I, 133).

[64] Jonas, Bibliographie I, S. 91 (Nr 1308 und 1309).

[65] Jedoch dürfte es eine Anspielung auch auf ihn sein, wenn Thomas Mann berichtet, »Aktivisten und Männer des ›Ziels‹« hätten ihm für seinen Aufsatz über den Literaten ihre Anerkennung ausgedrückt (101).

[66] Über Hiller und ›Das Ziel‹ vgl. Paul Raabe, Die Zeitschriften und Sammlungen des literarischen Expressionismus, Nr 105/S. 125f.: »Es sind die Forderungen des Aktivismus, einer vor dem Kriege im Kreise der Literaten sich entwickelnden politischen und geistigen Haltung, deren Wortführer Kurt Hiller war.«

dem Dienst des Geistes; des heiligen Geistes; des tätigen Geistes«.[67]
›Tätiger Geist!‹ heißt das zweite Ziel-Jahrbuch, der Untertitel des ersten ›Aufrufe zu tätigem Geist‹ und die Schrift gegen den Taugenichts-Aufsatz enthält diese Parole ebenfalls schon im Titel. Man begegnet ihr in der Vorrede zu den ›Betrachtungen‹ wieder: »›Tätiger Geist‹, das heißt: ein Geist, der zugunsten aufklärerischer Weltbefreiung, Weltbesserung, Weltbeglückung tätig zu sein ›entschlossen‹ ist« (29). Weltbesserung ist in der Tat ein Ziel Hillers. Wenn das Leben einen Sinn habe, »so kann es nur der sein: das Los der Menschheit nach Kräften zu bessern«. »Und es verharrt als einziges Ziel von Hoffnung und Größe: die Welt-Verbesserung.«[68] Es ist ein Wille zur Weltverbesserung, der nichts für den Weg übrig hat, den Thomas Mann für den einzig aussichtsreichen hält: »An Institutionen ist wenig, an den Gesinnungen alles gelegen. Werde besser du selbst! und alles wird besser sein.« (259) Solch eine Weltverbesserung durch »Wandelung der Seelen« ist für Hiller »schmählichstes Kurpfuschertum«. Er meint »Ändern der Welt«,[69] und darauf kommt es ihm so sehr an, daß er ›Geist‹ als »den Inbegriff aller Bemühungen um Besserung des Loses der Menschheit« bestimmt.[70] Von dieser Definition ist es nicht weit zu Thomas Manns Protest gegen die »Umfälschung des Geist-Begriffs in den der besserischen Aufklärung, der revolutionären Philantropie« (31). Um die Welt zu verbessern, braucht der Geist Macht, sie soll er erringen, indem er sich organisiert und die Geistigen einen Bund oder eine Partei der Geistigen oder des Geistes bilden. Dabei geht die Weltverbesserung dann gleich aufs Ganze: »Geistige, schließen wir einen Bund! [...] Schließen wir einen Bund, damit das, worüber wir seit Jahrtausenden einig sind und wovon nichts real geworden ist, endlich ins Leben einströme. Was wollen wir? Das Paradies. Wer erringt es? Der Geist. Was braucht er dazu? Macht. Wie gewinnt er die? Durch Zusammenschluß.« »Angehörige der Partei des deutschen Geistes! Nun oder nie wird euch zufallen, was ihr so lange erstrebtet: die Macht!«[71] Mit Vorstellungen von einer Machtergreifung des Geistes, für die es bei Heinrich Mann nichts mit Hiller Vergleichbares gibt, beschäftigt Thomas Mann sich in den ›Betrachtungen‹ wiederholt, meist ironisch. Es wirkt wie eine Gegenfrage an Hiller, wenn man liest: »Die Eroberung der Macht? Und zwar durch den Geist?« (310) Es stehe schlecht um die »Organisation des Geistes *zum Zwecke der Machtergreifung*«, prophezeit er. »Schlecht, schlecht! Es hat etwas auf sich mit der Antithese von Macht und Geist« (324). Präzis entwirft Hiller diese Organisation des Geistes und ver-

---

[67] Philosophie des Ziels, a.a.O. S. 42.
[68] Ebd. S. 29 und S. 34.        [69] Ebd. S. 35.
[70] Ebd. S. 37.        [71] Ebd. S. 42 und S. 39.

schweigt auch nicht, wie es im Bund der Geistigen zugehen soll. Er denkt an kleinere »Einzelbünde«, deren »Häupter« das Haupt des großen Bundes bilden und ein Triumvirat einsetzen, das mit »weitesten Befugnissen« ausgestattet ist. Es soll strenge Disziplin herrschen, sie »darf sich der Zucht in Armeen um soviel nähern, wie sie sich von jener Zigeunerei und Laxheit entfernen muß, die unter Genialischen als Tugend wütet.« Es gibt eine »Pflicht geschlossnen Auftretens nach außen«, und gegen »Verräter müßte man schonungslos mit Boykott vorgehn«. Der Bund soll »offensiv« sein, »Propaganda der Grundsätze wird nebeneinanderlaufen mit tausendfältiger, organisativer, polemischer, taktischer Kleinarbeit«.[72] Es fällt nicht schwer, sich vorzustellen, mit welchem Grausen Thomas Mann dies alles gelesen hat. Was Hiller vorschwebt, ist ein »Orden«, auf den genau zutrifft, was Thomas Mann, und zwar unmittelbar nachdem er sich gegen die Antithese von ›Ästhetizismus‹ und ›Aktivismus‹ gewehrt hat, über den politischen Propheten sagt: dieser sei im Geistigen »einzig auf Einheit, militaristische Organisation, politische Stoßkraft des Geistes bedacht« (315). Mit ähnlichem Widerwillen betrachtet er den Geist des 20. Jahrhunderts und entdeckt »nichts mehr von Schopenhauers Verneinung des Willens: der Geist sei Wille und er schaffe das Paradies« (27). Das klingt zunächst ein bißchen abwegig, um so mehr überrascht es, wenn man feststellt, daß ›Wille‹ und ›Paradies‹ Ausgangs- und Endpunkt von Hillers ›Philosophie des Ziels‹ sind. »Man muß nicht fragen, man muß wollen« – »Also fragen wir nicht, ob das Himmelreich nahe sei, sondern bemühen wir uns, es herbeizuführen.«[73] »Nicht ›erkennen‹ will ich; nicht ›gestalten‹ will ich, sondern – ich will« – »Dies Grundsätzliche vorangeschickt, muß nun endlich verraten werden, wohin wir wollen. Klipp und klar sei es ausgesprochen: Wir wollen, bei lebendigem Leibe, ins Paradies.«[74] »Geist ist Ziel; man höre auf, euch ›Intellektuelle‹ zu schelten; fortab soll ›Willentliche‹ euer Ehrenname sein!« – »Was wollen wir? Das Paradies.«[75] Ganz so extrem hat Heinrich Mann nicht gedacht. Wie Hiller verachtet er (im Zola-Essay) diejenigen, die nicht an den Fortschritt glauben,[76] glaubt seinerseits an »Auf-

---

[72] Ebd. S. 49f.  [73] Ebd. S. 29.
[74] Ebd. S. 35 und S. 36.  [75] Ebd. S. 41 und S. 42.
[76] Hiller, ebd. S. 31. Heinrich Mann u. a. an zwei Stellen, die Thomas Mann auf sich bezog und die in den Abdrucken nach ›Macht und Mensch‹ fehlen. An der einen schildert er die »Wortführer und Anwälte« des Rückfalls folgendermaßen: »Ihr Talent wirkte modern, ihr Geschmack war oft der zarteste. Gaben sie sich pessimistisch, leugneten sie geistreich den Fortschritt und gar die Menschheit, indes es ihnen nie beikam, zu leugnen, was bestand und gefährlich war: wir sahen gewollte Paradoxe darin, verwöhnten Überdruß am Einfachen und Echten, keineswegs stichhaltig, weder vor ihrer eigenen Vernunft noch vor

wärtsbewegung« und »geistige[n] Fortschritt«, spricht anläßlich Zolas
›L'Argent‹ auch davon, daß der Weg der Menschheit durch Katastrophen »zu etwas sehr Schönem, durchaus Heiteren« führe,[77] ›Himmelreich‹ und ›Paradies‹ jedoch sind seine Ziele nicht, ebensowenig glaubt
er, sich dem absolut glückseligen Endzustand durch die Gründung eines
Bundes der Geistigen annähern zu können. Daß Thomas Mann es sich in
den ›Betrachtungen‹ mit dem Fortschrittsdenken leicht machen und es
kurzerhand als »frisch-fromm-fröhliche Fortschrittlichkeit« (583) abtun
kann, auch daß er von einer »wahren Treibhausblüte« des Glaubens »an
einen Fortschritt zum Ideal, an ein irdisches Reich Gottes und der Liebe«
(517) sprechen kann, wird einigermaßen verständlich eigentlich erst,
wenn man nicht immer nur an Heinrich Mann, sondern wenn man an
die Aufbruchs- und Zukunftsstimmung in der zeitgenössischen Literatur
denkt, wie Hiller sie intellektuell überspannt artikuliert.
Die kontroverse Beziehung zwischen seiner ›Philosophie des Ziels‹ und
den ›Betrachtungen eines Unpolitischen‹ soll nicht beweisen, daß neben
Heinrich Mann gelegentlich auch Kurt Hiller ›reales Vorbild‹ des Zivilisationsliteraten war. Sie soll vielmehr den Blick darauf lenken, daß auf
das Bild des »literarisch-politischen Typus«, dem Thomas Mann viele
Namen gibt,[78] den er aber am liebsten Zivilisationsliterat nennt, auch
noch andere Quellen als Heinrich Mann eingewirkt haben. Differenziert
und genau könnte das nur eine in diesem Fall besonders schwierige quellenkritische Spezialuntersuchung dartun, doch wird im Folgenden noch
etwas deutlicher werden, was Thomas Manns Auffassung des politischen
Geistes und die kritische Auseinandersetzung mit dessen Personifikation,
dem Zivilisationsliteraten, mitbestimmt hat.
Im Zola-Essay läßt Heinrich Mann gegen Schluß des Kapitels ›Geist‹
Zola den inneren Kampf, notfalls auch den Bürgerkrieg für das beste
Mittel zur Reinigung eines Volkes halten und fügt hinzu: »Der Intellek-
tuelle empfindet so. Er lebt für keine schwachblütige Mittelmäßigkeit.
Der Geist ist kein Wiesenbach, entschlossene Menschenliebe geht nicht

den Ereignissen.« (Die weißen Blätter, a.a.O. S. 1369f.) Die zweite Stelle richtet
sich gegen die »falschen Geistigen«, die Unrecht in Recht umdrehen, »und gar in
Sendung, wenn es durch eben das Volk geschieht, dessen Gewissen ihr sein solltet.
Euer Volk hat den Auftrag von der Geschichte, aber an welche trostlose Geschichte glaubt ihr denn, da ihr nicht an den menschlichen Fortschritt glaubt?«
(Die weißen Blätter, a.a.O. S. 1370).
[77] Die weißen Blätter, a.a.O. S. 1349 und S. 1352; Essays I, S. 199 und S. 202.
[78] Zum Beispiel: radikaler Literat, politischer Intellektueller, politischer Pro-
phet, Geistespolitiker, Zivilisationspolitiker, Zivilisationsdemokrat, deutscher
Westler, oft auch einfach ›Politiker‹. Die zahlreichen Schimpfworte hat Banuls
zusammengestellt (Thomas Mann und sein Bruder Heinrich, S. 33).

friedlich in Gartenwegen.«[79] Der Ausdruck »entschlossene Menschenliebe« scheint für Thomas Mann ein Schock gewesen zu sein. Viele Male greift er ihn auf, einmal bezeichnet er ihn sogar als »die grauenhafteste Wortkoppelung [...], die je erfunden wurde und deren übermäßige Geschmacklosigkeit ihrem Erfinder, dem Zivilisationsliteraten und politischen Propheten, Unsterblichkeit sichert«. Ursache dieser heftigen Reaktion ist die Überzeugung, daß sich in dem Bekenntnis zur Entschlossenheit eine Geisteshaltung, und zwar eben die ›politische‹ Geisteshaltung offenbart, die sowohl »Freiheit« als auch »Erkenntnis und Form« verneint, weil sie nutzlos seien (311). Das aber erlebt er nicht als Spezialität Heinrich Manns. Denn was »vom Zivilisationsliteratentum heute so unermüdlich variiert« wird, ist eben »das Motiv der politischen Literaten-Entschlossenheit« (95). Gleichfalls von Heinrich Mann stammt die Wendung »Solidarität aller Geistigen.«[80] Sie drückt jedoch nur einen Glauben oder einen Wunsch aus, den er mit anderen teilt: es sind »die Verkündiger der ›Solidarität aller Geistigen‹ «, die so tun, »als gäbe es nur eine Art Geistigkeit, einen Geist an sich, und es sei der ihre, nämlich der Geist der Aufklärung und des Fortschritts« (321f.). Noch mehr als die Formulierung »Solidarität aller Geistigen« wird schließlich Heinrich Manns Forderung, »der Geistige handle!« verallgemeinert. Im Zola-Essay heißt es: »Geist ist Tat, die für den Menschen geschieht; – und so sei der Politiker Geist, und der Geistige handle!«[81] Der Satz formuliert die Einsicht, aus der Zolas Eingreifen in den Dreyfus-Prozeß hervorging. Thomas Mann hat ihn jedoch, zweifellos mit Recht, als Programm verstanden, und keineswegs nur als eines von Heinrich Mann:

> Ein Glück nur, daß dieser Ruf: ›Der Geistige handle!‹ eine sehr literarische Parole bleibt, eine Modelehre und Sensation der Zeitschriften. Der Künstler-Aktivist denkt gar nicht ans Tun [...]. (580)

> Unterdessen liegt es ja auf der Hand, daß, was sich in Deutschland ›Aktivismus‹ nennt, nichts anderes ist als die Übertragung eines bestimmten Kunstgeschmacks und -temperaments ins Politische. Eine Kunstschule (›Expressionismus‹) von heftig aktivischen Bedürfnissen [...] verlangt eines Tages, daß ›der Geistige handle‹. (212)

Von Heinrich Mann hat die Forderung, »der Geistige handle«, sich hier völlig abgelöst. Sie erscheint als korrektes Zitat: Thomas Mann weiß, daß es Worte des Bruders sind, aber er führt sie an, um eine »Modelehre« zu kennzeichnen und ein Thema »der Zeitschriften«. Die Formulierung im

---

[79] Die weißen Blätter, a.a.O. S. 1357; Essays I, S. 207f.
[80] Essays II, S. 246.
[81] Die weißen Blätter, a.a.O. S. 1359; Essays I, S. 209.

Zola-Essay hat sich in eine Formel verwandelt, die er benutzt, um Standpunkt und Gesinnung einer ganzen »Kunstschule« zu charakterisieren. Er nimmt die Worte Heinrich Manns nicht als individuelle Meinungsäußerung, dieser hat vielmehr nur eine allgemeine Einstellung in Worte gefaßt, insofern kann die Auseinandersetzung mit Heinrich Mann ohne weiteres in die Auseinandersetzung mit Expressionismus und Aktivismus übergehen. Literarhistorisch ist das nicht überraschend. Heinrich Manns Ansehen bei Expressionisten und Aktivisten war groß, an einer eindeutig den Bruder meinenden Stelle sieht Thomas Mann ihn denn auch »umknattert vom Beifall einer politisierenden Jugend« (214), und in seinem »Leibblatt«, der ›Neuen Rundschau‹, konnte er 1915 in Otto Flakes Artikel ›Von der jüngsten Literatur‹ lesen, daß Heinrich Mann der »Vater der deutschen intellektuellen Literatur« sei und auf »die geistige Jugend« außerordentlich stark gewirkt habe.[82] Von ihm selbst dagegen hielt diese Jugend nicht viel, ein Beispiel dafür, »daß ich den Literaten bereits ein Dorn im Auge oder auch das kaum noch bin«, führt er in den ›Betrachtungen‹ selbst an: »Einer, Äternist seines Zeichens, hat mich neulich eine ›Frohnatur‹ genannt... Gut, das ist das Ende! – Nein, es ist das letzte Ende immer noch nicht.« (110) Dieser Äternist war Ferdinand Hardekopf, die betreffende Glosse erschien 1915 in den ›Weißen Blättern‹.[83] Die Antipathie war indessen gegenseitig und verglichen mit den Worten, die Thomas Mann gegen die ›Literaten‹ findet, ist der Sarkasmus, ihn eine Frohnatur zu nennen, noch liebenswürdig. Er spricht »von jenem schreibenden, agitierenden, die internationale Zivilisation propagierenden Lumpenpack, dessen Radikalismus Lausbüberei, dessen Literatentum Wurzel- und Wesenlosigkeit ist, – jener Hefe der Literatur, die *als* Hefe und nationaler Gärstoff dem Fortschritt von einigem Nutzen sein mag, in der es aber an persönlichem Range oder einer Menschlichkeit,

---

[82] Die Neue Rundschau. 36. Jahrgang der freien Bühne. 1915, Bd 2, S. 1279. – Zwei Äußerungen Ludwig Rubiners über Heinrich Mann in der ›Aktion‹ zitiert Ernst Keller. Eine ist ein Dank an Heinrich Mann: »Dafür, daß er sich nicht mehr um Kunst kümmert, sondern um Großes, Übergeordnetes: Geistiges. Um Politisches. Um den Willen. Hinter ihm steht heute unser aller Drang nach Änderung. Umsturz ...« (Keller, Der unpolitische Deutsche, S. 14). Heinrich Manns Ansehen speziell im ›Ziel‹-Kreis belegt die Tatsache, daß sein Aufsatz ›Geist und Tat‹ aus dem Jahr 1910 den 1. Band des Ziel-Jahrbuches eröffnete.
[83] Die weißen Blätter, 2. Jg (1915), S. 931f.: »Man proklamiert, unter Fieberschauern des schlechten Gewissens, eine geistige Zukunft. Wäre Geistes-Gegenwart nicht hübscher? Die wird als vorhanden empfunden nur von der Frohnatur Thomas Manns, der triumphiert: literarischer Geist habe Anteil gehabt an der ›Wirklichkeit dieses Krieges‹. Hier ist nicht mehr gut weilen.« Über Ferdinand Hardekopf vgl. Expressionismus. Literatur und Kunst 1910–1923 (Ausstellungskatalog Marbach), S. 123–126.

die anders als mit der Feuerzange anzufassen wäre, *fehlt*« (56). 1947 erklärt Thomas Mann in einem Brief an Hermann Hesse seine politische Haltung im Ersten Weltkrieg als Reaktion auf den Pazifismus der »politischen Literaten, Expressionisten und Aktivisten von damals« (Hesse-Briefwechsel, S. 123). Die Erklärung ist irreführend, weil sie die besondere Rolle Heinrich Manns verschweigt, falsch ist sie jedoch nicht. Denn daß sein Kampf gegen den »Demokratismus unseres Zivilisations-literatentums« (117) ein Kampf auch gegen Expressionismus und Akti-vismus war, und daß die ›Betrachtungen‹ in einem nicht zu unterschät-zenden Ausmaß eine Kritik dieser Bewegungen sind, ist eigentlich nicht zu übersehen. Die folgende Zusammenstellung mag dies belegen.

Thomas Mann erörtert die Beziehung, in der »der deutsche ›Aktivis-mus‹« zum Kriege steht (211), er ironisiert »unsere Aktivisten von heute« (317), er stellt halb und halb spöttisch fest: »Der Aktivist ist an-gekommen, – pulcher et fortissimus« (574). Er beschreibt den Geist des 20. Jahrhunderts, findet keine Spur mehr von der »Unterwürfigkeit vor dem Wirklichen«, die Nietzsche für eine Eigenschaft des 19. Jahrhunderts erklärt hatte, sondern sieht: »Aktivismus vielmehr, Voluntarismus, Melio-rismus, Politizismus, *Expressionismus*« (27). Auch an anderen Stellen fällt das Wort Expressionismus (212f., 335, 532, 564–566), vor allem aber stößt man auf zahlreiche Formulierungen, die sich unmißverständlich auf Expressionismus und Aktivismus beziehen. Er spricht von den Dingen, die »große intellektuelle Mode« geworden seien, »von denen jugendlich spröde Stimmen ein Geschrei machen [...], daß uns die Ohren gel-len« (95), und von ›der Liebe‹, die zur »intellektuellen Moderichtung, zum literarisch-politischen Oppositionsprogramm« geworden sei (97), er spricht voll Verachtung von »gewissen geistigen Herren« (155) und von den »Deklamationen unserer italo-französischen Freimaurer, Revolutions-epigonen und Fortschrittsopernsänger« (119). Er attackiert »unsere Ma-nifestanten und ›Belletristen der Tat‹« (314) und die »ehrenfesten Landsleute«, die »in der Schweiz literarische Arbeit gegen Deutschland leisten« (457). Er kritisiert die Kunst, die nur noch Manifest und Tat des Geistes, »Aufruf der Geistigen durch den Geist« sein will (309f.), und er kritisiert »Hitze« und »kritischen Groteskstil« als literarische Schule (348). Von der »politisierenden Jugend« ist die Rede (214), vom »Geschrei nach Politisierung der Kunst« (314) und davon, daß das Wort ›politisch‹ »in literarischer Sphäre« zum höchsten Lob geworden sei (321). Er spottet über den »Zeitgeist, der in den Revuen verkündet, es sei zu Ende mit der ästhetischen Epoche und der Glaube sei an der Tagesordnung« (510), nämlich der ›neue Glaube‹, den er mit Versen Hasenclevers illu-striert, eines Dichters »von stark literarischer Allüre« (530f.). Die Formel, auf die er die geistigen Tendenzen der Zeit und das Denken des Zivilisationsliteraten bringt, heißt: »das ›Neue Pathos‹« (27, vgl. auch 28, 29, 32, 189, 209, 211). Es ist der Titel einer expressionistischen Zeitschrift (›Das neue Pathos‹).[84] Auch der »Literaturschrei von heute« fehlt nicht: »Ich kenne ihn, den Literaturschrei von heute, kenne auch die Kunstwerke, in denen er ausgestoßen wird, Werke, deren Menschlichkeit intellektuelle Forderung, literarische Lehrmeinung, etwas Bewußtes, Gewolltes, Doziertes, – dabei aber überhaupt nicht vorhanden ist und die einzig davon ihr Leben fristen, daß Publikum und Kritik Menschlichkeit mit rhetorisch-politischer *Forderung* der Menschlichkeit verwechseln.« (477)

Welche Bedeutung der Expressionismus für Thomas Mann gewann, als er die ›Betrachtungen eines Unpolitischen‹ schrieb, zeigt ein Vergleich mit einer Äußerung über expressionistische Dichtung vor dem Krieg. (Das Wort Expressionismus, das ihm ja auch in den ›Betrachtungen‹ noch nicht selbstverständlich ist, fällt nicht.) Es geht um ›Tubutsch‹ und ›Der Selbstmord eines Katers‹ von Albert Ehrenstein, dem er darüber am 3. Mai 1912 schreibt (Br. I, 95f.). Hier ist alles noch ganz harmlos, expressionistische Literatur ein nichts als ästhetisches Phänomen. Thomas Mann urteilt über zwei literarische Werke, die für ihn nicht einmal ›neue‹, sondern einfach noch nicht geglückte Dichtung sind. Verglichen mit ›Tubutsch‹ aber scheint ihm ›Der Selbstmord eines Katers‹ »einen großen Fortschritt zur Kunst zu bedeuten«. Das Neue wird nicht als etwas Neues wahrgenommen, sondern als jung im Sinne von anfängerhaft abgewertet und als Wiederholung einer zurückliegenden eigenen Entwicklungsphase durch einen anderen empfunden: Thomas Mann fühlt sich an sich selbst vor fünfzehn Jahren erinnert. In ihrer Eigenart und Andersartigkeit und als zeittypisch hat er die expressionistische Literatur wohl erst im und durch den Krieg erkannt. Dabei verwandelt sich das väterliche Wohlwollen des Briefes an Ehrenstein in Feindseligkeit. Sie steht hinter der gleichwohl scharfsinnigen Deutung in den ›Betrachtungen‹, wo er expressionistischen Stil, gesellschaftlichen Änderungswillen und die politischen Ereignisse ineinander sieht:

> Unterdessen liegt es ja auf der Hand, daß, was sich in Deutschland ›Aktivismus‹ nennt, nichts ist als die Übertragung eines bestimmten Kunstgeschmacks und -temperaments ins Politische. Eine Kunstschule (›Expressionismus‹) von heftig aktivischen Bedürfnissen, der Ruhe, der Betrachtung, dem epischen

---

[84] Vgl. Paul Raabe, Die Zeitschriften und Sammlungen des literarischen Expressionismus, Nr 12/S. 44f.: »Bedeutsame frühexpressionistische Zeitschrift für die neue Dichtung und Kunst.« Heinrich Mann hat, Raabes Übersicht zufolge, in dieser Zeitschrift nichts veröffentlicht.

Behagen, der Sachlichkeit und Heiterkeit verächtlich abgeneigt, ganz auf das Rapide, Vehement-Bewegte, Graß-Ausdrucksvolle gestellt, – verlangt eines Tages, daß ›der Geistige handele‹. Das könnte gut werden. Was mich betrifft, so denke ich mit Interesse und Dankbarkeit an wertvolle, im Goethe'-schen Sinn ›bedeutende‹ Eindrücke der knallenden Wut, Grausamkeit, Wildbuntheit, Härte, Unheiterkeit, Unerbittlichkeit, Bösartigkeit, *Inhumanität*, mit der gewisse neueste Geschichten erzählt sind, und ich sage mir: Ob das politische Lehrmeinung dieser Herren Kollegen nun pazifistisch ist oder nicht, tut wenig zur Sache, – hier ist der Krieg! Sie sangen ihn in jeder Zeile, bevor er da war, und nie gab es ein besseres Beispiel dafür, wie wenig das Meinen das Sein verkündigt. Und entspricht meiner klaren Einsicht nicht ihr eigenes Bekenntnis, ihr eigener Stolz? Ein Expressionistenführer, von der malerischen freilich, nicht der literarischen Fakultät, rief August 1914 aus: »Das ist unsere Stunde!« (212f.)

So gesehen, ist der Expressionismus kein nur ästhetisches Phänomen mehr. Jetzt drückt er auf seine Weise die »Erschütterung aller kulturellen Grundlagen« aus, als die Thomas Mann den Krieg inzwischen erlebte (12), wird er zu einem Stück der allgemeinen »Krisis und Zeitwende« (13), die für ihn persönlich zu einer Lebenskrise wurde, die er in den ›Betrachtungen‹ nicht überwindet, aber objektiviert. Der feuilletonisierende Ton des Buches, wünscht er sich, möge niemanden darüber täuschen, »daß es die schwersten Jahre meines Lebens waren, in denen ich es aufhäufte« (12).[85] Trotz Emigration und Zweitem Weltkrieg ändert sich daran auch später nichts. Noch 1953 schreibt er an den italienischen Verleger Einaudi: »Die Krise meines Lebens fand ihren Niederschlag in den ›Betrachtungen eines Unpolitischen‹ « (Br. III, 297).

[85] Erkrankungen und seelische Labilität begleiten diese Krise. Vgl. die Briefe an Ernst Bertram vom 17. und vom 21. März 1916: »Ich begreife es nicht, – nie bin ich sonst wirklich krank und auf einmal scheine ich völlig verseucht.« (Bertram-Briefe, S. 31); vom 10. Juli und vom 1. August 1916: »Ich bin sehr angestrengt und hatte eine recht schwere Nervenkrise« (Bertram-Briefe, S. 36); vom 28. Mai 1917: »Ich bin jetzt von einer Wundheit und Reizbarkeit, daß es sehr wenig Menschen (und sogar wenig Lektüre) giebt, in deren Gesellschaft ich mich vor Aerger und Beleidigung sicher fühle« (Bertram-Briefe, S. 47f.); vom 1. Oktober 1917: »Seit Donnerstag bin ich krank, eine ruhrartig-infektiöse Dickdarmgeschichte, scheußlich« (Bertram-Briefe, S. 51). Vgl. auch die Briefe an Paul Amann vom 17. März, vom 26. März und vom 5. September 1916 (Amann-Briefe, S. 41, S. 42 und S. 45f.). – Vgl. ferner Klaus Manns Erinnerung an seinen Vater in jenen Kriegsjahren: »Das väterliche Antlitz, dessen ich mich aus dieser Epoche erinnere, hat weder die Güte noch die Ironie, die beide so essentiell zu seinem Charakter gehören. Die Miene, die vor mir auftaucht, ist gespannt und streng. Eine empfindliche, nervöse Stirn mit zarten Schläfen, ein verhangener Blick, die Nase sehr stark und gerade hervortretend zwischen eingefallenen Wangen.« (Der Wendepunkt, S. 61).

Womit er nicht fertig wurde, das war nicht einfach ›der Krieg‹. Die Wirklichkeit des Krieges, Verwüstung, Elend, das Leiden und Sterben vieler, beschäftigt ihn sowohl in den ›Betrachtungen‹ als auch in den Briefen aus der Kriegszeit (soweit veröffentlicht) selten. Wie abstrakt sein Verhältnis dazu ist, zeigen die geschmacklosen Überlegungen beim Anblick zweier Krüppel (471–477). Thomas Manns Kriegserlebnis war, man kann es nicht anders bezeichnen, ein rein geistiges. Zu einem quälenden Problem aber wurde der Krieg für ihn auch in dieser Sphäre. Es bestand nicht eigentlich darin, daß er mit dem, was er die Politisierung und Demokratisierung Deutschlands nennt, eine Zukunft kommen sieht, die er fürchtet, ja verabscheut. Ursache seiner Krise in jenen schwersten Jahren scheint vielmehr – vorläufig sei das lediglich als These hingestellt – ein extremes Mißverhältnis gewesen zu sein zwischen der durchaus erkannten historischen Wirklichkeit und seinen seelischen wie intellektuellen Möglichkeiten, diese Wirklichkeit zu begreifen und zu ›bewältigen‹. Je länger der Krieg dauerte, desto klarer erkannte er ihn als tiefgreifende Veränderung und als den Beginn von etwas Neuem, ohne dies ›fassen‹ zu können, weil ›Veränderung‹ ebenso wie ›das Neue‹ gleichsam außerhalb seiner Vorstellungswelt lagen. Er nahm den historischen Prozeß wahr, zugleich entzog dieser sich ihm, weil er ihn von seinen gedanklichen Voraussetzungen her nicht verstehen konnte. Die Feststellung, daß »dieser Krieg auf jeden Fall Epoche, Revolution, Anbruch eines Neuen bedeutet hätte und daß wir nach ihm [...] auf jeden Fall in einer neuen und fremden Welt gelebt haben würden«, stammt aus dem Jahr 1924 (XI, 861), als Thomas Mann das Neue, die demokratische Republik, akzeptiert hatte. Infolgedessen kann er jetzt vom (inzwischen zehn Jahre zurückliegenden) Anbruch des Neuen mit einem gelassenen Einverständnis sprechen, das deutlicher als z. B. seine fast immer rechtfertigend-verteidigenden Äußerungen über die ›Betrachtungen‹ zeigt, wie er sich inzwischen umorientiert hat. *Daß* der Krieg Anbruch eines Neuen bedeutet, das jedoch weiß auch der Verfasser der ›Betrachtungen eines Unpolitischen‹. Er sieht, daß die Zeit »das Neue gebiert« (466), daß sie »Veränderungen zeitigt, die sonst nur das Werk vieler Jahrzehnte sind« (467), erlebt dies aber im wesentlichen als Katastrophe. Sein Denken und Empfinden ist so fest an die Vergangenheit gebunden, daß er Veränderung nicht eigentlich als Veränderung, sondern nahezu ausschließlich als Zerstörung des Bestehenden und Überlieferten auffaßt, nicht als Wandel oder Entwicklung, nicht als Übergang, sondern als Untergang und Vernichtung. Entsprechend negativ erscheint das sich ankündigende Neue vor allem als Ende, und zwar genau genommen nicht des ›Alten‹, sondern von etwas Ewigem, und bedeutet Entfremdung und Selbstverlust. Freud spricht einmal von der »Unlust«, die das Neue auslöse. Ihre Quelle sei »der Anspruch, den das Neue an das Seelenleben stellt, der psychische Aufwand, den es erfordert, die bis zur angstvollen Erwartung gesteigerte Unsicherheit, die es mit sich bringt«.[86] Diese Unsicherheit scheint damals bei Thomas Mann so tief hinabgereicht zu haben, daß er dem Neuen absolut nichts Positives abgewinnen und ausschließlich mit Rückwärtsgewandtheit darauf reagieren konnte.

Gebundenheit an die Vergangenheit bei Thomas Mann, Veränderung und Heraufkunft von etwas Neuem in der Wirklichkeit: das etwa ist der abstrakte Kern des Konflikts, der die ›Betrachtungen‹ durchzieht und darin ausgetragen wird. Seine Unvermeidlichkeit ist am ehesten zu verstehen, wenn man sich Thomas Manns Ausgangsposition vergegenwärtigt, d. h. sein Geschichtsdenken bis hin zu den ›Betrachtungen‹. Er hatte die Geschichte des Theaters als Abfall vom früher verwirklichten Wesen und Rückkehr zum Ursprung gedeutet und das Theater kultur-konservativ bejaht, *weil* es ein Stück Vergangenheit in der Gegenwart, ein »Kultur-Überrest« ist. Er hatte ›Literatur‹, ›das Literarische‹ und den ›Literaten‹ durch ihre Verewigung nach rückwärts enthistorisiert und sie nur auf dem Umweg über die Vergangenheit, weil es sie immer schon gab, als zeitgemäß verstanden. Er hatte die Modernität Fontanes herausgestellt, der viel 18. Jahrhundert in sich hatte, und prophezeit, daß das zwanzigste Jahrhundert dem achtzehnten ähnlich sein werde. Schließlich hatte er 1914 den Ersten Weltkrieg erst auf die Erscheinungsform eines »ewigen Weltgegensatzes«, dann, historisierend, auf »Wiederholung oder Fortsetzung« anderthalb Jahrhunderte zurückliegender Vorgänge festgelegt. Zu der Vergangenheitsorientierung, die all dies verbindet, gehört, daß es Entwicklung fast nur als Abfall, als Niedergang oder als Ent-wicklung, Entfaltung gibt. Zu ihr gehören ferner die Tendenz zur Überwindung der Zeit und deren Auffassung als bloße Chronologie sowie die ›Umkehrung‹, die Aufhebung und die Entwertung der Zeit. Was dieses Denken nicht kennt, ist Veränderung, d. h. eine Veränderung, die diesen Namen verdient, in deren Verlauf sich etwas – und sei es noch so relativ – Neues herstellt. Wie blind es für das Neue ist, verraten die Zukunftsvorstellungen. Zukunft ist entweder Rückkehr zur Vergangenheit oder deren Verlängerung, Wiederherstellung oder Wiederholung, oder sie ist »Synthese« von Vergangenheit und Vorvergangenheit. Die letzte Spielart begegnet in der Antwort an ›Svenska Dagbladet‹, geschrieben im April 1915, dem letzten größeren Aufsatz vor den ›Betrachtungen‹. Als »höchstes Kriegsziel«

[86] Sigmund Freud, Gesammelte Werke. Chronologisch geordnet. Bd 14 (London 1948), S. 99.

Deutschlands verkündet Thomas Mann dort die »Synthese von Macht und Geist«. Deutschland habe den Krieg begrüßt, weil es »den Bringer seines Dritten Reiches in ihm erkannte« (Friedrich, S. 126f.). Die Ideale von 1848, anscheinend auch die von 1813, repräsentieren das erste Reich, das des Geistes – er hatte »Deutschland nicht schmieden können«. Das gelang dem Machtprinzip in der »Bismarckschen Epoche« – aus ihre trete Deutschland »nun hinaus in eine neue« (ebd. S. 128). Als »Synthese« des eben Vergehenden mit dem ihm Vorangegangenen, des Alten mit dem Älteren – wobei Thomas Mann glaubt, dieses Ältere könne unverändert wieder Gegenwart werden: »Die Ideale von 48, von 1813 hielten Auferstehung in unseren Tagen« (ebd. S. 127) – ist diese neue Epoche ›neu‹ freilich nur in einem recht eingeschränkten Sinne, der zeigt, wie fremd Thomas Mann die Vorstellung einer geschichtlichen Veränderung ist, die über das mehr oder weniger lange Bestehende hinausgeht und zu etwas Neuem führt.

Von hier aus wird verständlich, daß er, sobald er den Krieg als eine solche Veränderung erkannte, sein eigenes Sein in Frage gestellt fühlte und in den Wirbel eines »künstlerisch heillosen Gedankentumultes« geriet (12); ebenso aber ist zu verstehen, daß er darauf zunächst mit Abwehr und Zurückweisung reagierte. Beides objektiviert sich in den ›Betrachtungen‹, das eine ist ihre Ursache, das andere ihre Aufgabe. Auskunft gibt Thomas Mann darüber, auf das fertige Buch zurückblickend, in der Vorrede. Sie beginnt mit einer Erinnerung: »Als ich im Jahre 1915 das Büchlein ›Friedrich und die große Koalition‹ dem Publikum übergeben hatte, glaubte ich, ›dem Tag und der Stunde‹ meine Schuld entrichtet zu haben und mich den künstlerischen Unternehmungen, die ich vor Ausbruch des Krieges eingeleitet, auch im Toben der Zeit wieder widmen zu können. Das erwies sich als Irrtum.« (9) Dem Rückblick ist zweierlei zu entnehmen: daß Thomas Mann einige Zeit nach Kriegsbeginn wieder an die Möglichkeit einer von der allgemeinen Gegenwart unabhängigen, vom »Toben der Zeit« nicht berührten individuellen, sozusagen ungestört privaten Gegenwart glaubte; und daß er glaubte, auch in einer objektiv veränderten Gegenwart das früher Begonnene fortführen, die Vergangenheit in die Gegenwart hinein verlängern und die »künstlerischen Unternehmungen« fortsetzen zu können, die er vor dem Krieg »eingeleitet« hatte. Wie später Hans Castorp, der nicht beabsichtigte, sich auf die Reise nach Davos »einzulassen«, der entschlossen war, sie »rasch abzutun« und danach »sein Leben genau dort wieder aufzunehmen, wo er es für einen Augenblick hatte liegenlassen müssen« (III, 12), so wollte Thomas Mann am ›Zauberberg‹ weiterarbeiten als sei inzwischen nichts passiert. Er war überzeugt, »weitermachen« zu können (Br. I, 113) und hat dies beharr-

licher versucht, als er in dem zitierten Satz eingesteht. Jedoch spricht er
bald darauf selbst von »wiederholten Versuchen« (12), zu denen es wahrscheinlich schon nach den ›Gedanken im Kriege‹,[87] bestimmt aber gleich
nach dem Friedrich-Essay (und nicht erst nach Erscheinen der Buchaus-
gabe)[88] gekommen ist. Und noch am 3. August 1915 schreibt er Paul
Amann über den ›Zauberberg‹ und bedauert, durch »die Ereignisse« und
durch seine »historisch-politischen Improvisationen« natürlich »sehr auf-
gehalten worden und in Rückstand gekommen« zu sein (Amann-Briefe,
S. 29f.). In demselben Brief kündigt sich jedoch auch schon die Krise des
Erzählers Thomas Mann an. Er weiß nicht, ob er »weiterfabulieren« darf
und soll oder ob er sich zu einer »essayistischen Auseinandersetzung mit den
brennenden Problemen zusammennehmen muß« (ebd. S. 30). Ein Viertel-
jahr später hat er sich dann schon in diese »kritische – essayistische – Arbeit
gestürzt« (ebd. S. 38) – die Arbeit an den ›Betrachtungen‹ hatte begonnen.

[87] Er habe den Friedrich-Essay geschrieben, berichtet er Ernst Bertram, da
»ich nach dem Rundschau-Artikel [d. h. den ›Gedanken im Kriege‹] noch nicht
zu meiner Erzählung zurückfand« (Bertram-Briefe, S. 23).
[88] Vgl. die Briefe an Kurt Martens vom 30. Dezember 1914 (Br. I, 115f.), an
Frank Wedekind vom 11. Januar 1915 (Br. I, 117), an Julius Bab vom 5. März
1915 (Germanic Review 36/1961, S. 197), an Korfiz Holm vom 6. Mai 1915
(Br. I, 119f.). Unter entstehungsgeschichtlichem Aspekt geht dieser Arbeit am
›Zauberberg‹ während des ersten Kriegsjahres Herbert Lehnert nach (Anmerkungen zur Entstehungsgeschichte, DVjs. 38/1964, S. 269), überraschenderweise
jedoch ohne den ersten Satz der Vorrede zu den ›Betrachtungen‹ heranzuziehen.
Statt dessen prüft er die Richtigkeit des Satzes im ›Lebensabriß‹ von 1930: »An
eine Fortsetzung der begonnenen Kunstarbeiten war nicht zu denken, oder sie
erwies sich, in wiederholten Ansätzen versucht, als seelisch unmöglich.« (XI,
128) Aus der Tatsache, daß diese Ansätze sich »immerhin auf den größten Teil
des Jahres 1915« erstreckt haben, zieht Lehnert den Schluß: »Ganz ähnlich wie
im Falle Rilkes haben wir eine ›Vereinfachung‹ der Selbstdarstellung vor uns:
der Krieg habe künstlerisches Spiel unmöglich gemacht.« So ganz überzeugend
ist dieser Schluß nicht, einfach weil der Krieg »künstlerisches Spiel« für Thomas
Mann tatsächlich unmöglich gemacht hat. Daß er im ersten Kriegsjahr versuchte,
am ›Zauberberg‹ weiterzuarbeiten, ändert daran nichts. Im Gegenteil. Denn
diese – im ›Lebensabriß‹ durchaus nicht verschwiegenen – Versuche sind ja eben
gescheitert. Interessant aber ist es, den Satz im ›Lebensabriß‹ mit dem in der
Vorrede zu den ›Betrachtungen‹ zu vergleichen. 1918, noch ganz im Banne der
Vergangenheit stehend, erwähnt Thomas Mann den dazu genau passenden
Glauben, sich auch im Toben der Zeit dem widmen zu können, was er vorher
eingeleitet hatte. 1930 dagegen, als er die 1914/15 und auch 1918 noch gelebte
Fixierung an die Vergangenheit überwunden hatte, schreibt er, daß an eine
Fortsetzung des vor dem Krieg Begonnenen nicht zu denken gewesen sei, als
sei ihm dies schon damals klar gewesen. Das geht nicht ganz ohne Unlogik: An
eine Fortsetzung der begonnenen Kunstarbeiten war nicht zu denken – aber da
diese Fortsetzung sich erst nach wiederholten Ansätzen als seelisch unmöglich
erwies, hatte er offenbar doch daran gedacht.

Die Fortführung der vor dem Krieg eingeleiteten Unternehmungen war mißlungen, das »Fortarbeiten an jenen Dingen [...] erwies sich, bei wiederholten Versuchen, als ganz unmöglich« (12). Die plötzlich erfahrene »Bewegtheit alles Ruhenden« und die »Erschütterung aller kulturellen Grundlagen« zerstörten die Illusion, die Gegenwart sei Verlängerung der Vergangenheit, und bewirkten eine totale Lähmung seines künstlerischen Vermögens. Die Sätze über den »krisenhaft verstörten« Zustand seines Künstlertums lassen ahnen, wie tief ihn seine dichterische Unproduktivität erschütterte, in der er den ›Zauberberg‹ nicht schreiben konnte und statt dessen die ›Betrachtungen eines Unpolitischen‹ schreiben mußte, weil er zu »jeder anderen Art von Hervorbringung« unfähig war (12). Er erlebte die »Unmöglichkeit, auf Grund eines *Seins* etwas zu *machen*«, eine »Auflösung und Problematisierung dieses Seins selbst durch die Zeit und ihre Krisis« (12).[89] Sich auf die Bewegtheit alles Ruhenden – des bisher scheinbar fest und sicher Ruhenden – und die Erschütterung der kulturellen Grundlagen einzulassen, war er jedoch nicht bereit oder nicht imstande. Seine Reaktion ist, das so in Frage gestellte Sein »zu begreifen, klarzustellen und zu *verteidigen*« (12). Begreifen – klarstellen – verteidigen (und dies im Druck hervorgehoben): die Wortfolge ist eindeutig und verdichtet sich sogleich zu der Formel »Selbsterforschung und Selbstbehauptung« (12). In einem allgemeineren Zusammenhang kommt er später darauf noch einmal zurück und stellt klar, daß es praktisch allein um Selbstbehauptung geht. Denn »in Notzeiten« seien Selbsterkenntnis und Selbstbehauptung »eins«, Selbstverneinung wäre erbärmliche Schwäche (150). Dementsprechend dienen die ›Betrachtungen‹ dazu, »die von der Zeit aufgewühlten, aufgewirbelten Gründe meines Wesens in gebundenen Sätzen wieder ›niederzulegen‹« (19). Er will wieder befestigen, was von der Zeit aufgelöst zu werden droht, und den früheren, ›alten‹ Zustand wiederherstellen, und dies durchweg. Sowohl persönlich als auch

[89] Dem Gedanken, daß ›die Zeit‹ seine dichterische Produktivität hemme, begegnet man auch schon in dem verzweifelten Brief an Heinrich Mann vom 8. November 1913 (Briefwechsel, S. 103f.): »Es ist schlimm, wenn die ganze Misere der Zeit und des Vaterlandes auf einem liegt, ohne daß man die Kräfte hat, sie zu gestalten. Aber das gehört wohl eben zur Misere der Zeit und des Vaterlandes.« Der Zusammenhang der dort beschriebenen Schaffenskrise mit der während des Weltkrieges ließe sich nur anhand zuverlässiger biographischer Quellen genauer bestimmen. Die kaum einfach als literarische Stilisierung abzutuende Eindringlichkeit, mit der Thomas Mann seine Situation während des Krieges in der Vorrede darlegt, erlaubt die Vermutung, daß Schwierigkeiten, die sich vorher quälend hinschleppten, im Krieg und durch den Krieg vehement ausbrachen. Im ›Zauberberg‹ ist die »lähmende Wirkung« der Zeit, die »der Hoffnungen und Aussichten bei aller äußeren Regsamkeit im Grunde entbehrt«, dann die Erklärung für Hans Castorps Mittelmäßigkeit (III, 50).

sachlich hält er sich an das, was war, obwohl es in der Gegenwart unwiderruflich vergeht. Er gerät dadurch notwendigerweise »in Feindschaft mit dem Neuen« (28), weil seine gesamte Auseinandersetzung mit der Zeit Parteinahme, und zwar *bewußte* Parteinahme für das Alte ist. Er weiß, daß man ihm vorwerfen wird, mit den ›Betrachtungen‹ versucht zu haben, »Absterbendes, Hinfälliges zu stützen, zu verteidigen und dem Neuen und Notwendigen, der Zeit selbst zu wehren und zu schaden« (20). Er konnte sich nicht anders verhalten, weil seine Vergangenheitsorientierung ihm gar nicht die Möglichkeit bot, die Veränderung bewirkende und das Neue hervorbringende Zeit zu bejahen, weil es, zugespitzt ausgedrückt, Zeit für ihn gar nicht gab. Infolgedessen geht der Versuch, sein Eintreten für das Absterbende und seinen Kampf gegen das Neue zu rechtfertigen, denn auch sehr bald in eine nichts als haßvoll karikierende Polemik gegen diejenigen über, die der Zeit folgen und das Neue vertreten. Sie sind für ihn von vornherein nur Pack oder Snobs, sind entweder »jenes Bedienten- und Läufergeschmeiß der Zeit, das unter unaufhörlichen Kundgebungen der Geringschätzung für alle weniger Mobilen und Behenden dem Neuen zur Seite trabt«, oder sie sind »die Stutzer und Zeitkorrekten, jene geistigen Swells und Elegants, welche die letzten Ideen und Worte tragen, wie sie ihr Monokel tragen« (21).

Selbstbehauptung und Verteidigung, bewußtes Festhalten am bisher Gewesenen: die Konsequenz solch kompromißlos konservativer Reaktion auf die »Krisis und Zeitwende« (13) ist die Verachtung derer, die das Neue bejahen. Wer dafür eintritt, ist nichts wert. Scheinbar ganz ohne Bezug auf sich selbst legt Thomas Mann das auch am Anfang des Kapitels ›Vom Glauben‹ dar (490f.). Man könne »rückständig« und doch mehr wert sein, »einfach, weil man überhaupt etwas ist und also [...] weniger behend-mitläufig, voranläufig« sei als »so ein windiges Nichts von literarischer Orientiertheit«. Damit ist der Literat gemeint. Er habe es leicht, »den Anschluß nie zu versäumen, immer mit der neuesten Jugend Arm in Arm befunden zu werden«, denn er »*ist* nicht, er urteilt nur«. Als Gegentyp beschwört Thomas Mann, unauffällig die Zeitebene wechselnd und historisch argumentierend, die großen Menschen. Sie hätten es schwer gehabt, sich »mit solchem Neuen auseinanderzusetzen und zum Frieden damit zu gelangen«, weil sie »viel *waren*«, durch »solide Gewichte ihres Seins« daran gehindert wurden, in ein »neues Meinen der Zeit hemmungslos und frisch-fromm-fröhlich sich zu stürzen«. Direkt, dem Wortlaut nach, heißt das nicht, daß Schwierigkeiten mit dem Neuen zu haben ein Zeichen von Größe ist. Der Gegensatz, den Thomas Mann entwirft, ist im Grunde aggressiver. Diejenigen, die geschichtliche Veränderungen bejahen, womöglich fördern, können dies, weil sie nicht ›sind‹, nur ein windiges Nichts sind, was er in dem Bild veranschaulicht, daß sie »literarische Wetterhähne« seien, die dies oder jenes fordern und verkünden, »je nachdem der Wind weht«. Für das Neue sind nur opportunistische Mitläufer ohne eigenes Sein. Diejenigen dagegen, die voll Widerstand gegen das Neue waren, waren es infolge der soliden Gewichte ihres Seins. Nicht also um einen Gegensatz von ›sein‹ und ›werden‹ handelt es sich, sondern um einen von ›sein‹ und ›nicht sein‹, zugleich ›etwas sein‹ und ›nichts sein‹. Dabei wird Sein mit Beharren gleichgesetzt. Wer nicht beharrt, hat sich nicht etwa entwickelt oder einfach geändert, sondern ist ein windiges Nichts. Daß es ein Werden geben könnte, bleibt genauso außer Betracht wie die Möglichkeit, daß der Literat auf andere Weise ›ist‹. Antiintellektuelle Affekte verrät darüber hinaus die Geringschätzung, mit der Thomas Mann kurzerhand behauptet, der Literat urteile nur.

Ganz so unpersönlich, wie es den Anschein hat, ist die Kritik an denjenigen, die das »geistig streng Zeitgemäße« propagieren, freilich nicht. Vielleicht ohne sich dessen bewußt zu sein, spricht Thomas Mann auch hier über sich selbst. Als erstes Beispiel eines großen Menschen, der es schwer hatte, sich mit dem Neuen auseinanderzusetzen, führt er Goethe an und die »Verstörung und Lähmung, die er durch den Einbruch der Revolution und der Politik erfuhr«. Das ist dieselbe Wirkung, wie sie der Erste Weltkrieg auf Thomas Mann hatte. Für sich genommen würde das wenig besagen, bezöge er sich hier nicht außerdem auf eine frühere Stelle der ›Betrachtungen‹, an der die Parallele und deren Zweck hinreichend deutlich wird. Was die Übereinstimmung der eigenen Reaktion auf das Neue mit der Goethes bietet, ist Bestätigung und Rechtfertigung. Daß Thomas Mann sie bei Goethe findet, ist sowohl bildungsgeschichtlich wie biographisch aufschlußreich; daß er sie in der Vergangenheit sucht, wirft wiederum Licht auf den Grund seiner Feindschaft mit dem Neuen.

Kein Zweifel, es ist ein Schicksal, so in die Zeit gestellt zu sein, daß die Wende des persönlichen Lebens mit katastrophaler Zeitwende zusammenfällt. Glücklich, dachte ich oft in diesen Jahren, glücklich derjenige, der sein ganzes Leben lang denselben Kultur- und Gedankengrund unter sich fühlen darf! Manche Stunde verbrachte ich über den Schriften, Aufzeichnungen, Epigrammen, in denen Goethe sich mit der Französischen Revolution auseinanderzusetzen suchte, und es war mir ein Trost, zu sehen, wie dieser Große, der auch gewähnt haben mochte, bis an sein Lebensende den gleichen Gesellschafts- und Geistesgrund unter den Füßen zu behalten, so schwere Mühe hatte, mit dem Neuen fertig zu werden, es in seine Welt, sein Werk aufzunehmen. Oder war etwa sein Herz, sein Geist dem Neuen weit und froh geöffnet? War er nicht voller Polemik, voller Widerstand? War sein erster und stärkster Instinkt nicht Selbstbehauptung, Behauptung seiner Welt? (216)

Die Sätze reflektieren die beiden entscheidenden Erfahrungen – oder die beiden Momente der einen Erfahrung –, die der Erste Weltkrieg Thomas Mann brachte: tiefgreifende Veränderung der geistigen und gesellschaftlichen Welt, die er bis dahin für dauerhaft gehalten hatte, und Entstehung von etwas Neuem. Er empfindet sie als schweres Schicksal und – blickt sofort zurück. Er wünscht sich einen lebenslang gleichbleibenden Kultur- und Gedankengrund: wie es war, soll es bleiben, die Zukunft soll nicht anders sein als die Vergangenheit. Glücklich macht die zeitlose Fortdauer dessen, was war. Die Vergangenheitsorientierung dieser gleichsam zurückblickenden Glücksvorstellung setzt sich in der Reaktion auf die Enttäuschung, daß die Zukunft nicht wie die Vergangenheit sein wird, unverwandelt fort. Die katastrophale Zeitwende der Gegenwart veranlaßt Thomas Mann nicht, die neue Zukunft ins Auge zu fassen. Sie bewirkt vielmehr, daß er sich in die Vergangenheit versenkt. Zurückblickend entdeckt er dann, daß ihm widerfährt, was früher auch Goethe widerfahren ist, und daß dieser sich damals genauso verhielt, wie er sich heute verhält. Wie es ist, war es schon einmal. Zu Ende gedacht bedeutet das: Identifikation mit Goethe, dessen Auseinandersetzung mit der Französischen Revolution sich im eigenen Gegensatz zu den Zeitereignissen – konkret: zur Politisierung und Demokratisierung Deutschlands – wiederholt. Viel später, 1932, in der Rede über ›Goethe als Repräsentant des bürgerlichen Zeitalters‹, hat Thomas Mann das kaum verhüllt ausgesprochen. Dort erklärt er Goethes Grauen vor der Französischen Revolution als »Grauen vor der Politisierung, das heißt der Demokratisierung Europas« und fügt hinzu, daß »dieses selbe Kulturentsetzen vor der heraufkommenden Politisierung sich in unseren Tagen, in den Jahren von 1916 bis 1919 etwa, mit aller Heftigkeit wiederholen konnte und mit einer Unmittelbarkeit, die sich des Typischen darin kaum bewußt war, noch einmal durchgekämpft werden mußte.« (IX, 316) So offen konnte er sein Leben auf das Goethes wohl erst nach seiner Entdeckung des Mythos und der Psychoanalyse beziehen. Wenn das individuelle Leben ohnehin ein In-Spuren-Gehen, die Gebundenheit an ›mythische‹ Vorbilder und Verhaltensweisen Lebensgesetz und die Identifikation mit ihnen eine sowohl allgemein menschliche als auch unbewußt sich vollziehende Tatsache ist, dann ist auch seine Identifikation mit Goethe nicht Ausdruck persönlicher Vermessenheit, und er kann aussprechen, was er zur Zeit der ›Betrachtungen‹ wahrscheinlich selbst nicht recht wahrhaben wollte.[90] In unserem

---

[90] Thomas Manns Identifikation mit Goethe in den ›Betrachtungen‹ lohnte, einmal fachkundig psychologisch untersucht zu werden. Ganz klar kommt sie, soweit ich sehe, nur einmal heraus, nämlich an der Stelle, an der er ungeniert ausspricht, er glaube Goethes Liberalismus zu erklären, indem er seinen eigenen

Zusammenhang interessiert jedoch mehr als der zunächst ja bloß individuell-psychologische Vorgang der Identifikation mit Goethe seine objektive Konsequenz: die Gleichsetzung der Situation im Ersten Weltkrieg mit der während der Französischen Revolution, d. h. von Gegenwart und Vergangenheit. Es ist für Thomas Mann ein Trost, daß Goethe in den Jahren nach 1789 auf das Neue reagierte, wie er es jetzt tut, aber einen Trost kann diese Übereinstimmung nur gewähren, wenn sich auch die objektiven Situationen gleichen, d. h. wenn die Zeit damals und die Zeit heute sich nicht wesentlich voneinander unterscheiden. Mit dem Unterschied der Zeiten ignoriert Thomas Mann jedoch zugleich die geschichtliche Veränderung – die reale politische wie die geistige –, die in den reichlich hundert Jahren seitdem vor sich gegangen ist. Was sich in diesem Verhältnis zur Vergangenheit – oder in dieser Auffassung des Verhältnisses zwischen Gegenwart und Vergangenheit – äußert, ist genau die Unfähigkeit, geschichtliche Veränderung zu realisieren, die es ihm unmöglich macht, zu der unleugbaren Veränderung, die er gerade erlebt, und zu dem Neuen, das sie herbeiführt, ein positives Verhältnis zu finden.

Neben diesem Rückblick auf Goethe gibt es jedoch auch noch einen ganz anderen. Während Thomas Mann hier den historischen Abstand zwischen Gegenwart und Goethezeit aufhebt, hebt er ihn dort gerade hervor. Denn nicht nur Thomas Mann bezieht sich auf Goethe, auch die verachteten Literaten tun es, wenn sie sich »die erdenklichste Mühe geben, sich zu den Geschehnissen so zu verhalten, wie der Großherr einer kosmopolitischen

erkläre (258). Dem unsicher schwankenden Selbstbewußtsein des Verfassers der ›Betrachtungen‹ entspricht jedoch mehr das sonst bevorzugte Verfahren, die Identifikation mehr oder weniger verhüllt zu praktizieren oder im Zusammenhang mit sich selbst nur leichthin auf Goethe anzuspielen. Kaum noch verhüllt freilich ist die Identifikation in den folgenden Sätzen, in denen die einleitende Betonung der eigenen Kleinheit psychologisch ebenso unmißverständlich ist wie die hübsche, wohl unbewußte Doppeldeutigkeit der Schlußpointe, daß er nicht *an* Goethes Worte erinnert, sondern *sich* dieser Worte erinnert. Auf den als an sich gerichtet empfundenen Vorwurf Heinrich Manns, ein Schmarotzer und kein Kämpfer gewesen zu sein, erwidert er: »Ich will besonnen sein. Ich will nicht liederlichen Redner-Leichtsinn, schnöde, empörende Kränkung nennen, was die Maße *meines* Falles wohl nur als kleine Ungerechtigkeit zu bezeichnen erlauben. Ein Großer ging, die Hände auf dem Rücken, in seinem Zimmerchen umher und sprach zu dem lauschenden Famulus, während vielleicht immerhin seine Stimme bebte: ›Ich weiß recht gut, daß, so sauer ich es mir auch mein lebelang habe werden lassen, all mein Wirken in den Augen gewisser Leute für nichts geachtet wird, eben weil ich verschmäht habe, mich in politische Parteiungen zu mengen. Um diesen Leuten recht zu sein, hätte ich müssen Mitglied eines Jakobiner-Klubs werden.‹ Darf ich mich dieser Worte *erinnern*, mich ihrer nur erinnern und nichts weiter, in dem Augenblick, wo man mir sagt, ich hätte ein Schmarotzerleben geführt?« (219f.).

Bildungsepoche, dem einzig die Frage: Kultur oder Barbarei am Herzen liegen durfte [...], sich möglicherweise dazu verhalten würde« (159). Sachlich geht es hier um die Ablehnung des Krieges, insbesondere der Kriegsbegeisterung von 1914. Daß man sich für diese in Thomas Manns Augen nichts als unnationale Haltung auf Goethe »berufen zu dürfen meint«, erbittert ihn so sehr, daß er es für albern und abgeschmackt, für »müßig bis zur Insipidität« erklärt, »den spirit des Beherrschers einer versunkenen nationalen Epoche zu zitieren, um ihm seine Meinung über die derzeitige Weltlage abzufragen«. Was man bei einem »so kindlichen Experiment« vernähme, sei nicht Goethes Wort, sondern »eine hohle und nichtige Geisterstimme, die aus uns selber kommt, während wir uns bereden möchten, sie töne aus der Ewigkeit« (158). Hier ordnet Thomas Mann Goethe ganz unmißverständlich der Vergangenheit, einer »versunkenen« Epoche zu und bestreitet dementsprechend, daß er für die Gegenwart irgendeine Verbindlichkeit habe. Der Versuch, ihn zu ›zitieren‹, gleicht – die Anspielung ist deutlich – einer spiritistischen Geisterbeschwörung. Theoretisch widerlegt das auch den ihn selbst tröstenden Rückblick auf Goethes Selbstbehauptung angesichts des Neuen. Ist die Zeit Goethes eine versunkene nationale Epoche, wird die Gleichsetzung der eigenen Zeit mit ihr fragwürdig und Thomas Manns Trost, daß Goethe damals auf das Neue genauso reagierte wie er heute, zur Selbsttäuschung, weil Goethe sich dann ja in einer ganz anderen historischen Wirklichkeit so verhielt. So direkt darf man die beiden Stellen jedoch nicht kombinieren. Dort will Thomas Mann seine eigene Situation verstehen und verständlich machen, hier dagegen sollen die »Literaten« entwaffnet werden – das sind durchaus verschiedene Ebenen. Der Kritiker und Polemiker Thomas Mann verfährt nicht selten anders als der Apologet Deutschlands und der Verteidiger seiner Welt. Aufschlußreich ist es trotzdem, daß er Goethe *auch* als Gestalt einer Vergangenheit sehen kann, die nicht bloß äußerlich-chronologisch vergangen ist.

Was sich im Nebeneinander der beiden Äußerungen über Goethe abzeichnet, ist ein doppeltes Verhältnis zu derselben Vergangenheit. Das eine Mal setzt Thomas Mann Goethezeit und Gegenwart gleich, das andere Mal stellt er sie einander entgegen; im ersten Fall nimmt er den Unterschied der Zeiten nicht wahr, im zweiten sieht er ihn so deutlich, daß er »die gedankliche Verkoppelung Goethe'scher Majestät mit dieser demokratischen, von persönlicher Größe unbeaufsichtigten Zeit« ohne weiteres ablehnt, sie »völlig unersprießlich und ohne Sinn« findet (159). Was also ist diese Vergangenheit: ist sie quasi zeitlos gegenwärtig oder ist sie ein für allemal vergangen? Sie ist beides, und daß Thomas Mann das Vergangensein Goethes und seiner Zeit einmal so, einmal so auffaßt, spiegelt im kleinen das große Dilemma, in das er während des Ersten Weltkrieges und durch ihn geriet. Daß dieser »Krisis und Zeitwende« und eine »Erschütterung aller kulturellen Grundlagen« ist, bedeutet, daß der für zeitlos dauerhaft gehaltene Kultur- und Gedankengrund in einem mehr als bloß chronologischen Sinn Vergangenheit wird. Wie es bisher gewesen ist, wird es nicht mehr sein, mit dem Bestehenden und Überlieferten ist es vorbei, die Vergangenheit ist – Vergangenheit. Das ist die Erkenntnis, zu der die Wirklichkeit nötigt, so harmlos klingende Feststellungen wie die, daß »alt und für immer von gestern sein wird, wem es nicht gelingt, mit der neuen Zeit zu einem leidlichen Frieden zu kommen« (217), ziehen hieraus die Konsequenz. Indessen, zu diesem Frieden kam Thomas Mann zunächst ja keineswegs. Infolge seiner Vergangenheitsorientierung nicht imstande, die geschichtliche Veränderung positiv, als Vergangenheit überwindende Entwicklung zu erfassen, beherrschte ihn die Vorstellung »katastrophaler Zeitwende« (215). Er erlebt das Historischwerden des überlieferten Kultur- und Gedankengrundes als Katastrophe, auf die er mit Selbstbehauptung, mit bewußtem Festhalten am bisher Gewesenen antwortet: die Vergangenheit ist nicht vergangen.

Voll entfaltet sich dieser Konflikt zwischen dem Wissen, daß das bisher Gewesene durch den Krieg Vergangenheit wird, und dem Wunsch, es möge nicht so sein, an dem zentralen Thema des Buches, dem Verhältnis Deutschlands und der Deutschen zu ›Politik‹ und Demokratie. Einerseits hat Thomas Mann kaum Zweifel, daß es um das unpolitische Deutschland geschehen ist, weil »ein Volkskrieg wie dieser unweigerlich, unbedingt und sogar unabhängig von seinem Ausgange die Demokratie bringen müsse« (340). Andererseits ist Deutschlands Gegensatz zu ›Politik‹ und Demokratie für ihn schlechthin ewig, kann er es sich nicht anders vorstellen, als daß es immer so sein wird, wie es war. Der Sachverhalt grenzt ans Paradoxe: trotz der mehr oder weniger klaren Einsicht, daß Deutschlands Zukunft anders sein wird als seine Vergangenheit, daß sie weder Verlängerung noch Wiederholung oder Fortsetzung der Vergangenheit und auch keine Synthese von Vergangenheit und Vorvergangenheit, sondern etwas Neues sein wird, versucht er scheinbar völlig unbeirrt, Deutschland und das Deutsche auf ihre für zeitlos gehaltene Vergangenheit festzulegen. Im Kern ist das noch einmal die Problematik des Friedrich-Essays und geht darüber doch (nicht nur ›inhaltlich‹) erheblich hinaus. Der Widerspruch zwischen der geschichtlichen Wirklichkeit und Thomas Manns Geschichtsdeutung, der dort verdeckt blieb, tritt jetzt unverhüllt hervor. Eine die Vergangenheit hinter sich lassende Veränderung, in deren Verlauf sich Neues herstellt, als Tatsache der geschichtlichen Wirklichkeit, und ein konsequent zurückblickendes Denken, das die Vergangenheit verabsolutiert und auf Gegenwart und Zukunft überträgt, stehen einander mehr oder weniger deutlich gegenüber. Aus dem Untereinander in ›Friedrich und die große Koalition‹ ist ein offenes Gegeneinander geworden. Das ist mehr als ein formaler Unterschied. Denn im Festhalten an der Vergangenheit, obwohl sie vergangen ist oder durch die gegenwärtig sich vollziehende Veränderung gerade Vergangenheit wird, verwandelt Vergangenheitsorientierung sich in Rückwärtsgewandtheit.

Zu ihr bekennt Thomas Mann sich in den ›Betrachtungen‹ am vorbehaltlosesten in den Seiten über Pfitzners ›Palestrina‹. Sie sind weit mehr eine Schilderung seines ›Palestrina‹-Erlebnisses als eine Interpretation und verraten, wie er sich auf diese »musikalische Legende« geradezu gestürzt hat. Sie »gewährte mir Trost und Wohltat vollkommener Sympathie [...] und meinem Gefühl ist ein großer Gegenstand damit geboten, an den es sich dankbar schließen kann« (407).[91] Ein rein ästhetisches Erlebnis war das mitnichten. Nicht nur, daß er die außerordentliche Wirkung des Werkes auf sich mit der Empfänglichkeit erklärt, »welche die Zeit, das Feindliche der Zeit in mir hervorgebracht hatte« (ebd.), auch das Werk selbst versteht er politisch-historisch. Es hat »etwas Spät- und Verspätetdeutsches und blickt mit geistiger Schwermut [...] dem Triumphierend-Neuen entgegen«. Hierin wurzelt Thomas Manns Bewunderung der Oper, deren seitenlange Charakteristik vor allem dankbare Bejahung der »seelischen Neigung« und »geistigen Stimmung« ist, die er darin gestaltet findet: »[...] ihre Sympathie gilt nicht dem Neuen, sondern dem Alten, nicht der Zukunft, sondern der Vergangenheit« (421). Sie ist ein Werk der »Sympathie mit dem Tode« (423). Das ist für Thomas Mann »Formel und Grundbestimmung aller Romantik« (424), es ist auch die Formel für eine Vergangenheitsorientierung, die sich nichts vormacht, die an eine Fortdauer des Vergangenen nicht glaubt (und schon gar nicht an seine Wiederherstellung), sondern ihm anhängt, obwohl sie weiß, daß seine Zeit vorbei, daß es ›tot‹ ist.

Nur ein anderer Ausdruck dieser Rückwärtsgewandtheit ist die Zukunftslosigkeit, die Thomas Mann in der Vorrede als sein Lebensschicksal auf sich nimmt, in Sätzen, die trotz ihres distanzierten Tones ahnen lassen, wie resigniert er damals war. Es ist praktisch eine Abdankung,[92] wenn er

[91] Vgl. auch die Briefe an Ernst Bertram vom 14. und vom 22. Juni 1917 (Bertram-Briefe, S. 49f.), an Bruno Walter vom 24. Juni 1917 (Br. I, 136ff.) und an Paul Amann vom 30. Juni und vom 27. August 1917 (Amann-Briefe, S. 56 und S. 58).

[92] Abdankung, »das Mysterium der Abdankung«, ist das Thema des Aufsatzes ›Über eine Szene von Wedekind‹ aus dem Jahr 1914 (X, 70–76), ›Abdankung‹ heißt die (1906 erschienene) Novelle Heinrich Manns, die dieser »Meinem Bruder Thomas« widmete.

– von sich sprechend, aber die eigene seelische Situation zum Lebensgesetz
überhöhend – eingesteht:

> Vierzig Jahre sind wohl ein kritisches Alter, man ist nicht mehr jung, man
> bemerkt, daß die eigene Zukunft nicht mehr die allgemeine ist, sondern nur
> noch – die eigene. Du hast dein Leben zu Ende zu führen, – ein vom Welt-
> lauf schon überholtes Leben. Neues stieg über den Horizont, das dich ver-
> neint, ohne leugnen zu können, daß es nicht wäre, wie es ist, wenn du nicht
> gewesen wärest. Vierzig ist Lebenswende; und es ist nichts Geringes – ich
> wies wohl im Text darauf hin –, wenn die Wende des persönlichen Lebens
> von den Donnern einer Weltwende begleitet und dem Bewußtsein furchtbar
> gemacht wird. (14)

Rückwärtsgewandtheit kennt keine Zukunft, genauer: für sie gibt es Zukunft nur als ein Auslaufen und abschließendes Fortführen dessen, was
war; so sieht Thomas Mann allein die Möglichkeit vor sich, sein Leben
»zu Ende zu führen«. Festhalten an dem, was bisher gewesen ist, obwohl die geschichtliche Entwicklung es gerade hinter sich läßt, hat zur
Folge, daß man vom Weltlauf überholt wird und die persönliche Zukunft
mit der allgemeinen nichts mehr zu tun hat. Wieso aber ist das eine Lebens*wende*? Was ›wendet‹ sich mit vierzig Jahren, da Thomas Mann doch
gerade glaubt, in diesem Alter könne man nur noch sein früheres Leben
fortsetzen und habe am Neuen der Zukunft keinen Anteil mehr? Die
Stelle im Text, auf die er sich bezieht, gibt darüber Auskunft. Aus der
klaren Einsicht, daß nach dem »Erdereignis« des Krieges »alles anders
sein werde, daß nichts wieder werden könne wie vordem«, zieht er dort
sofort die Konsequenz, daß »niemand werde auf alte Art sein Leben fortsetzen können, und daß, wer es tun wollte, sich selbst überleben würde«
(215). Das ist ihm so wichtig, daß er es kurz darauf noch einmal formuliert: »Jeder, der hiernach zu leben fortfahren wollte, wie er bisher gelebt, würde sich selbst überleben.« (216) Der Sachverhalt ist klar: notwendig ist es, die Veränderung der Welt auch im persönlichen Leben zu
realisieren und sich vom Bisherigen, das durch den Krieg objektiv Vergangenheit wird und weil es das wird, abzulösen. Allgemeiner ausgedrückt: Abschied von der Vergangenheit, Trennung und Neuorientierung.
Seine eigene Fähigkeit hierzu jedoch beurteilt Thomas Mann skeptisch:
»Was mich angeht, so muß ich begreifen, daß ich wohl aufnehmen, lernen,
Verständigung suchen, mich korrigieren, – mein Wesen und meine Erziehung aber nicht ändern, meine Wurzeln nicht ausreißen und anderswo
einsenken kann.« (217) Wieviel ist durch Lernen und Selbstkorrektur zu
erreichen? Genügen sie, um sich selbst nicht zu überleben? Viel verspricht
Thomas Mann sich von ihnen nicht. Mit dem leicht einschränkenden Vorbehalt »wenn mich nicht alles täuscht« erklärt er, daß der Donner der

Zeitwende »das *Ende* meiner ›Stunde‹ bezeichnet« (ebd.). Mit dieser Feststellung münden die vorher allgemein gehaltenen Überlegungen in eine direkte Auseinandersetzung mit Heinrich Mann. Diese konkretisiert, warum Thomas Mann überzeugt ist, keine Zukunft mehr zu haben. Der Grund ist die »Politisierung, Demokratisierung Deutschlands«, die das Werk des Krieges ist. Ihr entsprechen Werk und Geistesart des Bruders, dessen ›Stunde‹ beginnt jetzt,[93] während seine eigene zu Ende geht, weil er der unpolitischen Tradition Deutschlands verbunden ist, mit »deutschem Kunstbürgertum« »inniger« zusammenhängt (217). Die Wende seines persönlichen Lebens, die Thomas Mann damals zu erleben meinte, besteht darin, daß er bisher mit der Zeit übereinstimmte, sich auf der Höhe der Zeit fühlte, nun aber das Gefühl hat, infolge seines Gegensatzes zur kommenden Demokratie hinter der Zeit zurückzubleiben, vom Weltlauf überholt worden zu sein, weil er zum sich abzeichnenden Neuen kein Verhältnis hat. Er sieht, daß die geistige Welt deutschen ›Kunstbürgertums‹ durch die Demokratisierung Deutschlands unwiederbringlich Vergangenheit wird, glaubt aber, allein sie sei seine Welt, und glaubt, auf sie unabänderlich festgelegt zu sein. Recht deutlich äußert sich dieses Selbstverständnis in der Vorrede noch einmal, wenn er betont, daß er »im geistig Wesentlichen« ein »rechtes Kind« des 19. Jahrhunderts sei (21), daß sein »geistiger Schwerpunkt jenseits der Jahrhundertwende« liege (22), und er zugleich hervorhebt, daß diese seine Zugehörigkeit zum 19. Jahrhundert sein Wesen »gegen gewisse neu hervortretende [...] Strebungen einschränkt und bindet« (24). Die Gebundenheit an die Vergangenheit ist so stark, daß er zuletzt nicht einmal die Möglichkeit erwägt, daß er sich ja auch mit dem Weltlauf ändern könnte: Entwicklung gibt es nicht. Wie fremd ihm der Gedanke einer das Vergangene umbildenden, es zugleich überwindenden und weiterführenden Veränderung ist, verrät auch schon das Bild, mit dem er im Text die Feststellung erläutert, daß er sein Wesen und seine Erziehung nicht ändern könne: er könne seine »Wurzeln nicht ausreißen und anderswo einsenken«. Sich zu ändern bedeutet für ihn gleich völlige Abwendung vom Bisherigen, *Bruch* mit der Vergangenheit, und dazu ist er nicht imstande. Insofern bleibt ihm trotz der Einsicht, daß jeder sich selbst überlebt, der die Veränderung der Welt nicht auch in seinem persönlichen Leben realisiert, tatsächlich nur übrig, sein Leben »zu Ende zu führen«. Zur Rückwärtsgewandtheit und dem Gefühl der Zukunftslosigkeit gehört als drittes die Unfähigkeit, sich Entwicklung vorzustellen.

[93] Mehr als einmal kommt Thomas Mann darauf zurück. Vgl. z. B.: »Dies ist seine Stunde, die Stunde des Zivilisationsliteraten; sie ist da; sie setzt ihn in jene nationalen Rechte ein, deren er bei anderen Völkern längst genießt.« (304)

Eine entsprechende Dreiheit charakterisiert die in den ›Betrachtungen‹ vorherrschende Deutung des Krieges und Thomas Manns Kampf gegen Demokratie und ›Politik‹. Bevor wir uns dieser weitläufigen Auseinandersetzung zuwenden, hier zunächst ein Beispiel, das erkennen läßt, was inzwischen aus der 1914 eingenommenen Position geworden ist. Wie es ihm später stets schwer fiel, sich ohne Beschönigungen von den ›Betrachtungen‹ zu distanzieren, genauso fällt es ihm hier schwer, die Unhaltbarkeit der These zuzugeben, der Erste Weltkrieg sei Wiederholung oder Fortsetzung des Siebenjährigen Krieges. Aufrechterhalten kann er sie aber auch nicht. Er zieht sich aus der Affäre, indem er die »verführerische national-historische Parallele« 1756–1914 nicht ausdrücklich widerruft, sie zunächst sogar verteidigt (»ich sagte, daß er [der Krieg] wohl sieben Jahre dauern möge – da er ins dritte dauert, was ist unmöglich?«), sie dann aber fallen läßt und erklärt, »wohl« gesehen zu haben, daß der Krieg »Größeres und Schrecklicheres bedeute als ein Stück preußischen Schicksals«. Jetzt ist er »ein *grundstürzendes* Ereignis [...], vergleichbar nur den gewaltigsten Umwälzungen, Durch- und Zusammenbrüchen der Erdgeschichte, größte Historie also [...], eine Weltwende, die blutiggeschichtliche Markierung der Jahrhundertwende zum mindesten«. (215) Das sind zwei Deutungen des Krieges in einem Satz. Erst ist er Weltwende, danach vergleichsweise bescheiden lediglich Jahrhundertwende. Sachlich mag sich das nicht ganz miteinander vertragen, psychologisch darf man das Schwanken wohl als eine Unsicherheit verstehen, die anzeigt, wie schwierig es für Thomas Mann ist, Größe und Tragweite eines Ereignisses abzuschätzen, das eines jedoch auf jeden Fall ist: grundstürzend. Was bisher gewesen ist, wird zerstört, seit mehr oder weniger langer Zeit Bestehendes vernichtet. Der Gegensatz dieser Auffassung des Krieges zu der im Friedrich-Essay vorgetragenen liegt auf der Hand. Dort Fortdauer der Vergangenheit, die sich in der Gegenwart wiederholt oder von dieser fortgesetzt wird, hier eine bis in den Grund reichende Destruktion der Vergangenheit. Verschieden ist freilich nur die Beurteilung der Gegenwart, nicht die Perspektive, aus der Thomas Mann sie beurteilt. Sowohl die Überzeugung, daß die Vergangenheit in der Gegenwart erhalten bleibt, als auch die Überzeugung, daß sie in der Gegenwart untergeht, sieht die Gegenwart nur in ihrem Verhältnis zur Vergangenheit, fast als deren Funktion. Hier wie dort wird die Gegenwart ausschließlich von der Vergangenheit her verstanden, diese ist das Maß, an dem Thomas Mann die Gegenwart mißt, und sie ist es auch in den ›Betrachtungen‹ so absolut, daß er die inzwischen erkannte Veränderung der Welt nicht eigentlich *als* Veränderung erlebt, sondern gleich als einen Vorgang, vergleichbar nur den gewaltigsten Umwälzungen, Durch- und Zusammenbrüchen der Erdgeschichte. Der Glaube, daß ist und sein wird, was war, läßt sich nicht aufrechterhalten. Aber diese Einsicht bringt ihn nicht auf den Gedanken, daß sich verändert und wandelt, was war, sondern löst die Vorstellung gewaltiger Zerstörung aus. Die Alternative ist extrem: entweder im wesentlichen unveränderte Fortdauer der Vergangenheit oder deren totaler Untergang. Für das starr rückwärts gerichtete Denken gibt es kein Werden, nur Sein oder Nichtsein, und wie Thomas Mann in der Kritik des Literaten Sein mit Beharren gleichsetzt, so bedeutet es hier für ihn Dauer. Was es überhaupt nicht gibt, ist Entwicklung, die Veränderung vollzieht sich – ihrem Destruktionscharakter entsprechend – als ›Wende‹. (Außer von Welt- und von Jahrhundertwende spricht Thomas Mann ein paar Sätze später auch von »katastrophaler Zeitwende«.) Daß die Welt nicht bleibt, wie sie war, ist kein Entwicklungsvorgang, kein Prozeß, sondern ein Umschwung, eine ›Wende‹. Das heißt zugleich, daß die Zukunft mit der Vergangenheit nichts mehr zu tun haben wird, »daß ›nachher‹ *alles* anders sein werde, daß *nichts* wieder werden könne wie vordem« (215, Hervorhebungen von mir).[94] Auch die Zukunft wird von der Vergangenheit her und infolgedessen ›negativ‹ gesehen, nicht als das, was sie sein, sondern als das, was sie nicht sein wird. Ein sozusagen ›positiver‹ Zukunftsaspekt fehlt. Daß jede Wende immer auch Beginn von etwas Neuem ist, bleibt außer Betracht. Anders als viele Expressionisten, anders als z. B. Hasenclever in den von Thomas Mann später zitierten Versen, die von der Feststellung »Paläste wanken« zu dem Ausruf »Die neue Welt bricht an« fortschreiten (531)[95], erlebt Thomas Mann die Gegenwart nicht als Anbruch einer neuen Zeit, sondern nur als Untergang der bisher gewesenen. Sein Blick ist so ausschließlich rückwärts gerichtet, daß er für die Zukunft gleichsam blind ist. Eines allerdings hat gelegentlich sogar er mit den Expressionisten gemeinsam: das Pathos, das – hier durch den Vergleich mit der Erdgeschichte – dem Untergang apokalyptisches Ausmaß zuspricht. Ähnlich sieht er an einer anderen Stelle der ›Betrachtungen‹ den Krieg als ein gewaltiges, alles verbrennendes Feuer, ein Feuer »so riesenhaft, daß noch

[94] Für eine ›Wende‹ hält Thomas Mann den Ersten Weltkrieg auch später noch, z. B. im ›Vorsatz‹ des ›Zauberbergs‹, wo er von der »Leben und Bewußtsein tief zerklüftenden Wende« spricht. Auch die Vorstellung, daß in dieser Wende der Zusammenhang mit der Vergangenheit zerrissen und daß das Nachher vom Vorher völlig verschieden ist, hat sich erhalten. Hans Castorps Geschichte ist »sehr lange her, sie ist sozusagen schon ganz mit historischem Edelrost überzogen«, verdankt ihr »Grad ihres Vergangenseins« jedoch »nicht eigentlich der *Zeit*«. Ihre »hochgradige Verflossenheit« rührt vielmehr daher, daß sie vor jener Wende spielt (III, 9).
[95] Zur Bedeutung der Zukunft für das Denken der Expressionisten vgl. E. W. Schulz, Zeiterfahrung und Zeitdarstellung in der Lyrik des Expressionismus, a.a.O. S. 145ff.

in Jahrzehnten der ganze Himmel davon in Gluten stehen wird« (426). Das Götterdämmerungsbild paßt nicht schlecht zu der Einsicht, daß dieser Krieg Deutschlands Politisierung und Demokratisierung vollendet. Denn sie sind nichts Geringeres als Deutschlands »Entdeutschung«.

›Politik‹ und deutsches Wesen

Von zwei Dingen ist der Thomas Mann der ›Betrachtungen‹ felsenfest überzeugt: von der »Identität der Begriffe ›Politik‹ und ›Demokratie‹« (29) und davon, daß »Demokratie, daß Politik selbst dem deutschen Wesen fremd und giftig« ist (30).[96] 1928, aus dem Abstand von zehn Jahren auf die ›Betrachtungen‹ zurückblickend, faßt er beides als das »Axiom« zusammen, von dem das Buch ausgegangen sei: »Es war die Einerleiheit von Politik und Demokratie, und die natürliche Undeutschheit dieses Komplexes« (XII, 641). Um einen Komplex handelt es sich in der Tat. Was der vermeintlich Unpolitische mit Vorliebe einfach ›Politik‹ nennt und als Geistesart wie als Staatsform verabscheut, ist ein vielnamiges und vielköpfiges Ungeheuer. Politik ist nicht nur dasselbe wie Demokratie, sie ist auch dasselbe wie Republik, Literatur, Zivilisation, Fortschritt, Humanität: »Dies alles ist eins« (232). Aber auch mit den ›modernen Ideen‹, den »generösen Zauber- und Schwindelworten Menschheit, Freiheit, Gleichheit, Revolution, Fortschritt« wird Politik gleichgesetzt (279), und nicht zuletzt ist sie »Befreiung, individualistische Emanzipation in ideellem Zusammenhang mit unendlichem Menschheitsfortschritt« (417). Dieses letzte Zitat macht deutlich, eine wie enge Einheit ›Politik‹ und Fortschrittsgedanke für Thomas Mann bilden. Fast immer, wenn er ›Politik‹ definiert, begegnet man auch dem Begriff Fortschritt. Einmal ist der Glaube an die ›Politik‹ sogar nichts weiter als Glaube »an

[96] Das steht in der Vorrede und zeigt, wie wenig davon die Rede sein kann, daß Thomas Mann sich darin von den im Buch vertretenen Überzeugungen distanziert oder sie abgeschwächt habe. Manches formuliert er in der Vorrede sogar entschiedener. Erika Manns Behauptung, die Vorrede enthalte »so viel härteste Selbstkritik, so viel Einschränkung, ja Zurücknahme« (Einleitung, S. X), ist ebenso unhaltbar wie es falsch ist, daß die Vorrede »sechs oder sieben Monate nach Abschluß des eigentlichen Manuskripts« geschrieben worden sein soll (Einleitung, S. XI). Dieser Abschluß stand am 16. November 1917 noch bevor (vgl. Bertram-Briefe, S. 52), und noch Ende Dezember 1917 arbeitete Thomas Mann ein Stück des Kapitels ›Politik‹ um (vgl. Bertram-Briefe, S. 55). Seine Angabe, »letzte Abschnitte« des Buches seien »etwa von der Jahreswende 1917/18 zu datieren« (10), dürfte also genau stimmen. Im Januar war er auf Vortragsreise, unmittelbar danach, im Februar und in der ersten Märzhälfte 1918 schrieb er dann die Vorrede (vgl. Bertram-Briefe, S. 57–59; Amann-Briefe, S. 59).

den Fortschritt, an die Menschheit und ihr Vollkommenwerden; an ein Ziel und zwar ein Glücksziel in ihrer Entwicklung; [...] an ein Reich Gottes, welches, anti-metaphysisch, anti-religiös, aus dem Himmel betrügerischer Pfaffen in die irdische Zukunft, ins Menschliche verlegt ist« (491f.). Zu einem wesentlichen Teil ist Thomas Manns Kampf gegen Demokratie und ›Politik‹ ein Kampf des Schopenhauer-Schülers[97] nicht so sehr gegen den banalen Fortschrittsglauben des späten 19. Jahrhunderts als vielmehr gegen das Fortschrittsdenken überhaupt. Es ist zugleich ein Kampf gegen die Aufklärung, gegen die »positivistische« (256), »utilitaristische« (257), »antimetaphysische« (326) Aufklärung. Denn sie ist »das geistige Mittel des Fortschritts« (401). Das Wort ›Aufklärung‹ fällt im Zusammenhang mit Politik häufig, oft mit ›Philantropie‹ gekoppelt, und hat seinen historischen Bezug auch dort nie ganz verloren, wo es möglicherweise (eindeutig ist das fast nie) in einem formalisiert-typologischen Sinn gebraucht wird. Neben allem anderen ist Politik auch »Aufklärung, Gesellschaftsvertrag, Republik, Fortschritt zum ›größtmöglichen Glück der größtmöglichen Anzahl‹«, ist sie »utilitaristische Aufklärung und Glücksphilantropie« (256). Keinen wesentlichen Unterschied sieht Thomas Mann zwischen dem Geist der ›entschlossenen Menschenliebe‹ (ein Ausdruck Heinrich Manns[98]) und dem Geist »der utilitaristischen Aufklärungsmoral« (326), und die sogenannte ›Politisierung des Geistes‹, die der Zivilisationsliterat anstrebt, ist eine »Umfälschung des Geist-Begriffes in den der besserischen Aufklärung, der revolutionären Philantropie« (31). Es ist Geist im »politisch-zivilisatorischen Sinne«, der Geist, »der in der Revolution seine hohe Zeit hatte, [...] der im Jakobiner zur scholastisch-literarischen Formel« erstarrte und dessen Meister der Literat und der Advokat sind, »die Wortführer der Aufklärung, der Vernunft, des Fortschritts, ›der Philosophie‹ gegen die seigneurs, die Autorität, die Tradition, die Geschichte, die ›Macht‹, das Königtum und die Kirche«. Es ist »der politische Geist der bürgerlichen Revolution« (51).

Dieser Geist nun also, Aufklärung und Fortschrittsdenken, Zivilisation, Demokratie, ›Politik‹, diese »Einheit von Ideen und Willensbestrebungen mit allem, was dazu gehört« (232), ist für Thomas Mann absolut undeutsch. Zweimal spricht er in den ›Betrachtungen‹ davon, daß der Begriff ›deutsch‹ »ein Abgrund« sei und man mit seiner Negation, der Entscheidung ›undeutsch‹, äußerst vorsichtig umgehen müsse (55, 58). Folgen hatte diese Erkenntnis nicht. Wie jeder Nationalist und nicht anders als die »zur Verwaltung des deutschen Nationalgefühls auf durch

---

[97] Vgl. z. B. den Hinweis auf Schopenhauers »Haß auf den unanständigen Optimismus der Jetztzeit- und Fortschrittsdemagogen« (83).
[98] Die weißen Blätter, a.a.O. S. 1357; Essays I, S. 207.

und durch geheimnisvolle Weise Berufenen«, gegen die später er sich zur Wehr setzen mußte (XII, 660), weiß er in den ›Betrachtungen‹ genau, was deutsch ist und was nicht. Deutsch, »überzeugend und exemplarisch deutsch« ist das Menschentum des Eichendorffschen Taugenichts (381). Politik dagegen ist es nicht: »Politik aber, Demokratie ist an und für sich etwas Undeutsches, Widerdeutsches« (262).[99] Die Quellen dieser Überzeugung sind – sieht man von dem vermutlich großen, doch schwer faßbaren Einfluß Ernst Bertrams ab[100] – hauptsächlich Wagner und Schopenhauer, außerdem Nietzsche. Sie sind nicht die einzigen Zeugen, auf die er sich beruft, aber die wichtigsten. Weitere sind Goethe, Dostojewski und Paul de Lagarde, den er zwar nicht so oft, dafür immer sehr respektvoll zitiert. Mit Wagner und Nietzsche gehört er zu »den Großen dieses Volkes« (276), sogar zum »praeceptor Germaniae« ernennt ihn Thomas Mann (275). Trotzdem ist er nur ein Stern zweiter oder dritter Ordnung. Ähnlich wie des öfteren auch Goethe ist Lagarde eine der »autoritären Stützen«, die Thomas Mann braucht (281), während die Gestalten des ›Dreigestirns‹ die großen, immer wieder beschworenen Autoritäten sind.[101] Speziell zum Thema Deutschtum und Politik kommen ausführlich

---

[99] Bei den zahlreichen Äußerungen über und gegen die Demokratie darf man nicht übersehen, daß Demokratie in den ›Betrachtungen‹ keineswegs immer gleich Demokratie ist. Undeutsch ist nur die mit ›Politik‹ identische, die Demokratie, die »Herrschaft der Politik« bedeutet (302). Mit ihr setzt Thomas Mann sich in dem Buch auseinander, sie bekämpft er. Dennoch nennt er ohne Zögern auch ihr gelegentlich aufscheinendes Gegenbild Demokratie, die »wahre«, die »menschliche« Demokratie, die eine »Sache des Herzens« ist: eine rein innerliche Demokratie, genau genommen eine Anti-Demokratie. Denn in ihr sind Demokratie und Autokratie keine menschlichen Gegensätze, es ist ein Demokratismus, dem das von Dostojewski empfohlene »patriarchalisch-theokratische Selbstherrschertum« des zaristischen Rußlands nicht im geringsten widerspricht – nur ein Politiker überschätze »die Bedeutung staatlicher Verfassungsformen bis zur Absurdität« (437). Drittens gibt es schließlich noch die als »Plutokratie und Wohlstandsbegeisterung« bestimmte Demokratie, die etwa als ›kapitalistische Demokratie‹ zu charakterisieren jedoch verfehlt wäre, weil Thomas Mann mit ihr nichts anderes meint als die mit Demokratie verwechselte Lebenseinstellung, für die »Geld, Verdienst, Geschäft« oberste Werte darstellen (241). Daß diese ›Demokratie‹ längst auch in Deutschland herrscht, beweist ihm der Lebensmittelwucher im Krieg. Undeutsch ist sie offenbar nicht.
[100] Ein wichtiges Stück dieses Einflusses, nämlich Bertrams Bedeutung für Thomas Manns Nietzsche-Bild, beschreiben Inge und Walter Jens in dem Aufsatz ›Betrachtungen eines Unpolitischen: Thomas Mann und Friedrich Nietzsche‹: »Entscheidender als die Übereinstimmung in Details ist, daß Thomas Manns Nietzsche [...] weit mehr eine Figur Ernst Bertrams als eine genuine Gestalt des Poeten ist.« (A.a.O. S. 240f.).
[101] Über Wagner, Nietzsche und Schopenhauer in den ›Betrachtungen‹ vgl. Keller, Der unpolitische Deutsche, S. 65–80; über Lagarde ebd. S. 98f. – Da es

Wagner und Schopenhauer zu Wort (vgl. 118–135). Thomas Mann zitiert und referiert ihre Meinungen freilich nicht als Zeugnisse der politischen und geistigen Situation im Deutschland des 19. Jahrhunderts, ebensowenig sind es für sein ›die großen Männer‹ völkisch mythologisierendes Erleben individuelle Äußerungen. »Sätze wie ›Ein politischer Mann ist widerlich‹ (aus einem Briefe [Wagners] an Liszt) kommen aus tieferen, unpersönlichen Gründen: wann hätte je ein Engländer, Franzose, Italiener, ja ein Russe einen solchen Ausspruch getan?« (121) Nicht historisch oder individuell bedingt sind die Stellungnahmen Wagners, Schopenhauers, Nietzsches oder anderer Deutscher gegen Politik und Demokratie, sie sind absolute Aussagen des deutschen Geistes über sich selbst. Einmal hält Thomas Mann auch sein eigenes Urteil dafür: wenn er »weiß«, daß sein Abscheu und Protest gegen die ›Politisierung des Geistes‹ »nichts unbedeutend Persönliches und zeitlich Bestimmtes« sind, sondern daß darin »das nationale Wesen selbst aus mir wirkt« (31). Die majestätische Unbefangenheit, die eigenen Empfindungen für Offenbarungen des nationalen Wesens zu halten, verrät ziemlich deutlich, worauf ebenso hinweist, daß für die Frage, was deutsch sei, Thomas Manns ›Bildungserlebnisse‹ Schopenhauer, Wagner und Nietzsche maßgebend sind: er begnügt sich vornehmlich mit sich selbst und projiziert seine Vorstellungen, wenn er bestimmt, was deutsch ist. Er bietet Definitionen des Typs, »die als das spezifisch Deutsche unterstellen nicht, was es ist, sondern wie man es sich wünscht«[102], und dieser Wunschcharakter erklärt sowohl ihre undifferenzierte Entschiedenheit als auch die Hartnäckigkeit, mit der Thomas Mann sie immer wieder vorbringt. Nur die Formulierungen wechseln. Einmal nennt er den politischen Geist »widerdeutsch« (30), ein andermal einen

Keller um Thomas Manns »Eideshelfer« geht, behandelt er im selben Zusammenhang noch Goethe und Dostojewski. So wichtig beide für die ›Betrachtungen‹ waren: ihr und auch Lagardes Einfluß auf Thomas Mann ist *als* Einfluß von anderer Art als der des ›Dreigestirns‹. Nicht ohne Grund sind im autobiographischen Kapitel ›Einkehr‹ Schopenhauer, Nietzsche und Wagner »die drei Namen, die ich zu nennen habe, wenn ich mich nach den Fundamenten meiner geistig-künstlerischen Bildung frage« (71f.). Zum »Fixsternhimmel unserer Jugend« gehört Goethe erst 1932 (IX, 329). Über das Verhältnis des frühen Thomas Mann zu Goethe und die spätere Umdeutung dieses Verhältnisses vgl. Blume, Thomas Mann und Goethe, S. 24–27. Gegen Blume macht Lehnert geltend, daß Archivmaterial eine »schon frühe Beschäftigung« Thomas Manns mit Goethe beweise (Thomas-Mann-Forschung, Zweiter Teil; a.a.O. S. 642). Diesen Einwand finde ich nicht stichhaltig. Daß Thomas Mann sich schon in jungen Jahren mit Goethe ›beschäftigte‹, besagt nicht viel. Hätte er ihn als wesentlichen Faktor seiner geistig-künstlerischen Bildung empfunden, hätte er dies in den ›Betrachtungen‹ bestimmt nicht verschwiegen.
[102] Theodor W. Adorno, Auf die Frage: Was ist deutsch. A.a.O. S. 102.

»in Deutschland landfremden und unmöglichen Geist« (31). Er definiert: »Deutschtum, das ist Kultur, Seele, Freiheit, Kunst und *nicht* Zivilisation, Gesellschaft, Stimmrecht, Literatur« (ebd.), oder er stellt den »Gegensatz von Deutschtum und politischem Wesen« fest (263). Er erklärt, daß es deutsch sei, »das geistige, nationale Leben vom politischen zu trennen« (270), und er ist überzeugt, »daß, den deutschen Freiheitsbegriff politisieren, bereits ihn verfälschen heißt« (277). »Es ist so und nicht anders, daß in Deutschland *die Bejahung des Nationalen die Verneinung der Politik und der Demokratie in sich schließt* – und umgekehrt.« (264)

Dieser Gegensatz des deutschen Wesens zur ›Politik‹, zu Demokratie, Zivilisation, Aufklärung und Fortschritt ist Deutschlands »Urbesonderheit« (49), dadurch unterscheidet sein Geist sich von dem des Westens. Gegen diesen Geist hat Deutschland – hier übernimmt und aktualisiert Thomas Mann einen Gedanken Dostojewskis – seit eh und je protestiert, indem es einst gegen Rom, später gegen dessen Erben, den Westen, den ›römischen Westen‹ kämpfte. Auch der gegenwärtige Krieg ist wieder »die uralte Auflehnung Deutschlands gegen den westlichen Geist« oder, umgekehrt gesehen, »ein Einschreiten Roms (Westroms, vereinigt mit Ostrom) gegen diese Auflehnung«, ein »Interventionskrieg« der »europäischen Zivilisation« gegen das »renitente« Deutschland (65). Noch einmal, vielleicht zum letzten Mal hat Deutschland diesen »im großartigsten Sinne unvernünftigen« Kampf gegen die »Welt-Entente der Zivilisation« auf sich genommen, mit einem »wahrhaft germanischen Gehorsam« gegen seine »ewige und eingeborene Sendung« auf sich genommen (52). Es ist ein Zweifrontenkrieg, ein Krieg sowohl mit den äußeren Feinden, den militärischen Gegnern, als auch mit den »sogenannten inneren Feinden«, den »in gläubiger Liebe dem europäischen Westen zugewandten Geistern« (47), die Thomas Mann im Zivilisationsliteraten mythisiert. Beide wollen dasselbe: Deutschland zwingen, »ein ehrenwertes Mitglied der demokratischen Staatengesellschaft zu werden« (65). Den äußeren Feinden nimmt Thomas Mann diese Absicht anscheinend nicht besonders übel. Er haßt sie (vor allem Frankreich), empfindet ihren Wunsch, Deutschland auch geistig zu unterwerfen, aber wohl als quasi legitimen Ausdruck ihrer ohnehin gegen Deutschland gerichteten Interessen. Außerdem glaubt er in den ›Betrachtungen‹ nicht an eine wirkliche Niederlage Deutschlands. Verwerflich dagegen ist es, daß der Zivilisationsliterat genauso denkt. Er ist der »Ententefreund«, der »deutsche Westler«, der »Gegner der ›Besonderheit‹ Deutschlands« (232), ein erstaunliches Beispiel, wie weit der Deutsche es auch heute noch in »Selbstekel«, »Einfremdung« und »Selbstentäußerung« bringen könne (58). Ihn undeutsch zu nennen, scheut Thomas Mann sich (recht theatralisch), dafür erklärt er die Struktur seines Geistes für »unnational« (58) und wird nicht müde, immer wieder festzustellen, was der Zivilisationsliterat wünscht und erstrebt: »den Niederbruch seines Vaterlandes, die Gefügigmachung seines Volkes durch die Mächte der westlichen Zivilisation« (65f.), die »Entnationalisierung« Deutschlands (319), dessen »demokratische Einebnung« und »geistige Kapitulation« (391). Er fördert »mit Peitsche und Sporn« einen Fortschritt, der Deutschlands »›Vermenschlichung‹ im lateinisch-politischen Sinne und seine Enthumanisierung im deutschen« bedeutet, »es gilt, um das Lieblingswort, den Kriegs- und Jubelruf der Zivilisationsliteraten zu brauchen, die Demokratisierung Deutschlands, oder, um alles zusammenzufassen und auf den Generalnenner zu bringen: es gilt seine Entdeutschung« (67f.).

Politik in der weiten Bedeutung, die Thomas Mann dem Wort gibt, ist westlich und undeutsch, Deutschlands Politisierung seine Entdeutschung. Diese Überzeugung ist das »Axiom« der ›Betrachtungen‹, aber dieses Axiom ist intellektuell an zwei Voraussetzungen gebunden. Der Glaube an einen absoluten Gegensatz zwischen Deutschtum und ›Politik‹ ist das Ergebnis des Zusammenwirkens zweier Denkweisen, genauer: zweier Formen des rückwärtsgerichteten, ausschließlich an der Vergangenheit orientierten Denkens: des ›Ewigkeitsdenkens‹ und des ›Wiederholungsdenkens‹. Was zusammenwirkt und sich wechselseitig bestätigt, das ist erstens eine die Vergangenheit verabsolutierende Überzeugung, daß es immer sein wird, wie es ist und war, konkret: die Vorstellung von einem ›ewigen‹ deutschen Wesen; und es ist zweitens die Vorstellung, daß sich im Zivilisationsliteraten und seiner Gedankenwelt die Französische Revolution von 1789 gewissermaßen ›wiederholt‹. Diese Vorstellung sei zunächst dargelegt.


## Wiederholungsdenken


Der historische Typus, als dessen Wiederholung Thomas Mann den Zivilisationsliteraten sieht, ist der Jakobiner. Schritt für Schritt legt er ihn darauf fest. Zunächst behauptet er nur: man sei »beinahe schon Franzose, indem man Literat ist, und zwar klassischer Franzose, Revolutionsfranzose: denn aus dem Frankreich der Revolution empfängt der Literat seine großen Überlieferungen, dort liegt sein Paradies, sein goldenes Zeitalter, Frankreich ist sein Land, die Revolution seine große Zeit« (56). Das ist nicht viel mehr als eine unbestimmt allgemeine, den historisch tatsächlich bestehenden Zusammenhang allerdings gleich übersteigernde Verknüpfung des Zivilisationsliteraten mit der Französischen Revolution. Ein paar Seiten später heißt es dann schon etwas deutlicher, er sei »Schüler der Revolution – um nicht zu sagen ihr Epigone« (63). Der Epigone hält am Überlieferten fest, kann oder will sich davon auch unter veränderten Verhältnissen nicht lösen, im Extremfall ahmt er nach, ›wiederholt‹ er. Das Kapitel ›Von der Tugend‹ präzisiert dies. Es beschreibt den Zivilisationsliteraten als geistigen Typus, »der alle Merkmale des Jakobinertums vollkommen reproduziert« (383). Er ist der »Neu-Jakobiner«, der glaubt, was bei Rousseau steht (386), »wie der Jakobiner« ersetzt er Studium und ernsthafte Kenntnis der Wirklichkeit »durch ›Vernunft‹, schönen Geist und literarischen Schmiß« (385f.), vor allem aber reproduziert er des Jakobiners ›Tugend‹ oder ›Tugendhaftigkeit‹. Damit meint Thomas Mann alles mögliche: »Besitzerstolz des Wahrheitsphilisters« und »Kultus des generösen Begriffs«, Intellektualismus und Unduldsamkeit, zuletzt auch »die unbedingte und optimistische Parteinahme für die Entwicklung, den Fortschritt, die Zeit, das ›Leben‹ « (426). Statt demütig und ehrfürchtig, dem Zweifel und »dem Gefährlich-Schädlichen« offen zu sein, ist der Tugendhafte »ein Prinzipieller, ein Gefestigter«, ein Mann »der geborgenen Seele, der jeder geistigen Vagabondage Valet gesagt hat« (403).[103] Das gilt für jedes Jakobinertum, »altes und neues«, auch der Zivilisationsliterat hat »des Jakobiners Selbstgerechtigkeit, seine Sicherheit und seelische Wohlgeborgenheit, die geistige Verhärtung ist« (387). Was Thomas Mann in der Gegenwart vor sich gehen sieht, ist »die Auferstehung der Tugend in politischer Gestalt, das Wieder-möglich-werden eines Moralbonzentums sentimental-terroristisch-republikanischer Prägung, mit einem Worte: die Renaissance des Jakobiners« (382). Reproduktion, Auferstehung, Renaissance: dem rückwärts gerichteten Blick schiebt sich die Vergangenheit so selbstverständlich vor die Wahrnehmung der Gegenwart, daß er gar nicht anders kann, als die Erscheinungen der eigenen Zeit für eine Wiederkehr früher gewesener zu halten. So sieht er den Zeitgenossen Zivilisationsliterat als einen Revenant, der natürlich auch die Sprache des 18. Jahrhunderts spricht (386), dessen Geist überhaupt von damals ist: »Er hat des Jakobiners Optimismus, seine vorgefaßten Schäferideen von der Ver-

---

[103] Daß Thomas Mann dies alles ›Tugend‹ nennt und diese Tugend für ein Hauptmerkmal des Jakobiners hält, geht anscheinend auf ›Dantons Tod‹, insbesondere auf Büchners Darstellung Robespierres zurück. Dantons Bemerkung: »die Jakobiner haben erklärt, daß die Tugend an der Tagesordnung sei« (Büchner, Werke und Briefe. Hrsg. von Fritz Bergemann. Wiesbaden: Insel Verlag 1953, S. 33) ist das erste Motto des Kapitels ›Von der Tugend‹ (375). Ein weiteres ›Danton‹-Zitat ist S. 388, wo Dantons Replik »Robespierre, du bist empörend rechtschaffen« (ebd. S. 27) Thomas Mann sogar auf »die Rechtschaffenheit unseres Typs, des politischen Literaten und neuen Jakobiners« gemünzt scheint.

nunft und dem schönen Herzen des Menschen, seine Neigung zur Demagogie größten Stils [...]. Er hat des Jakobiners Hang zur Anarchie *und* zum Despotismus, zur Sentimentalität *und* zum Doktrinarismus, Terrorismus, Fanatismus, zum radikalen Dogma, zur Guillotine. [...] Er ist, wie jener, ein Humanitätsprinzipienreiter mit Vorliebe fürs Blutgerüst.« (386) Er ist ein »Jakobiner und Schreckensmann« (406). Dementsprechend bedeutet der »vom Zivilisationsliteraten geleitete Prozeß«, d. h. die Demokratisierung Deutschlands, »Wiederherstellung und Neu-Inthronisierung der humanitär-demokratischen Ideologie«, der »großen Abstrakta in der Phrygiermütze« (392) und ist die Demokratie des Zivilisationsliteraten nichts weiter als »Doktrin« und »rhetorische Tugendphilosophie aus dem achtzehnten Jahrhundert« (260). Schaudernd wie ein royalistischer Zeitgenosse der Französischen Revolution wähnt Thomas Mann, eine »politische Raserei des Begriffs« und »radikale politische Dienstbarkeit des Geistes« zu erleben, wie damals, als die »großen Abstrakta, Wahrheit, Gerechtigkeit, Freiheit, Menschlichkeit, von Scham und Gewissen entblößt, mit schlotterndem Busen, als Revolutionsmänaden« durch die Gassen rasten (392f.).

Daß er die ›Betrachtungen‹ mit Sätzen Wielands enden läßt, in denen dieser versichert, daß er dem Geist und den Prinzipien der Französischen Revolution weiterhin »aus allen Kräften entgegen arbeiten« werde (589), ist also mehr als ein schnell noch angehängter Zitat-Schnörkel. Ebenso ist jetzt die Identifikation mit Goethe als so etwas wie angewandte Geschichtsphilosophie zu erkennen. Sie realisiert die Überzeugung, daß sich in der geistigen Situation von heute die von damals wiederholt, und ist das Gegenstück zur Jakobinisierung des Zivilisationsliteraten. Reproduziert dieser den Revolutionär von damals, so liegt es nahe zu glauben, der eigene Gegensatz zum Zivilisationsliteraten reproduziere Goethes Ablehnung der Revolution. Die Aufhebung der Zeit, die Thomas Mann damit praktiziert, umfaßt auch hier die Zukunft. Wie die Gleichsetzung Siebenjähriger Krieg – Erster Weltkrieg der Diagnose und Prognose zugleich diente, so führt auch die Gleichsetzung Französische Revolution – Erster Weltkrieg zu Voraussagen, was kommen und wie es sein wird. Es wird sein, wie es war. Bei der »Verwirklichung von Volkssouveränität und Demokratie«, die Deutschland bevorsteht, wird es am Anfang zugehen, wie es seinerzeit in Frankreich zuging: Thomas Mann beschreibt den Zustand, der eintreten wird, in dem er erst einen »Chronisten von 1790«, dann eine Schilderung der damaligen Verhältnisse von Taine zitiert (305f.). Später wird der Glaube an ein »Reich der Freiheit, Gleichheit, Brüderlichkeit« enttäuscht werden, wie er auch durch den Verlauf der Französischen Revolution enttäuscht wurde. »Werden nicht mit höchster

Wahrscheinlichkeit seelische Reaktionserscheinungen wiederkehren müssen, wie das Europa der Restauration sie aufwies?« Es ist sogar eine »sichere Wahrscheinlichkeit«, daß man »einem neuen Byronismus« entgegengehe – man werde sich ihm »in die Arme werfen«, heißt es später noch einmal (531) –, und Thomas Mann prophezeit es mit Genugtuung, weil die Menschheit im Zustande der Verzweiflung dem Heil näher sein werde als in dem des Glaubens an die Demokratie (517f.).

Eine andere Konsequenz der Gleichsetzung des Heute mit dem Damals ist die Auffassung des Weltkrieges als Wiederholung einer früheren Auseinandersetzung Deutschlands mit der Französischen Revolution. Einerseits sei der gegenwärtige Krieg zwar ein Krieg um Macht und Geschäft, andererseits jedoch ein Krieg zwischen Ideen, und in dieser, »in rein geistiger Sphäre« sei der Krieg »schon einmal geführt worden«; »schon einmal« habe sich der deutsche Geist »gegen die ›modernen Ideen‹, die westlichen Ideen, die Ideen des achtzehnten Jahrhunderts, gegen Aufklärung und Auflösung, Zivilisation und Zersetzung erhoben« – in der Philosophie Kants. Im Ersten Weltkrieg, hier stolz »die Tat des bismärckischen Deutschland von 1914« genannt, unternimmt Deutschland, was früher Kant unternommen hat. Deutschlands »Einschreiten gegen die völlige Liberalisierung, Zivilisierung, Literarisierung der Welt« wiederholt das »kriegerisch-kategorische Einschreiten Kants gegen die völlige Liberalisierung der Welt« (174f.).[104] So spaßig die Ansicht ist, Kant sei mit seiner Philosophie gegen den Liberalismus eingeschritten, so aufschlußreich ist sie für Thomas Manns Verhältnis zu Gegenwart und Vergangenheit. Als Wiederholung des von Kant schon einmal geführten Kampfes des deutschen Geistes gegen die Ideen des 18. Jahrhunderts versteht er den Weltkrieg, weil er zugleich sein Bild von der politisch-intellektuellen Konstellation am Anfang des 20. Jahrhunderts in das späte 18. Jahrhundert zurückprojiziert. Die Vergangenheit, die er sich wiederholen sieht, ist eine als Vergangenheit maskierte Gegenwart. Durch diese Rückspiegelung ins Frühere aber wird die Gegenwart *als* Gegenwart unsichtbar, kann sie in ihrer Eigenständigkeit und Verschiedenheit von der Vergangenheit gar nicht mehr wahrgenommen werden. De facto kennt Thomas Mann bloß die Gegenwart und verlegt sie in die Vergangenheit, die Folge davon aber ist, daß er die Gegenwart nur als Abbild der Ver-

[104] Etwas unbestimmt verlängert Thomas Mann diese Wiederholungs-Beziehung noch weiter rückwärts, indem er das Einschreiten Kants einer »anderen gewaltig *aufhaltenden* und wiederherstellenden deutschen Tat«, nämlich der Reformation, für »ganz nahe verwandt« erklärt. Der nächste Schritt ist dann die Deutung der deutschen Geschichte überhaupt als ein sich ständig wiederholender Kampf gegen den Geist Roms und des Westens mit den Stationen »Hermannsschlacht, die Kämpfe gegen den römischen Papst, Wittenberg, 1813, 1870« (52).

gangenheit erfaßt. Diese ist der Orientierungspunkt, auf den der Blick gerichtet ist, infolgedessen wird die eigene Zeit zur Wiederholung einer früheren, reproduziert der Zivilisationsliterat den Jakobiner und ist seine Gedankenwelt mit derjenigen der Französischen Revolution identisch. Damit ist sie dann auch französisch, westlich – undeutsch.

Wie blind das Wiederholungsdenken Thomas Mann für die Realität der Gegenwart macht, dafür gibt es in den ›Betrachtungen‹ ein Beispiel, das gleichzeitig die praktische Tragweite seiner Vergangenheitsorientierung vorführt. Im zweiten Teil des hauptsächlich den französischen Nationalismus kritisierenden Aufsatzes ›Der Bauer in der Touraine‹ hatte Heinrich Mann 1914 auch über die Verhältnisse in Deutschland und die deutschen ›Herren‹ geschrieben.[105] Dazu nimmt Thomas Mann in den ›Betrachtungen‹ überaus aufschlußreich Stellung. Heinrich Manns Angriff gilt »dem Militär und den mit ihm verwandten, wenn nicht identischen Machthabern«. Sie sind die ›Herren‹, anscheinend auch deshalb so genannt, weil sie die Herrschenden sind. Thema der offensichtlich in den Umkreis des ›Untertan‹ gehörenden Skizze ist jedoch nicht die reale politische Macht, die »das Militär und seine Partei« besitzt, sondern die Herrschaft der ›Herren‹ als sozialpsychologisches Phänomen. In der Hauptsache geht es um die Gründe und Folgen dieser Herrschaft, ihre menschlich korrumpierende Wirkung, den Sieg des »Regimes« über »die gemeine Mehrzahl der Seelen« und die dadurch eingetretene »Verfälschung der nationalen Seele«. Heinrich Mann beschäftigt, daß der Geist der Herrschenden sich als allgemein herrschender Geist durchgesetzt hat, obwohl er überzeugt ist, daß dieser Geist dem wahren Willen einer Nation widerspricht, »deren Geschichte, Natur und Leistung von jeher auf innere Entwicklung, Kultur und Geistigkeit gerichtet ist«. Eine solche Vorstellung von Deutschland hätte dem Verfasser der ›Betrachtungen eines Unpolitischen‹ eigentlich gefallen müssen. Sie entspricht überraschend weitgehend seiner eigenen Auffassung vom unpolitischen, innere Werte bevorzugenden Charakter des deutschen Volkes und hätte die Möglichkeit geboten, der Kritik des Bruders eine von der gleichen Voraussetzung ausgehende andere Deutung der deutschen Verhältnisse entgegenzustellen. Dazu kommt es jedoch nicht, kann es nicht einmal ansatzweise kommen, weil es deutsche ›Herren‹ für Thomas Mann überhaupt nicht gibt. Er erklärt sie, die Jakobinisierung des Zivilisationsliteraten konsequent fortsetzend, für ein Phantom des Jakobiners. Da der Zivilisationsliterat »geistig in einer hundertdreißig Jahre zurückliegenden Epoche, der Französischen Revolution, lebt und webt«, trage er »die Verhältnisse von damals

[105] Essays II, S. 249–252.

in das gegenwärtige Deutschland« hinein. Er hasse die »vorrevolutionären Seigneurs« wie ein »Sansculotte von 1790« und wolle sie »nicht nur historisch, sondern wie etwas Wirklich-Gegenwärtiges« bekämpfen, deshalb »übersetzt er sie ins Deutsche [...] und nennt sie ›die Herren‹« (333). Thomas Manns Folgerichtigkeit ist eindrucksvoll. Da der Zivilisationsliterat von heute in seinen Augen nur der Jakobiner von damals ist, existiert auch das Heute, das der Zivilisationsliterat kritisiert, überhaupt nicht, sondern ist in Wahrheit das Damals des Jakobiners, das dieser in die Gegenwart lediglich hineinträgt. Selbst unfähig, die Gegenwart anders als im Bilde der Vergangenheit zu sehen, kann er auch das Gegenwärtige, das ein anderer sieht, nur für etwas Vergangenes halten und so dessen Kritik der Gegenwart als Kritik gar nicht mehr existierender Zustände abtun und lächerlich machen. Der Kreis schließt sich, wenn er die vermeintliche Verwechslung von Vergangenheit und Gegenwart beim Zivilisationsliteraten auch noch auf ein – diesmal literarisches – Vorbild aus der Vergangenheit zurückbezieht, indem er erklärt, der Zivilisationsliterat habe sich an Michelets Revolutionsgeschichte überlesen »wie Don Quijote an seinen Ritterbüchern« und kämpfe wie dieser gegen Ritter und Riesen, die in Wirklichkeit Schafherden und Windmühlen seien (333).[106] Diese Erklärung schiebt die vermeintliche Gegenwartsblindheit des Zivilisationsliteraten auf eine unhistorische Ebene und deutet sie als Folge eines gestörten Wirklichkeitsverhältnisses, dessen Ursache die Phantasie des Künstlers ist. Der Zivilisationsliterat sei »auch Künstler und als solcher ein ausgemacht verspielter Kopf« – kein Wunder, daß er die Verhältnisse von damals »auf eine vollkommen verspielte Weise« in das gegenwärtige Deutschland »hineinphantasiert« (333). Damit wird die Zeitkritik des Zivilisationsliteraten psychologisch erledigt. Einen anderen Versuch hingegen unternimmt Thomas Mann nicht: ihr durch die Feststellung den Boden zu entziehen, daß jemand, der geistig in einer hundertdreißig Jahre zurückliegenden Epoche lebt, von einem inzwischen anachronistisch gewordenen Standpunkt aus urteilt. Theoretisch hätte er aus der Jakobinisierung des Zivilisationsliteraten eine solche Konsequenz ziehen können, und im Kampf gegen das, was der Zivilisationsliterat vertritt, gegen die ›westlichen Ideen‹ und die Prinzipien der Französischen Revolution, nähert er sich gelegentlich auch einer solchen Argumentation.

[106] Die Bedeutung Michelets für Heinrich Mann erwähnt (ohne Nachweis) Monika Plessner: »In den Jahren 1897 bis 1903 erschienen in zweiter Auflage die œuvres complètes von Michelet. Heinrich Mann hat vor allem die Geschichte der Französischen Revolution mit wissenschaftlicher Gründlichkeit durchgearbeitet und sowohl den eigenen Enthusiasmus an ihr beflügelt, als auch seine politische Konzeption an ihr geklärt.« (Identifikation und Utopie, a.a.O. S. 822). – Vgl. auch die Anmerkung von Kantorowicz, Essays I, S. 480.

Aberglaube sei es, »daß die westlichen Ideen noch die führenden, sieg-haften, revolutionären« seien; »Fortschritt, Modernität, Jugend, Genie, Neuheit« seien auf deutscher Seite und verglichen mit dem »Konservatis-mus« der ›unsterblichen Prinzipien‹ der Französischen Revolution bedeute Deutschlands »seelischer Konservatismus etwas wahrhaft Revolutionäres« (352). Thomas Mann sagt das nicht im eigenen Namen. Im September 1915, ehe er mit der Arbeit an den ›Betrachtungen‹ begann, hatte er dies in einem Brief an Paul Amann noch getan (Amann-Briefe, S. 32f.). Jetzt, im Mai 1917 (so ist die Stelle datiert), ist er seiner Überzeugung anschei-nend nicht mehr sicher und betont, daß »Deutschland« dies, und zwar »im Jahre 1914« geglaubt habe. Das »Pionierhafte«, »irgendwie Zukunfts-volle« des deutschen Wesens liegt ihm zwar noch am Herzen und er sucht nach Bestätigungen dafür (350). Trotzdem zweifelt er kaum noch daran, daß die westlichen Ideen sich auch in Deutschland durchsetzen werden und ihnen – und nicht dem unpolitischen, konservativen deutschen We-sen – die Zukunft gehört. Inzwischen betrachtet er Deutschlands ›Fort-schritt‹ im Sinne des Zivilisationsliteraten als »unvermeidlich und schick-salsgegeben« (67). Das mag einfach Realismus sein. Unabhängig davon jedoch schließt hier auch Thomas Manns eigenes Denken die Möglichkeit aus, das Deutsche ernsthaft als das Neue, Junge, Moderne zu proklamie-ren und das Westliche – die Demokratie, die Zivilisation oder wie immer er es nennt – als das Alte, von der Zeit Überholte und das Jakobinertum des Zivilisationsliteraten als Anachronismus abzuwerten. Mehr als nicht gerade energisch vorgetragene Ansätze in dieser Richtung sind, für wie zukunftsvoll Thomas Mann das deutsche Wesen auch immer gehalten haben mag,[107] kaum möglich. Denn dies setzte ein linear-progressives, zukunftsgerichtetes Entwicklungsdenken voraus, das dem rückwärtsge-richteten und ganz besonders dem Wiederholungsdenken konträr ist. So kann er auch dort, wo sich er auf eine Äußerung Nietzsches stützt, die geradezu nahelegt, die geistige Welt des Zivilisationsliteraten als Rückfall in eine historisch überwundene Geisteswelt zu verstehen, diesen Gedanken nicht aufnehmen. Nietzsche habe es als einen »*Fortschritt*« des 19. Jahr-hunderts bezeichnet, daß dieses »die ›Rückkehr zur Natur‹ immer ent-schiedener im umgekehrten Sinne verstanden habe, als sie Rousseau

---

[107] Bernt Richter teilt mit, daß Thomas Mann ihm am 7. November 1954 in einem Gespräch gesagt habe, »das Gefühl, die westlichen Demokratien hätten sich bei der Berufung auf ihre vorgebliche Zukunftsgerechtigkeit und Jugend-kraft einer suggestiven Selbsttäuschung hingegeben [...], habe ihn damals recht nachhaltig bewegt«. (Thomas Manns Stellung zu Deutschlands Weg in die Kata-strophe, S. 111). Die ›Betrachtungen‹ bestätigen das nicht, wohl aber zwei Briefe an Paul Amann aus der Zeit unmittelbar davor, die Briefe vom 3. Au-gust und vom 10. September 1915 (Amann-Briefe, S. 30 und S. 32f.).

verstand. ›*Weg vom Idyll und der Oper!*‹ Daß es immer entschiedener antiidealistisch, gegenständlicher, furchtloser, arbeitsamer, maßvoller, mißtrauischer gegen plötzliche Veränderungen, *antirevolutionär* gewesen sei.« Damit ist es vorbei. Was das 19. Jahrhundert hinter sich gelassen hat, herrscht nun wieder.»Wir haben alles wieder: das Idyll, die Oper, den ›Idealismus‹, die Rhetorik, die Verketzerung des ›Zweifels‹, den Glauben an die Politik, das heißt: an die Revolution; wir haben ihn wieder, den Jakobiner.« (392) Dies alles ist Thomas Mann gründlich zuwider, dennoch versucht er – trotz Nietzsches »Fortschritt« – nicht, es als Rückschritt zu disqualifizieren oder es als anachronistische Rückkehr zu etwas doch längst Vergangenem hinzustellen, sondern begreift es als historisch neutrale, gleichsam naturhafte Wiederkehr – die Gegenwart ist die Vergangenheit noch einmal. Diese wiedergekehrte Vergangenheit aber ist keine deutsche. Als Jakobiner reproduziert der Zivilisationsliterat eine französische Gestalt, die Demokratie, deren Sieg über Deutschland er wünscht und deren Sieg in Deutschland er betreibt, ist die humanitärdemokratische Ideologie der Französischen Revolution: damit ist die Demokratie, ist der ganze Komplex ›Politik‹, den der Zivilisationsliterat repräsentiert, undeutsch. Die Überzeugung, daß sich heute wiederholt, was damals war, hat zur Folge, daß Thomas Mann sich ein demokratisches Deutschland nur als Jakobinerstaat vorstellen (und dementsprechend schrecklich finden) kann: »als *Republik,* als Tugend-Staat mit Gesellschaftsvertrag, demokratischer Volksregierung und ›vollständigem Aufgehen des Individuums in der Gesamtheit‹; Deutschland als *Staat* und als nichts weiter und der deutsche Mensch als Jakobiner und citoyen vertueux mit dem Civismusschein in der Tasche« (278). Demokratie, das ist »die französische Phrygiermütze«, die man dem deutschen Michel heute »partout auf sein sinnendes Haupt setzen will« (127).


Ewigkeitsdenken


Wie das Bild zu verstehen ist, sagt der anschließende Satz, in dem Thomas Mann sofort das Gespenst »Verfälschung des deutschen Wesens durch den Import ihm völlig fremder und unnatürlicher politischer Institutionen« beschwört und Lagarde zitiert, der gesagt habe, daß es »nie eine deutsche Geschichte gegeben habe, wenn nicht etwa *der regelrecht fortschreitende Verlust deutschen Wesens* deutsche Geschichte sein soll«. Thomas Manns Kommentar: »Dieser regelrechte Fortschritt ist der Fortschritt selbst.« (127) Der Fortschritt als Verlust deutschen Wesens – das verweist auf die zweite Komponente des Gegensatzes zwischen Deutschtum und

Demokratie oder ›Politik‹. Daß sie undeutsch sind, heißt an sich noch nicht, daß sie es immer bleiben müssen. Daß Deutschlands Politisierung seine Entdeutschung ist, setzt außerdem voraus, daß das deutsche Wesen sich nicht ändern und erweitern, sich auch in Zukunft ›Politik‹ nicht integrieren kann, weil es immer sein wird, wie es ist und war. Oder: auch wenn dem deutschen Zivilisationsliteraten »sein nationales Beiwort so sonderbar zu Gesichte steht« (56), weil er ein Jakobiner ist, könnte er ja, zumal er schließlich Deutscher ist, deutsch *werden*. Dies aber kann Thomas Mann sich nicht vorstellen. Einmal glaubt er zwar an die Möglichkeit, daß etwas deutsch werden könne, was es bisher nicht war – wenn er über die angeblich »politisch-antiindividualistische Tendenz« seines Romans ›Königliche Hoheit‹ spricht und anmerkt: »eine sehr undeutsche Tendenz oder doch eine Tendenz, die eben erst im Begriffe ist, deutsch zu werden« (98). Ausgeschlossen jedoch ist es, daß der Zivilisationsliterat jemals deutsch wird. Daß dieser das glaubt, reizt Thomas Mann zu der folgenden Widerlegung:

> Unnötigerweise rief er: »Ich – antinational? Lange nach mir werden Züge von mir national heißen, die es ohne mich nicht geworden wären. Euer Volkstum wird mehr als heute es selbst sein durch mich, ich lebe euch vor, was ihr werden sollt!« Welche Spiegelfechterei des Geistes! Welch gedrehte Widerlegung der bescheidenen Vernunft! Nicht so, nicht wie der Zivilisationsliterat glaubt oder zu glauben sich einredet, verstärkt und bereichert sich jemals ein Volkstum. Es verstärkt und bereichert sich, es wird sein selber gewahr im Anblick seiner Echtesten, Stärksten, Geprägtesten, Paradigmatisch-Vollkommensten, seiner großen Männer. Aber dies stärkende Erkennen ist immer nur ein Wiedererkennen des Tief- und Urvertrauten. Kein Zug der Luther, Goethe und Bismarck wurde deutsch durch sie, – während er vorher kelto-romanisch gewesen war. (552)

Das Zitat am Anfang stammt aus dem Zola-Essay,[108] doch hat Thomas Mann es sich für seinen Zweck ein wenig zurechtgemacht, ihm durch die Herauslösung aus dem Zusammenhang auch einen etwas anderen Charakter gegeben. Denn im Original sind diese Sätze keine generelle Aussage des Zivilisationsliteraten über sich selbst, sondern beziehen sich auf einen ganz konkreten historischen Sachverhalt, nämlich auf Zola und die nationalistischen Angriffe gegen ihn, als er nach seinem Eingreifen in den Dreyfus-Prozeß emigriert war. Sie richten sich gegen den Versuch, Zola »auszuschließen« und »zu einem Abtrünnigen zu stempeln«. Insofern hat auch der hier wörtlich zitierte dritte Satz nicht ganz den Sinn, den er bei Heinrich Mann hat, der darin formuliert, was der Emigrant Zola angesichts dieser Versuche empfinden durfte. Den Satz vorher hat Thomas

---

[108] Die weißen Blätter, a.a.O. S. 1369; Essays I, S. 221.

Mann, um ihn dem Zivilisationsliteraten als Selbstaussage in den Mund
legen zu können, von der dritten auf die erste Person umgestellt. Dadurch wird zur selbstsicheren Äußerung des Zivilisationsliteraten über
seine künftige Wirkung, was in Wahrheit ein rückblickendes Urteil Heinrich Manns über die Bemühungen ist, Zola zu verleumden: »Lange nach
ihm mochten Züge von ihm national heißen, die es ohne ihn nicht geworden wären.« Das einleitende »Ich – antinational?« schließlich hat Thomas Mann überhaupt hinzugefügt. Seine Umformung des Textes hat eine
leicht denunziatorische Tendenz – sie stellt als Anmaßung des Zivilisationsliteraten hin, was er so gar nicht geschrieben hat –, eine gedankliche
Verfälschung jedoch ist sie nicht. Erhalten geblieben ist Heinrich Manns
Grundgedanke, daß, was national ist, nicht für alle Zeiten festliegt, sondern *wird*. Der Inhalt des Begriffs ›national‹ kann sich verändern, kann
Züge in sich aufnehmen, die vorher nicht zu ihm gehörten, ein Volkstum
kann auf diese Weise in der Zukunft sogar mehr »es selbst« sein als in
der Gegenwart. Es gibt sich nicht auf und verliert sich nicht durch neue
Eigenschaften, sondern vervollkommnet sich durch sie. Es ist möglich,
bestehende Geistesformen »zu entwickeln und zu erhöhen«, wie Heinrich
Mann es kurz vor dem zitierten Satz formuliert. Genau dieser Ansicht
ist Thomas Mann nicht, ja, anscheinend versteht er Heinrich Manns
Standpunkt überhaupt nicht, kann er ihn buchstäblich ›nicht fassen‹.
Denn während dieser von Entwicklung und Vervollkommnung spricht,
davon, daß ein Volkstum mehr es selbst werden kann, indem es etwas
ihm bis dahin Fremdes neu in sich aufnimmt, meint Thomas Mann, der
Zivilisationsliterat spreche davon, wie ein Volkstum sich »verstärkt und
bereichert«. Die nächsten Sätze beweisen, daß dies nicht bloß eine andere
Ausdrucksweise und auch nicht einfach ein Mißverständnis ist. Daß ein
Volkstum sich verstärkt und bereichert, heißt, daß es »sein selber gewahr«
wird, und dies wiederum ist nur ein stärkendes Erkennen, das wieder-
erkennt, was immer schon war, das Tief- und Urvertraute. Thomas
Mann kann den Gedanken, daß ein Volkstum sich entwickelt und sich
über seinen gegenwärtigen Stand hinausentwickeln können soll, ›nicht
fassen‹, weil sein eigener Begriff von Volkstum statisch und zurückblik-
kend ist und Neues ausschließt. Verändert hat sich für ihn das deutsche
Wesen nie, weder Luther noch Goethe noch Bismarck verdankt es einen
Zug, der nicht vorher schon deutsch war. Wie es ist, war es immer schon,
und es wird auch bleiben, wie es war: ob der Zivilisationsliterat im Ernst
glaube, fragt Thomas Mann am Schluß des Absatzes, »das fuchtelnde
Revolutionsliteratentum, das er uns vorlebt, werde irgendwann einmal
deutsch heißen?« (552f.) Aus der Überzeugung, daß Volkstum außerhalb
von Zeit und Entwicklung steht und daß sich in seiner Geschichte immer

wieder nur dasselbe nationale Wesen offenbart, ergibt sich notwendig, daß niemals deutsch werden kann, was es nicht schon ist. Der Zivilisationsliterat ist undeutsch und muß es bleiben. Er ist es, weil er den Jakobiner reproduziert, er bleibt es, weil deutsches Volkstum eine sich ewig gleichbleibende Gegebenheit ist, deren Zukunft nur eine Verlängerung ihrer Vergangenheit ist.

Thomas Mann kann sich eine ›Eindeutschung‹ des Zivilisationsliteraten nicht vorstellen, gleichwohl weiß er und spricht es auch unbeschönigt aus, daß der Zivilisationsliterat gerade im Begriff ist, eine nationale Gestalt zu werden. »Dies ist seine Stunde, die Stunde des Zivilisationsliteraten; sie ist da, sie setzt ihn in jene nationalen Rechte ein, deren er bei anderen Völkern längst genießt« (304). Diesen Vorgang mußte der Verfasser der ›Betrachtungen‹ als tragisch oder als Katastrophe empfinden. Da sein Glaube an ein ewig unveränderliches deutsches Volkstum es zu einer Undenkbarkeit machte, daß der Zivilisationsliterat jemals deutsch wird – noch in der Vorrede bescheinigt er ihm »seelische Widerdeutschheit« (33 f.) –, kann er aus dem sich (vermeintlich) gerade vollziehenden Aufstieg des Zivilisationsliteraten auch in Deutschland nur den Schluß ziehen: was vor sich geht, ist eben Deutschlands Entdeutschung. Aus kritischer Perspektive reduziert diese Deutung sich darauf, daß Thomas Manns Auffassung der geschichtlichen Wirklichkeit diese verfehlen *mußte*, weil es für sein Geschichtsdenken keine Zeit, d. h. Zeit nur als Chronologie, und keine Entwicklung gibt. Das hat einmal zur Folge, daß er streng genommen auch keine Veränderung, sondern nur zeitlos Dauer oder Untergang kennt; und es hat zum anderen die Folge, daß er geschichtlich gewordene Erscheinungsformen des Deutschen nicht als gewordene und darum auch vergängliche auffassen kann. Führt das eine zum Festhalten am Bestehenden und Überlieferten so gut es geht und so lange es geht, so führt das andere dazu, daß er sich das Deutsche nur als etwas schlechthin Ewiges vorstellen kann. Das gilt insbesondere für das deutsche Verhältnis zur ›Politik‹. Die nicht gerade durchsichtige Erörterung dieses Verhältnisses zeigt zuletzt aber auch, daß die Verteidigung des »Ewig-Deutschen« tatsächlich nichts als ein Kampf für die Vergangenheit ist, die verabsolutiert, ins Zeitlose überhöht, ›verewigt‹ wird.

Im Unterschied zu den ›Gedanken im Kriege‹ und auch anders als das deutsche Volkstum in den eben analysierten Sätzen ist der Gegensatz des deutschen Wesens zur ›Politik‹ nicht einfach eine quasi metaphysische Gegebenheit. Er ist eine sowohl geschichtlich-übergeschichtliche als auch geschichtlich-geschichtslose Erscheinung. Thomas Mann beruft sich ausdrücklich auf die Geschichte, wenn er seine These, eine Politisierung des deutschen Freiheitsbegriffes bedeute dessen Verfälschung, mit dem Satz begründet: »Unsere religiöse und philosophische Geschichte selbst wirkt noch in dem Ungelehrtesten dahin, daß er, durch diesen Krieg zu nationaler Selbstbesinnung gezwungen, nicht anders denken und fühlen kann.« (277) Diese das Denken und Fühlen so absolut bestimmende Geschichte aber ist ihrerseits nicht mehr als ein zeitliches In-Erscheinung-Treten des Volksgeistes. Denn daß der deutsche Freiheitsbegriff »immer« geistig, d. h. unpolitisch sein werde, ist eine der »Tatsachen des Volksgeistes, gebunden an die Struktur dieses Geistes und unfähig, zu veralten« (277f.). Als Offenbarung des Volksgeistes ist die Geschichte dann nur noch Zeit-Raum, in dem Vergangenheit, Gegenwart und Zukunft lediglich chronologische Bedeutung haben. Was sich einmal geschichtlich verwirklicht hat, bleibt danach für alle Zeiten so: Freiheit und Selbstherrlichkeit des deutschen Menschen, die Luther »vollendete«, indem er sie verinnerlichte, sind damit der politischen Sphäre »auf immer« entrückt worden. (279) Vollends zur bloßen Form wird der Zeit-Raum der Geschichte durch die Radikalität, mit der Thomas Mann anschließend »das Ereignis Goethe's« deutet (279). Legt das »auf immer« nur die jeweils gesamte Zukunft auf die Vergangenheit fest, so wird nun gewissermaßen auch die Vergangenheit entzeitlicht. Zunächst wiederholt Goethe Luther in einem anderen Bereich, das Ereignis Goethe war »eine neue Bestätigung der Legitimität des Einzelwesens, das große künstlerische Erlebnis Deutschlands nach dem metaphysisch-religiösen, das Luther gebracht hatte«. Es ist ein Erlebnis »feind aller Ideologie, der patriotischen zuerst und aller politischen überhaupt«, an dem Thomas Mann, gewissermaßen dialektisch argumentierend, den ewigen Gegensatz zwischen deutschem Wesen und ›Politik‹ exemplifiziert:

> Eine Nation erlebt nicht einen Geist wie diesen, sie bringt ihn gar nicht hervor, ohne sich zur Politik, zu ›modernen Ideen‹, zu den generösen Zauber- und Schwindelworten Menschheit, Freiheit, Gleichheit, Revolution, Fortschritt von je und auf immer anders zu verhalten als die anderen.

Das klingt paradox. Welche Bedeutung hat Goethe denn nun für Deutschlands Verhältnis zur Politik: ist die von der Einstellung anderer Nationen abweichende deutsche Einstellung zu ihr eine historische Wirkung Goethes oder verkörpert er sie bloß? Vergegenwärtigt er lediglich die vor ihm und unabhängig von ihm bestehende deutsche Ablehnung der generösen Zauber- und Schwindelworte oder hat er sie bewirkt, begründet? Beides ist der Fall. Eine Nation erlebt einen Geist wie ihn nicht, ohne sich danach »auf immer« zur Politik anders zu verhalten als die anderen, aber nur, weil sich die Nation schon »von je« so verhält, bringt sie einen solchen Geist überhaupt hervor. Goethe hat eine fortdauernde Wirkung, doch ist es nach ihm nur erst recht so, wie es vor ihm immer schon war.[109] Für das spezifisch deutsche Verhältnis zur Politik leistet Goethe also ziemlich genau das, was Thomas Manns Meinung nach die großen Männer ganz allgemein für ihr Volkstum leisten. Das Erlebnis Goethes verstärkt und bereichert den nationalen Gegensatz zur Politik, jedoch wirkt er derart auf die Nation, weil diese durch ihn erlebt, was ihr tief- und urvertraut ist. »Kein Zug der Luther, Goethe, Bismarck wurde deutsch durch sie.« Genauso wie das Volkstum ist auch die deutsche Politikfeindlichkeit eine Tatsache außerhalb von Zeit und Entwicklung. Thomas Mann drückt sich hier sogar noch extremer aus. Es war »von je« so, es wird »auf immer« so sein; wie es in aller Vergangenheit war, wird es auch in alle Zukunft bleiben. In den ›Gedanken im Kriege‹ hatte er ›Ewigkeit‹ mit der Formel »seit jeher und für alle Zeiten« umschrieben, hier tut er es mit der parallelen »von je und auf immer«. Sie macht aus der Besonderheit der deutschen Haltung zu »Menschheit, Freiheit, Gleichheit, Revolution, Fortschritt« eine deutsche »Urbesonderheit«, entrückt den historischen Sachverhalt ins Übergeschichtlich-Geschichtslose und schließt grundsätzlich aus, daß er sich jemals ändern könnte. Infolgedessen ist ›Politik‹, »die Demokratie im westlichen Sinn und Geschmack«, in Deutschland nicht nur »landfremd«, sondern kann auch »niemals deutsches Leben und deutsche Wahrheit werden« (276). Es wird immer sein, wie es immer war; denn was war, ist nur chronologisch vergangen, es dauert fort, weil in der Vergangenheit ebenso wie in der Gegenwart und Zukunft nur zeitlich in Erscheinung tritt, was in Wahrheit der Zeit nicht unterworfen, sondern zeitlos gültig ist.[110] Deshalb bleibt der Gegen-

[109] Anderthalb Jahrzehnte später, in ›Goethe als Repräsentant des bürgerlichen Zeitalters‹, als die deutsche Politikfeindlichkeit für Thomas Mann zu einer geschichtlichen Erscheinung geworden war, charakterisiert er diesen Zusammenhang vorsichtiger: »[...] und es ist schwer zu sagen, wie weit der innermenschliche, kulturelle, antipolitische Charakter dem deutschen Bürgertum durch Goethe aufgeprägt worden ist und wieweit Goethe für seine Person schon ebendamit ein Ausdruck deutscher Bürgerlichkeit war. Man muß da wohl eine gegenseitig sich bestätigende Wechselwirkung sehen« (IX, 314).

[110] Das Ewigkeitsdenken verwirklicht sich in den ›Betrachtungen‹ natürlich nicht nur im Glauben an den ewigen Gegensatz zwischen deutschem Wesen und Demokratie oder ›Politik‹. Im gesellschaftlichen Bereich etwa führt es genauso zur Ablehnung jeder ›aufklärerischen‹ Änderung der sozialen Verhältnisse. Wie so oft in den ›Betrachtungen‹ bleibt das eigentliche Problem ziemlich abstrakt, was hier aber wohl auch an der Gegenposition liegt. Diese Gegenposition ist die Aufklärung, die dasselbe wie »sozialer Eudämonismus, Nützlichkeitsmoral« ist und »das Glück« will (324). Immerhin ist Thomas Manns Gegenargumenten zu entnehmen, daß damit auch der Kampf gegen wirtschaftliche Benachteiligung der großen Masse und die bestehenden sozialen Verhältnisse gemeint ist. Über-

satz von Deutschtum und politischem Wesen, »der 1813 von Goethe, 1848 von Schopenhauer, nach 1871 von Nietzsche« vertreten wurde, »auch heute in Kraft« (263),[111] deshalb wird es auch in der Zukunft nicht anders sein als es ist.

Niemals, heißt es in der Vorrede, »niemals wird« das deutsche Volk die politische Demokratie lieben können, und überhaupt keinen Zweifel gibt es für Thomas Mann daran, daß »der vielverschriene ›Obrigkeitsstaat‹ die dem deutschen Volke angemessene, zukömmliche und von ihm im Grunde gewünschte Staatsform ist und bleibt« (30). Sie ist und bleibt es, weil ein Volk sich für alle Zeiten gleich bleibt, ewig dasselbe ist, eine »mythische Persönlichkeit von eigentümlichstem Gepräge« (248). Einfach absurd findet er es deshalb, daß man den Deutschen die Demokratie »gewähren« müsse (wie er es durchaus obrigkeitsstaatlich denkend ausdrückt), weil sie sich dafür als »reif« erwiesen hätten. »Reif für die Demokratie? Reif für die Republik? Welch ein Unsinn! Einem Volke ist die oder jene Staats- und Gesellschaftsform gemäß, oder sie ist ihm nicht gemäß. Es ist geschaffen dafür, oder es ist nicht dafür geschaffen. ›Reif‹ wird es niemals dafür« (267). Daß Thomas Mann mit dem schulmeisterlich klingenden Wort ›reif‹ nichts anfangen kann, brauchte nichts zu besagen, aber mit der herablassenden Verachtung für dies Wort verwirft er zugleich die Möglichkeit nationaler Entwicklung überhaupt. Ein Volk ist so oder so »geschaffen« und daran ein für allemal gebunden. Es ist auf seinen ›ursprünglichen‹ Zustand festgelegt und kann sich von ihm niemals entfernen – es sei denn, es gibt sich auf und hört auf, es selbst zu sein.

zeugt, daß »der soziale Antagonismus unaufhebbar« ist, können solche Bestrebungen für Thomas Mann nur in »Anarchismus« und der »Zerstörung der Bedingungen alles Kulturlebens« enden (326f.). Sie müssen scheitern, weil die sozialen Gegensätze ewig sind – es ist wohl auch sozialgeschichtlich verräterisch, daß er dies zwischendurch in opernhaft verklärender Diktion darlegt: »Das ›Glück‹ ist Chimäre. Nie wird die Harmonie des Individualinteresses mit dem der Gemeinschaft sich herniedersenken, die ungleiche Verteilung des Nutzens niemals enden, und warum die einen immer Herren, die anderen Knechte sein müssen, das erklärst du den Menschen nicht.« (326)

[111] Der Satz besagt, daß es sich mit dem Gegensatz Deutschtum-Politik heute genauso verhält wie früher, daß es in der Gegenwart nicht anders ist als in der Vergangenheit. Man verfehlt diesen Sinn des Satzes, wenn man ihn halbiert, nur die Hinweise auf Goethe, Schopenhauer, Nietzsche zitiert und erklärt, der Gegensatz zwischen Deutschtum und politischem Wesen werde »als historisch dargestellt« (Maître, Thomas Mann, S. 35). Er wird gerade umgekehrt als nichthistorisch hingestellt, und wenn Thomas Mann »heute« für diesen Gegensatz eintritt, wiederholt er, was Goethe 1813, Schopenhauer 1848, Nietzsche nach 1870 getan haben – dem Glauben an das sich geschichtslos Gleichbleibende erscheint das geschichtlich Individuelle als Wiederholung von immer demselben.

Wir halten Ende Oktober 1917. Görz ist zurückgenommen, österreichisch-deutsche Divisionen erbrachen die Alpenpässe und stiegen in die venezianische Ebene nieder. [...] Welches Labsal, die Nachrichten dieser Tage! Welche Befreiung, Erlösung, Erquickung gewährt die ›Macht‹, die klare und majestätische Waffentat nach dem faulig-erstickenden Dust und Wust der Inneren Politik, der seelischen Anarchie Deutschlands, seinem selbstverräterischen Äugeln mit der Unterwerfung unter die ›Demokratie‹, seinen ›politischen‹ Versuchen, sich anzugleichen, sich zu ›verständigen‹, indem es in seinen diplomatischen Noten zur Sprache Wilsons kondeszendiert!... Noch einmal darf man freudig atmen. (529f.)

Hier zeichnen sich zwei Konsequenzen des Glaubens an die Ewigkeit der deutschen Eigenart ab. Thomas Mann verdammt Deutschland geradezu, an seiner Vergangenheit festzuhalten, es *muß* bleiben, wie es war. Verhält es sich anders, entfernt es sich von dem, wie es bisher war, und nähert es sich der Demokratie, so bedeutet das seelische Anarchie, dann folgt es der »Neigung zum Selbstverrat«, mit der Thomas Mann auch früher schon erklärt hat, warum Deutschland »im Begriffe ist, geistig-seelisch zu kapitulieren, bevor es physisch kapituliert« (353). Werkzeug dieser nationalen Schwäche ist dort der Zivilisationsliterat, hier dagegen ist es Deutschland ganz allgemein (und seine mit ihm gleichgesetzte Regierung, die Noten in der Sprache Wilsons verfaßt), das sich selbst zu verraten droht. Da er die nationale Eigenart als ein übergeschichtlich-geschichtsloses Absolutum denkt, kann er ihre – gleichgültig ob scheinbare oder wirkliche – Veränderung nicht als Wandlung oder als ein Werden hin zu etwas Neuem auffassen, sondern nur als Selbstaufgabe, vor der dann als letzte Rettung bloß noch die ›Macht‹ bewahrt, der militärische Erfolg. Oft sei die »teleologische Funktion des Krieges überhaupt« darin erkannt worden, daß er »die nationale Eigentümlichkeit bewährt, erhält und bestärkt: er ist das große Mittel gegen die rationalistische Zersetzung der Nationalkultur«. Damit hatte er im Kapitel ›Bürgerlichkeit‹ seine »Teilnahme« an diesem Krieg erklärt (116). Im Kapitel ›Politik‹ ist er dann nicht mehr so sicher, daß dies auch heute noch gilt, bemerkt jedenfalls: der Sinn des Krieges, »der Erhaltung der nationalen Eigentümlichkeit zu dienen, scheint hinfällig« (249). In der Dankbarkeit für die »klare und majestätische Waffentat« aber kehrt schließlich doch der Glaube an die erhaltende Funktion des Krieges wieder, der nicht nur vor äußeren Feinden, sondern ebenso vor innerer Auflösung schützt. Das heißt nicht, daß der Thomas Mann der ›Betrachtungen‹ von blinder Kriegsbegeisterung erfüllt gewesen wäre, zeigt aber, bis zu welcher Konsequenz ihn der Gedanke eines zeitlos unveränderlichen deutschen Wesens treibt: der militärische Erfolg wird zum Labsal, gewährt Freiheit, Erlösung, Erquickung, weil er die Gefahr der Selbstaufgabe, des Selbstverlusts bannt, als die er die sich anbahnende

Veränderung in Deutschland empfinden muß, weil er sie *als* Veränderung und Phase eines Entwicklungsprozesses nicht sehen kann. Für ihn beginnt mit der Umorientierung bereits die seelische Anarchie.

Wiederum erlaubt sein Ewigkeitsdenken ihm nur die extreme Alternative: entweder im wesentlichen unveränderte Fortdauer der Vergangenheit oder Untergang. Die Gestalt, die der Untergang hier annimmt – Selbstverrat und Unterwerfung –, ist jedoch innerhalb der ›Betrachtungen‹ eine Ausnahme. Der Sachverhalt, daß sich Deutschland selbst aufgibt, freiwillig zur ›Politik‹ konvertiert und eine Demokratie wird, spielt zwar wiederholt eine Rolle, wird aber sonst praktisch immer nur umschrieben, nicht recht zu Ende gedacht oder auf die eine oder andere Weise abgebogen (z. B. durch den Gedanken eines auf deutsche Art demokratischen Staates, eines deutschen ›Volksstaates‹). Offensichtlich scheut Thomas Mann vor dieser Konsequenz zurück, die ja auch so etwas wie ein kritischer Punkt wäre, weil er entweder Deutschland verurteilen oder sich die Frage stellen müßte, ob deutsches Wesen und ›Politik‹ vielleicht doch nicht ewig unvereinbar sind. Die Vorstellung, die in den ›Betrachtungen‹ vorherrscht, ist freilich kaum weniger radikal: wenn es in Deutschland nicht so bleibt, wie es »von je« war, dann hört das Deutsche zu existieren auf. »Goethe und Nietzsche waren Konservative, – aller deutsche Geist war konservativ von je und wird es bleiben, sofern er nämlich selber bleibt und nicht demokratisiert, das heißt abgeschafft wird« (584). Die Worte, die Thomas Mann benutzt, um geschichtliche Veränderung und insbesondere Deutschlands Politisierung zu charakterisieren, bestimmen diese ›Abschaffung‹ noch etwas genauer. Sie kennzeichnen den Vorgang teils als *Zerstörung* des Überliefert-Bestehenden, teils als *Entfremdung*. Ein Vorzugswort, das ausschließlich den destruktiven Charakter der Veränderung hervorhebt, ist ›Zersetzung‹. Wie der Krieg Mittel gegen die rationalistische Zersetzung der Nationalkultur ist, so liegt auch Deutschlands geistig-seelischer Kapitulationsbereitschaft ein um sich fressender »Zersetzungsprozeß« zugrunde, der zu einem guten Teil Werk des Zivilisationsliteraten ist (353). Der Ruf nach Deutschlands Politisierung bedeutet in intellektueller Sphäre nichts anderes als den Willen »zur Revolutionierung und politischen Zersetzung Deutschlands« (264). Demgemäß ist Konservativismus »Widersetzlichkeit gegen fortschrittliche Entartung und Zersetzung« (434). Was vom Überlieferten abweicht, es nicht unverändert erhält, zersetzt es. Diese Vorstellung ist Thomas Mann so selbstverständlich, daß er nicht einmal seine eigene, so ganz an das Vergangene gebundene Absicht, es zu parodieren, anders beurteilen kann: »Man hat teil an der intellektualistischen Zersetzung des Deutschtums, wenn man vor dem Krieg auf dem Punkte stand, den deutschen

Bildungs- und Entwicklungsroman, die große deutsche Autobiographie als Memoiren eines Hochstaplers zu parodieren« (101). Neutraler als das Wort Zersetzung wirkt zunächst die Kennzeichnung der Politisierung Deutschlands als »wirkliche Veränderung in der Struktur des deutschen Geistes« (241, ähnlich 244). Etwas Negatives versteht Thomas Mann jedoch auch darunter. Denn diese Strukturveränderung wäre nicht nur »Nivellierung, Verengung, Verarmung« des deutschen Geistes, Niedergang also, sondern ein Vorgang, durch den Deutschland sich selbst fremd wird: seine »Entdeutschung« (272f.). Auf diesen Generalnenner wird Deutschlands unabwendbar bevorstehende Veränderung auch schon am Schluß des Kapitels über den Zivilisationsliteraten gebracht (68), und bereits am Anfang dieses Kapitels liest man: wer aus Deutschland eine bürgerliche Demokratie »im römisch-westlichen Sinn und Geiste« machen wolle, der wolle es undeutsch machen und bestünde darauf, daß es eine Nation »in fremdem Sinne und Geiste« würde (54f.). Ist der Gegensatz des deutschen Wesens zur ›Politik‹ eine übergeschichtlich-geschichtslose Gegebenheit, kann er sich nicht entwickeln, geschweige denn *positiv* verändern, kann seine Veränderung vielmehr nur Zersetzung sein und die ›Politisierung‹ Deutschlands nur zu dessen – ihm selbstverräterisch oder unfreiwillig widerfahrender – Entfremdung führen. Mehrere Jahre nach dem Krieg (1925) erörtert Thomas Mann einmal, vom Grafen Hermann Keyserling zu einer Stellungnahme aufgefordert, das Schicksal einer Institution, die für ihn ganz selbstverständlich den »Charakter des Ewig-Menschlichen« hat: der Ehe (X, 191–207). Er rechnet sie – genauso wie die »künstlerischen Grundformen« – zum »Urgegebenen und menschlich Ewigen, dem Zeit- und Alterslosen«, das man nicht mit dem »eigentlich Bürgerlichen« verwechseln dürfe (X, 193), und versucht trotzdem nicht, sie auf ihre Vergangenheit, ihre überlieferte historische Erscheinungsform festzulegen, sondern räumt ein: »Das Ewig-Menschliche aber ist wandlungsfähig« (X, 206). Aufgegeben hat Thomas Mann sein Ewigkeitsdenken auch dann nicht, als er die Krise der ›Betrachtungen‹ hinter sich hatte. Es verlor jedoch seinen ausschließlich rückwärtsgerichteten Charakter, sobald er sich nicht mehr allein am Vergangenen orientierte, und er dieses darum nicht länger zu etwas Außergeschichtlich-Zeitlosem zu verewigen brauchte. Damit wurde auch das als ewig Empfundene geschichtliche Wirklichkeit und kann sich wandeln, weil es jetzt eine Tatsache *innerhalb* der Geschichte ist. Das »Ewig-Deutsche« der ›Betrachtungen‹ ist das nicht. Es steht außerhalb von Zeit, Geschichte und Entwicklung und besagt: wie Deutschland von je war, muß es auf immer bleiben, und wenn es anders wird, dann wird es entdeutscht und sich selbst fremd.

Weil es ›immer‹ so war, muß es ›immer‹ so bleiben: dies ist das letzte Wort auch der vieles behandelnden Überlegungen zum Thema Deutschheit – Bürgerlichkeit – Geistigkeit – Politik. Da sie wenigstens zum Teil etwas konkreter historisch angelegt sind, lassen sie jedoch darüber hinaus einigermaßen deutlich erkennen, wie der Glaube an das sich ewig gleichbleibende Deutsche auf der Verabsolutierung der als zeitlos verbindlich, zeitlos geltend aufgefaßten Vergangenheit beruht und nichts anderes ist als die Überzeugung, daß die Vergangenheit ewig dauert. Ausgangspunkt dieser Überlegungen ist: »das Deutsche und das Bürgerliche, das ist eins« (107). Es bedeutet, daß auch der deutsche Geist bürgerlich ist, aber er ist »bürgerlich auf eine besondere Weise« (ebd.). Diese besondere Weise darzulegen ist das Hauptziel des Kapitels ›Bürgerlichkeit‹. Thomas Mann bestimmt sie, indem er nach dem deutschen Künstler, »der typisch deutschen Spielart des bildenden Menschen« fragt (113), der zugleich bürgerliche Geistigkeit überhaupt, den »bürgerlich-kulturellen Typus« repräsentieren soll (114). Er sieht so aus:

> Ich sehe ein etwas seitlich- und vorgeneigtes Antlitz von unvergleichlichem und unverwechselbarem nationalen Gepräge, irgendwie altertümlich holzschnitthaft, nürnbergisch-bürgerlich, menschlich in einem unerhörten und einmaligen Sinne, sittlich-geistig, hart und milde zugleich, – ein hinein- und hinüberschauendes, nicht ›feuriges‹, eher ein wenig welkes Auge, einen verschlossenen Mund, Zeichen der Anstrengung und der Ermüdung auf der besorgt, doch ohne Grämlichkeit gefalteten Stirn ... Waibling oder Welfe? Ach, nein: »Nur stiller Künstler, der sein Bestes tat, versonnen wartend, bis der Himmel helfe«. (113)

Die Erbaulichkeit dieses Bildes ist nicht untypisch. Wenn Thomas Mann in den ›Betrachtungen‹ von der polemischen zu einer positiven Aussage übergeht, gerät diese nicht selten erbaulich. Die Verherrlichung des Eichendorffschen Taugenichts als Symbol »des deutschen Menschen« ist dafür nur ein anderes Beispiel. Hier ist das Motiv der Stilisierung wohl in erster Linie der Wunsch, bestimmt einen dem Zivilisationsliteraten konträren Typ zu erblicken. Jedoch ist er ohne Zweifel überzeugt, ein wirklich »mittelalterlich-nürnbergisches Gesicht« (114) zu sehen. Für ihn ist dieser »metaphysische Handwerker« (114) historische Wirklichkeit, zugehörig der Zeit, die er »das bürgerliche Zeitalter unserer Geschichte« nennt, das »auf das geistliche und ritterliche folgte, das Zeitalter der Hansa, das Zeitalter der Städte« (114). Gemeint ist anscheinend die Zeit vom 14. bis ins 16. Jahrhundert. In ihr hat sich seiner Meinung nach das Deutsche fixiert. Es ist diese Zeit, »die es bewirkt, daß in deutscher Sphäre Bürgerlichkeit und Geistigkeit, Bürgerlichkeit und Kunstmeistertum innig sinnverwandte Wörter geblieben sind« (115). Das besagt mehr als allgemeine

Vorbildlichkeit des damals Gewesenen. Es behauptet eine fortdauernde, von der späteren Geschichte nicht veränderte Prägung des deutschen Geistes in diesem bürgerlichen »Kulturzeitalter«. Sie erstreckt sich auch auf das deutsche Verhältnis zur Politik. Wie das ganze Zeitalter, das »kein politisches« war, »jedoch national im höchsten Grade, national mit Bewußtsein« (114), war auch sein geistig-künstlerischer Repräsentant »natürlich« national, nicht im entferntesten jedoch das, was der Thomas Mann der ›Betrachtungen‹ unter einem ›Politiker‹, das heißt einem politischen Menschen versteht: er war kein »Menschenrechtler und Freiheitsgestikulant« – kein Zivilisationsliterat. An dieser ebenso nationalen wie unpolitischen Geistigkeit des deutschen Bürgers – was so viel heißt wie: des deutschen Menschen – hat sich in den Jahrhunderten danach nichts geändert. Nicht ohne Rabulistik beweist Thomas Mann es mit Hilfe eben der Unterscheidung von ›national‹ und ›politisch‹ an den bürgerlichen Demokraten des 19. Jahrhunderts. Paul Amann hatte ihn brieflich auf die Göttinger Sieben, Uhland und Storm als Beispiele für mehr oder weniger demokratische Bestrebungen des 19. Jahrhunderts auch in Deutschland hingewiesen. Thomas Manns erste Antwort ist kurz und ausweichend: »Die Namen, die Sie anführen, dürfen mich nicht verwirren.« (Amann-Briefe, S. 50) Die endgültige Antwort steht in den ›Betrachtungen‹. Sie nimmt dem Einwand seinen Stachel, indem sie das nationale Moment in den Vordergrund schiebt und den bürgerlichen Demokratismus schließlich zu einer zeitgebundenen Erscheinungsform des wie eh und je lediglich nationalen deutschen Denkens entpolitisiert. »Sie waren Demokraten, sie waren Politiker, weil zu ihrer Zeit der Begriff des *Nationalen*, der Vaterlandsliebe, mit dem des Demokratischen, mit dem der Politik selbst sich untrennbar vermischte. Sie waren national, bevor sie Demokraten waren, sie waren es, *indem* sie Demokraten waren [...]. Nein, Zivilisationsliteraten waren das wohl eigentlich nicht, die deutschen Bürger von 1820 bis 1860.« (117) Wie einst der »metaphysische Handwerker«, der mit »Politik in irgendeinem westlich-demokratischen Gassensinn« nichts zu schaffen hatte (114), waren auch sie, obwohl Demokraten, in Wahrheit doch nur national, und blieben damit im Rahmen dessen, was sich früher, im bürgerlichen Zeitalter unserer Geschichte, als bürgerlich-deutsche Geistigkeit konstituiert hatte. Wie es damals war, ist es geblieben.

Nicht mehr in diesen alten Rahmen einfügen kann Thomas Mann dagegen die Demokraten seiner eigenen Zeit. Denn sie sind – jedenfalls in seinen Augen – unnational. Während die deutschen Demokraten des 19. Jahrhunderts, an die er bei dieser Gelegenheit noch einmal erinnert, »Politiker und Demokraten waren, insofern sie Patrioten waren« (233), rufen die Demokraten von heute nach Demokratie, tun aber »gegen allen

Patriotismus, alles Nationalgefühl vornehm«. Das habe, findet er, »keine Folgerichtigkeit« (234). Warum nicht? Es ist nicht folgerichtig, weil es von der Überlieferung abweicht. »Wenn es also, wie der Fall Wagners, [...] wie im Grunde das ganze bürgerliche Zeitalter unserer Geschichte beweist, das ein Kulturzeitalter, aber kein politisches war: wenn es in Deutschland zwar durchaus möglich ist, national, aber unpolitisch, ja antipolitisch gesinnt zu sein, so ist doch das Umgekehrte logischerweise nicht möglich: es ist nicht möglich, oder sollte nicht möglich sein, nach Politik, nach Demokratie zu verlangen, und dabei antinationaler, antipatriotischer Gesinnung zu huldigen.« (234) Früher war man in Deutschland national und unpolitisch, jetzt ist man umgekehrt antinational und politisch – das ist nicht möglich oder sollte es nicht sein. Daß es so und so war, wird als eine geradezu gesetzhafte Festlegung empfunden, die das Gegenteil ausschließt, und zwar auch heute noch ausschließt. Wie es war, muß es bleiben. Der historische Sachverhalt – die Konstellation im bürgerlichen Zeitalter unserer Geschichte – ist kein historischer, sondern Norm, als solche zeitlos, also hat es keine »Folgerichtigkeit«, daß es nicht auch heute noch genauso ist, wie es damals war. Der Widersinn, daß es nicht möglich sein soll, sich in der Gegenwart anders zu verhalten als in der Vergangenheit, beruht auf dem Glauben an die zeitlose Geltung dessen, was war. Daß es immer so sein wird, wie es war, kann Thomas Mann allerdings nicht gut behaupten, da es gegenwärtig ja gerade umgekehrt ist als früher. Dafür stellt er irritiert fest, daß es nicht sein *dürfte*, wie es ist. An einer späteren Stelle, an der er auf die Überlegung hier zurückgreift, drückt er dies so aus, daß es »logischerweise« nicht möglich sein »sollte«, nach allgemeiner Politisierung, nach Demokratie zu verlangen und dabei antinationaler Gesinnung zu huldigen, dieses »logische Postulat« jedoch von der Wirklichkeit nicht erfüllt werde (283). Nicht nur nicht folgerichtig, sogar unlogisch ist es also, daß es heute anders ist als früher. Die Tatsache, daß die Gegenwart sich von der Vergangenheit unterscheidet, wird nicht bezweifelt, führt aber nicht zu der Einsicht, daß die Vergangenheit eben vergangen ist, sondern dazu, daß die Vergangenheit der Gegenwart als Norm vorgehalten wird, von der sie sich entfernt hat. Der real nicht aufrechtzuerhaltende Glaube an die ewige Fortdauer der Vergangenheit wird nicht aufgegeben, sondern sublimiert sich zu dem ›logischen Postulat‹, daß es sein müßte, wie es war. Angesichts der unleugbaren realen Veränderung wird dabei jedoch aus der Überzeugung, daß zeitlos gilt, ewig verbindlich bleibt, wie es gewesen ist, ein Festhalten an der Vergangenheit, obwohl sie vergangen ist. Der rückwärtsgewandte Charakter des Ewigkeitsdenkens in den ›Betrachtungen‹ wird deutlich. Neben diese Form von Rückwärtsgewandtheit, die erkennt, daß die Gegenwart anders ist als die Vergangenheit, die die Veränderung auch nicht leugnet, aber die Gegenwart an der als zeitlose Norm empfundenen Vergangenheit mißt (und ihr so unterwirft), tritt in den ›Betrachtungen‹ noch eine zweite, in einem entscheidenden Punkt entgegengesetzte: ein Festhalten an der Vergangenheit, das die Andersartigkeit der Gegenwart zwar zur Kenntnis nimmt, aber für bedeutungslos erklärt und die ohnehin widerstrebend zugegebene Veränderung nicht ernst nimmt – im wesentlichen sei es doch und werde es immer bleiben, wie es war. Diese Position bezieht Thomas Mann auf den letzten Seiten des Kapitels ›Bürgerlichkeit‹, die zu den eigenartigsten des ganzen Buches gehören. Noch einmal verteidigt er dort sein Bild von geistig-kultureller, unpolitisch deutscher Bürgerlichkeit und die Identität des »bürgerlich-kulturellen Typus« mit dem deutschen Menschen, jetzt gegen den Einwand, daß der »geistige Bürger« nur noch ein Traum sei, weil er sich auch in Deutschland längst in den »kapitalistisch-imperialistischen Bourgeois« verwandelt habe. Eine spätere Bemerkung hierzu (238) macht es wahrscheinlich, daß dies unter anderem auch eine anachronistische Auseinandersetzung mit Nietzsches Kritik des deutschen Bildungsphilisters ist, anachronistisch insofern, als zum Schluß Nietzsche selbst als Kronzeuge dient, daß »die Entwicklung, nein, die unvermittelte und wie durch den Stab der Circe bewirkte Verwandlung des deutschen Bürgers, seine Entmenschlichung und Entseelung, seine Verhärtung zum kapitalistisch-imperialistischen Bourgeois« (137) das Wesen deutscher Bürgerlichkeit eben doch nicht verändert hat. Zuvor jedoch geht Thomas Mann auf diesen historischen Einwand gegen seine Vorstellung von deutscher Bürgerlichkeit fast listig ausweichend ein. Man hat den Eindruck, daß er die Kritik weder widerlegen noch akzeptieren kann und dieses Dilemma zu überspielen versucht, indem er von seinem Leben erzählt. In der Sache tritt er erst einmal einen nur scheinbar ironischen Rückzug an: »Denn es ist wahr, ich habe die Verwandlung des deutschen Bürgers in den Bourgeois ein wenig verschlafen, ich weiß von ihr immerhin, doch anders kaum als vom Hörensagen, ich habe sie, obwohl fünf Jahre nach 1870 geboren, nicht recht erlebt. Wie kam denn das?« (138) Was folgt, ist ein Stück Autobiographie. Es beginnt mit der Erinnerung, daß er in einem »altbürgerlich-gravitätischen Gemeinwesen von stark konservativem Gepräge« aufgewachsen sei (138f.), danach spricht er ausführlich darüber, daß er nie in Berlin, der »preußisch-amerikanischen Weltstadt«, gelebt habe, sondern seit zweiundzwanzig Jahren in München wohne, wo »die alte deutsche Mischung von Kunst und Bürgerlichkeit [...] noch ganz lebendig und gegenwärtig ist«, wo Künstlertum »auf alte, echte Weise« aus dem Bürgertum erwachse (141). Die betonte Stilisierung Lübecks und erst recht die des zeitgenössischen München ins ›Altbürgerliche‹ könnte hinhaltende Verteidigung seiner Ansicht vom deutschen Bürger sein, dient aber tatsächlich nur als biographisches Alibi. Das Fazit lautet: Münchens »Kulturverhältnisse sind sehr altdeutsch-städtisch [...]; und ohne Zweifel trugen sie dazu bei, daß mir das Erlebnis der Entwicklung des deutschen Bürgers zum Bourgeois gewissermaßen vorenthalten blieb« (142). Daß eine solche Entwicklung stattgefunden hat, bestreitet er nicht, nimmt zuletzt sogar in Anspruch, mit Thomas Buddenbrook, der »nicht nur ein deutscher Bürger, sondern auch ein moderner Bourgeois« sein soll, den Typus des neuen Bürgers auch schon gestaltet zu haben (145). Trotzdem ist er nicht bereit anzuerkennen, daß das überlieferte Deutsch-Bürgerliche nicht mehr existiert, d. h. der Vergangenheit angehört. Statt dessen erklärt er es umgekehrt kurzerhand für unvergänglich und bagatellisiert die objektive geschichtliche Entwicklung. Zu diesem Zweck wechselt er die Betrachtungsebene und verweist auf Schopenhauer und Nietzsche – »und meiner Treu, das waren nicht Bourgeois« (142). Jetzt schlägt die Argumentation um, wird Nietzsche zum Kronzeugen dafür, wie unerheblich die vorher zugegebene Entwicklung ist. Wenn er »die philosophische Geistesverfassung der politischen als die bessere, höhere, edlere gegenüberstellt, so ist auch das höchst deutsch, höchst bürgerlich in dem Sinne, den ich diesem Worte beilege, – und kein chronologischer Einwand scheint mir stichhaltig gegen diese Deutschheit als Bürgerlichkeit: sie muß mir, wie ich bin und sehe, als etwas Unsterbliches, von keiner Entwicklung, keinem Fortschritt ernstlich Angreifbares erscheinen« (143).

Als Thomas Mann im ›Versuch über das Theater‹ die historische Überlegenheit des Romans beweisen und die Theorie vom ästhetischen Vorrang des Dramas widerlegen wollte, warf er dem diesen Vorrang behauptenden ›Oberlehrer‹ vor, an einer gar nicht mehr bestehenden dichtungsgeschichtlichen Situation festzuhalten und nicht die Gegenwart des Romans zu sehen, sondern eine Vergangenheit, über die der Roman längst hinausgelangt sei. Das ist grundsätzlich der gleiche Einwand, wie der, gegen den hier Thomas Mann seine Auffassung vom deutschen Bürger verteidigt, nämlich daß er von einem Zustand ausgehe, von dem sich die Wirklichkeit längst entfernt habe, und daß er für Gegenwart halte, was doch schon lange vergangen sei. Wie damals der kritisierte ›Oberlehrer‹ dachte, denkt nun aber Thomas Mann selbst. Wie der ›Oberlehrer‹, der über den Roman urteilte, ohne sich um dessen Entwicklung zu kümmern, läßt sich jetzt Thomas Mann auch durch die historische Tatsache, daß der deutsche Bürger zum Bourgeois geworden ist, nicht von seiner Idee deutscher Bürgerlichkeit abbringen. Ein Unterschied besteht allerdings: während der ›Oberlehrer‹ seine Meinung weder begründen noch verteidigen konnte, weil er gar nicht zu Wort kam, hat hier Thomas Mann das letzte Wort und kann das geschichtliche Argument gegen seine Auffassung von deutscher Bürgerlichkeit als einen lediglich ›chronologischen‹ Einwand, der nicht stichhaltig sei, ablehnen. Daß Nietzsche die philosophische Geistesverfassung für edler hält und höher stellt als die politische, ist für ihn nicht nur »höchst deutsch, höchst bürgerlich«, es offenbart auch nicht nur die Bürgerlichkeit dieser Deutschheit, sondern es ist ihm Beweis genug, daß die deutsche, geistig-unpolitische Bürgerlichkeit trotz der zuvor zugegebenen Entwicklung des Bürgers zum Bourgeois unsterblich ist. Keine Entwicklung und kein Fortschritt vermögen sie zu zerstören oder auch nur zu beeinträchtigen, ›ernstlich anzugreifen‹: sie steht außerhalb der – konsequenterweise zugleich zur Chronologie formalisierten – Zeit und der Geschichte. Nach wie vor bestreitet Thomas Mann nicht, daß eine geistig-gesellschaftliche Veränderung stattgefunden hat.[112] Sie ist jedoch bedeutungslos, ändert am Wesentlichen nichts. Wie wenig sich geändert hat, bestätigt ihm die Person des Reichskanzlers Bethmann Hollweg, an der er in einer etwas gewundenen Deutung darlegt, »daß deutsches Wesen sich noch immer im Zeichen dessen, was ich Bürgerlichkeit nenne, charakteristisch offenbart« (144). Mag sich der deutsche Bürger ruhig in einen Bourgeois verwandelt haben, den Charakter deutscher Bürgerlichkeit berührt das nicht. Denn diese ist unvergänglich. Der Entwertung der objektiven geschichtlichen Wirklichkeit, die Thomas Mann dabei vornimmt, entspricht die absolute Subjektivität, auf die er sich gleichzeitig zurückzieht. Das Ausweichen ins Autobiographische vorher steigert sich zu einer Selbstgenügsamkeit, der es ausreicht, daß ihm diese Bürgerlichkeit als etwas Unsterbliches erscheint. Das ist zwar ganz und gar individuell bedingt, ist eine Folge davon, »wie ich bin und sehe«, trotzdem ist ein chronologischer Einwand dagegen nicht stichhaltig: was war, ist und wird sein. Daß auch der deutsche Bürger inzwischen zum Bourgeois geworden, daß der Bürger der Gegenwart anders ist als derjenige, den er, in das »bürgerliche Zeitalter unserer Geschichte« zurückblickend, in der Vergangenheit entdeckt hat, veranlaßt ihn nicht, einzusehen, daß »Bürgerlichkeit und Geistigkeit, Bürgerlichkeit und Kunstmeistertum« keineswegs »innig sinnverwandte Wörter geblieben sind«. Obwohl die Verwandlung oder »Umwandlung« (144) des deutschen Bürgers in den Bourgeois zeigt, daß die deutsche, geistig-kulturelle Bürgerlichkeit durchaus sterblich ist, steht ihre Unsterblichkeit für ihn fest. Der Glaube an die ewige Fortdauer des Früheren sublimiert sich

---

[112] Nachträglich versucht er dies allerdings doch, indem er erklärt, die Zugeständnisse, die er an die Lehre von der Verhärtung und Entseelung Deutschlands gemacht habe, seien »ein wenig akademisch« (238).

hier nicht zu einem >logischen Postulat<, daß es sein müßte, wie es war (und deshalb nicht sein dürfte, wie es ist), sondern radikalisiert sich zu der Behauptung, daß die reale Veränderung belanglos ist und im wesentlichen trotzdem bleibt, was war. Es ist diese Entwertung der geschichtlichen Wirklichkeit, die Thomas Mann erlaubt, für unsterblich zu halten, was tatsächlich bereits >tot< ist, und gegen die Gegenwart am Vergangenen festzuhalten: es ist nicht vergangen.

Bleibt es bei der Überzeugung, daß sein wird, was war – am extremsten in dem Satz formuliert, daß Deutschland sich zur Politik »auf immer« verhalten wird, wie es sich »von je« zu ihr verhalten hat – auch gegenüber einer Gegenwart, die immer wieder zu erkennen gibt, daß es nicht mehr so ist und auch in der Zukunft nicht wieder so sein wird, wie es war, dann verwandelt sich das Ewigkeitsdenken in Rückwärtsgewandtheit. Zu dieser seiner, man darf wohl sagen: Perversion kommt es in den >Betrachtungen< vor allem in der Auseinandersetzung mit der staatlichen und geistigen Zukunft Deutschlands, seiner eigentlich nie bezweifelten Demokratisierung und >Politisierung<. Trotz der Gewißheit, daß die Demokratie – Demokratie »im westlichen Sinn und Geschmack« – »niemals« deutsches Leben und deutsche Wahrheit werden kann (276), ist Thomas Mann nicht blind dafür, daß sie eben jetzt jedenfalls deutsche Wirklichkeit wird oder schon ist: »Was haben wir heute? Das Niveau. Die Demokratie. Wir haben sie ja schon! Die >Veredelung<, >Vermenschlichung<, Literarisierung, Demokratisierung Deutschlands ist ja seit annähernd zwanzig Jahren im rapidesten Gang! Was schreit und hetzt man denn noch? Wäre nicht eher etwas Konservativismus zeitgemäß?« (586). Unter anderem ist das auch eine Rechtfertigung der >Betrachtungen< und ihrer Verteidigung dessen, was Thomas Mann als wahrhaft deutsch empfindet. Aber das Ressentiment, das in der Frage, was man denn noch schreie und hetze, sozusagen explodiert, verrät deutlich genug, wie genau er sich über die Ohnmacht des angeblich zeitgemäßen Konservativismus und die Aussichtslosigkeit seiner Argumente gegen die Demokratie im klaren ist. Er weiß, daß der Krieg die Demokratie »politisch wirklich zu machen im Begriffe ist« (466), und spricht, ohne sich etwas vorzumachen, von der »parlamentarischen Epoche, in welche wir eintreten« (304). In der Auseinandersetzung mit dieser Gegenwart und Zukunft entfalten sich auch die beiden eben dargestellten Formen von Rückwärtsgewandtheit. Aus dem Postulat, daß es sein müßte, wie es war, erwächst die Deutung der mit dem überlieferten Gegensatz zur >Politik< brechenden Demokratisierung Deutschlands als dessen Entdeutschung. Hier nimmt Thomas Mann die vor sich gehende Veränderung der deutschen Verhältnisse so ernst, daß er, vor ihr zurückschreckend, zwischendurch den Gedanken eines deutschen ›Volksstaates‹ aufgreift, der die Aussicht eröffnet, daß sich vielleicht doch nicht viel ändern und die Zukunft ungefähr wie die Vergangenheit sein wird. Ist dies nur eine bald wieder aufgegebene Annäherung an den Standpunkt, daß es ungeachtet aller Veränderungen im wesentlichen bleiben werde, wie es war, so setzt diese zweite Form von Rückwärtsgewandtheit sich ganz am Schluß dann endgültig durch: in der Vorrede, in der Thomas Mann gewissermaßen in letzter Minute noch einmal den zuletzt freilich doch wieder in eine unsichere Frage mündenden Versuch unternimmt, Deutschlands Zukunft auf seine Vergangenheit festzulegen. Diese Verurteilung und Beurteilung der Demokratisierung und Politisierung Deutschlands sei nun im einzelnen untersucht.


## Deutschlands Zukunft

Thomas Mann hält die Entwicklung, die der Zivilisationsliterat will und betreibt, »für notwendig, das heißt: für unvermeidlich«, den Fortschritt, den dieser »mit Peitsche und Sporn« fördert, für »unvermeidlich und schicksalsgegeben« (67). Es bleibt nicht bei solch allgemeinen Feststellungen. Scharfsinnig wie jemand, der die Herrschaft der Politik ersehnt, gibt er sich nicht wenig Mühe zu begründen, warum sie unvermeidlich ist. Sie ist es zunächst aus historischen Gründen. Der jetzt Deutschland überwältigenden »geistig-politische[n] Invasion des Westens« sind »nicht erst seit heute und gestern« die Wege bereitet (38). Die Demokratisierung Deutschlands kommt und muß kommen, weil sie sowohl geistig als real politisch längst eingeleitet und nicht mehr aufzuhalten ist. Schuld sind daran überraschenderweise Bismarck und Nietzsche. Die Gemeinsamkeit, die Thomas Mann zwischen ihnen sieht, ist eine Übereinstimmung im Gegensatz, die Gemeinsamkeit von Gegenspielern und feindlichen Brüdern. Sie erstreckt sich auch darauf, daß beide etwas bewirkten, das ihrer Deutschheit widerspricht. Bismarck war »eine riesenhafte deutsche Tatsache, dem europäischen Widerwillen trotzig entgegengestellt« (239), sein Werk jedoch war das nicht. Trotz seines Antiliberalismus habe er »die Demokratie in dem Grade als Zubehör seines Nationalstaates betrachtet, daß er der allgemeinen Wehrpflicht das allgemeine Wahlrecht zur Seite stellte« (273). Nietzsches Kritik am Reich sei eine prophetisch vorwegnehmende Polemik gegen eine Entwicklung gewesen, die er »an das Lebenswerk Bismarcks mit fast vollkommener Notwendigkeit sich knüpfen sah [...]: die Entwicklung Deutschlands zur Demokratie« (240). Er habe Bismarck gehaßt, weil er ihn an der »Änderung der geistigen Struktur

Deutschlands, an Deutschlands Nationalisierung und Politisierung arbeiten sah, – und damit an seiner Demokratisierung und Versimpelung im Sinne der homogenen Zivilisation« (244). Genau dies aber ist auch Nietzsches eigene Wirkung. Trotz der »tiefen Deutschheit seines Geistes« hat er »zur Intellektualisierung, Psychologisierung, Literarisierung, Radikalisierung oder, um das politische Wort nicht zu scheuen, zur *Demokratisierung* Deutschlands stärker beigetragen als irgend jemand« (86). Er hat dies nicht durch seine Lehre getan, sondern durch »die Art, in der er lehrte« (87), durch die »gewaltige Verstärkung des prosaistisch-kritizistischen Elementes in Deutschland«, die »Fortschritt in westlich-demokratischer Richtung« bedeutet (88). Diese Entwicklung ist inzwischen so weit gediehen, daß sie nicht länger eine bloß mittelbar politische Tatsache ist, und darauf beruht die historische Überlegenheit des Zivilisationsliteraten. Er hat erkannt, daß die »Literarisierung, Psychologisierung Deutschlands, welche von Genien wie Heine und Nietzsche mächtig stoßweise gefördert wurde [...], bis zu dem Punkte fortgeschritten ist, wo sie ins Politische umschlagen muß, wo der Zusammenhang von psychologischer Denkart und formaler Eleganz mit politischer Freiheit offen zutage tritt« (303f.). Damit ist der unnationale Jakobiner Zivilisationsliterat auf einmal Erbe einer bis auf Heine zurückreichenden Tradition. Sie als eine *deutsche* Tradition anzuerkennen, fällt Thomas Mann allerdings so schwer, daß er sich nicht geniert, im Zusammenhang mit Heines demokratischer Wirkung einmal auch vom »in Paris akklimatisierten Juden Heinrich Heine« zu sprechen (88). Jedoch ist nicht nur Heine, sondern auch der national unverdächtige Bismarck ein Vorläufer des Zivilisationsliteraten, der auf seine Weise fortsetzt, was vor ihm Bismarck begonnen hat. Beide bedrohen sie das Verhältnis deutscher Bürgerlichkeit zur Politik, das »von Hause aus« ein »Unverhältnis« ist und, »nachdem es schon von Bismarck mit zweifelhaft-halbem Erfolg in die Kur genommen worden, heute vom Zivilisationsliteraten auf ›geistigere‹ Weise in die Kur genommen wird« (111). Die Kur, in die Bismarck Deutschland nahm, war die Reichsgründung, sie bedeutete für Deutschland den Anfang der Politik (123). Daß sie ihm von Bismarck aufgezwungen wurde, mag Thomas Mann jedoch auch wieder nicht behaupten. Der »deutsche Wille, sich zu politisieren«, sogar eine »Einsicht in die Notwendigkeit, sich zu politisieren«, bestand weitgehend unabhängig von Bismarck, der nur »Beauftragter und Vollstrecker« war. In der Mitte des vorigen Jahrhunderts ist Deutschland »aus seiner idealistischen in seine realistische Periode« getreten und hätte dies »auch ohne Bismarck« getan (235f.). »Es ist wohl wahr, daß Bismarck Deutschland ›in den Sattel gesetzt‹ hat, aber mit einem Fuß war es schon im Steigbügel« (237).

Zurück blickt Thomas Mann also auch hier. Dabei entdeckt er, daß sich Deutschlands Politisierung schon seit Jahrzehnten vorbereitet und sogar von so deutschen Gestalten wie Nietzsche und Bismarck vorangetrieben wurde. Seit rund fünfzig Jahren ist sie im Kommen, es gibt eine »Entwicklung« Deutschlands zur Demokratie (240) und mindestens am Anfang war daran auch ein deutscher Wille, sich zu politisieren, beteiligt. Es vollzog sich eine »Wandlung« des deutschen Willens (236), so daß dieser 1870 von Bismarck durchaus nicht etwa »auf ihm bis dahin fremde und widerwärtige Bahnen gedrängt« wurde (236). Das widerspricht zwar nicht unbedingt der in der Vorrede so schroff formulierten Meinung, »daß Demokratie, daß Politik selbst dem deutschen Wesen fremd und giftig sei« (31), klingt jedoch immerhin ein wenig anders und scheint auf die Einsicht zuzulaufen, mitten in einem geschichtlichen Prozeß zu stehen, durch den ›Politik‹ allmählich deutsch wird. Thomas Mann sieht es umgekehrt. Ihm zeigt der Rückblick, daß Deutschlands Entdeutschung eben schon früher begonnen hat. Die Politisierung des deutschen Willens in den sechziger Jahren des 19. Jahrhunderts bedeutet, daß der deutsche Geist damals »sehr selbsttätig« Vorbereitungen traf, sich von Bismarck »zur Politik verurteilen zu lassen« (243). Was sich in jenen Jahren anbahnte, war so etwas wie ein Abfall des deutschen Wesens von sich selbst, eine Selbstaufgabe Deutschlands, für das Bismarck denn auch »in sehr bestimmtem Sinn [...] ein Unglück, oder, um es etwas ehrfürchtig-positiver auszudrücken, ein Verhängnis bedeutete« (287). Er bedeutete dies, weil er Deutschland sich selbst entfremdete, weil die Wirklichkeit seines Reichs, wie Thomas Mann es behutsam umschreibt, »nicht gerade die staatliche Daseinsform war, der nationalen Neigung zu reiner Menschlichkeit, Verinnerlichung und Geistigkeit entgegenzukommen, wie der abstrakte Zustand Deutschlands vor hundert Jahren« (ebd.). Die Vorsicht, mit der Thomas Mann hier formuliert, ist ein Kompromiß. Konsequenterweise müßte er das Bismarcksche Reich als Beginn der Entdeutschung Deutschlands verwerfen. Dazu ist er aber doch zu sehr patriotischer Bürger des Kaiserreichs, der nicht »umhin« kann, den in diesem Reich sich offenbarenden »Welt-, Wirklichkeits-, Wirkungswillen« des deutschen Volkes »zu achten und zu verteidigen« (ebd.). Sein Patriotismus ist jedoch auch wieder nicht so stark, daß er ihn davon abhielte, den Prozeß der »Entnationalisierung«, der »Verdummung des Deutschen zum sozialen und politischen Tier«, der »Entdeutschung« auf Bismarck zurückzubeziehen. Denn dieser Prozeß ist nicht nur »im Gange«, sondern er knüpft »an das Lebenswerk Bismarcks« an, und die »Phase deutscher Politisierung und Demokratisierung, auf der man heute hält oder die zu erklimmen man sich propagandistisch bemüht, ist nichts anderes als eben eine neue Phase jenes

von Bismarck in die Wege geleiteten Prozesses, gegen den Nietzsche [...]
aus deutsch-erhaltenden Gründen sich auflehnte« (273).
Es gibt eine Entwicklung Deutschlands zur Demokratie, aber diese Entwicklung ist Niedergang. Der Niedergang setzt nicht erst heute ein. Das
Unheil ist – ähnlich dem Verfall der Familie Buddenbrook, der sich
bereits in der zweiten Generation, mit dem Konsul Johann Buddenbrook,
vorbereitet – schon seit geraumer Zeit unterwegs. Die maßgebende Vergangenheit liegt weiter zurück, vorbildlich ist das – charakteristischerweise obendrein historisch unbestimmt bleibende – »bürgerliche Zeitalter
unserer Geschichte, das auf das geistliche und das ritterliche folgte«.[113]
Ziemlich genau dagegen datiert Thomas Mann den Beginn des nationalen
Verfalls. Es war »ums Jahr 1860«, »daß das, was man die Verwirklichung, Verhärtung oder auch die Politisierung Deutschlands nennen
kann, mit Hochdruck einsetzte« (236f.). Damals, als »alle Köpfe sich der
Begründung des deutschen Staates zuwandten« (ebd.), begann der Prozeß,
der sich im Bismarckschen Reich objektivierte und in der Gegenwart
vollendet. Das mutet absurd an. Denn es besagt ja, daß Deutschlands
Entdeutschung mit seiner (national)staatlichen Existenz identisch ist. Die
Absurdität löst sich auf und wird verständlich als Folge einer recht eigen-
willigen Vorstellung vom wahrhaft Deutschen.

[113] Wahrscheinlich ist die Neigung, das als prägend und verbindlich empfundene Vorbild in einer *fernen* Vergangenheit zu suchen und zu finden, eine
historisierte Form des Ursprungsdenkens und auch einer Ursprungssehnsucht,
die in den ›Betrachtungen‹ mindestens einmal durchbricht: in den Bemerkungen über Claudels ›Verkündigung‹ (404f.). Ein rein ästhetisches Erlebnis war
das »mehrmals mit größter Rührung und Freude« gelesene Drama offenbar
ebensowenig wie Pfitzners ›Palestrina‹. Wie dort die Sympathie mit dem Tode,
so steht hier das Erlebnis einer deutsch-französischen Einheit im Vordergrund,
die Einheit des Ursprungs vor aller trennenden Geschichte ist: »Frankreich und
Deutschland, sie waren einmal *eins* im Mutterschoße der Zeiten, bevor ihre
Lebenswege sich schieden und tödlicher Haß zwischen sie kam. Ein gemein-
samer künstlerisch-metaphysischer Besitz verbindet sie, der keinem von beiden
allein zugesprochen werden kann: Aus deutschem Geist schuf Frankreich die
Gotik. Hat man bemerkt, in welchem Grade die ›Verkündigung‹ in Hegners
Übersetzung als Originaldichtung wirkt? [...] Ja, die Liebe zu dieser Dichtung
ist vor allem Freude am Gewahrwerden uralter Brüderlichkeit, die mehr als
Brüderlichkeit, die Einheit war.« (405) Ursprungssehnsucht verrät auch die
Auffassung der Kunst. »Die Kunst ist eine *konservative* Macht, die stärkste
unter allen; sie bewahrt seelische Möglichkeiten, die ohne sie – vielleicht –
aussterben würden.« (397) Sie bewahrt jedoch nicht irgendwelche seelischen
Altertümer, auch nicht bloß »die Möglichkeit, Denkbarkeit des Rückfalls«, sondern das Ursprüngliche: »Sie wird von Leidenschaft und Unvernunft sprechen,
Leidenschaft und Unvernunft darstellen, kultivieren und feiern, Urgedanken,
Urtriebe in Ehren halten, *wach*halten oder mit großer Kraft wieder wecken,
den Gedanken und Trieb des Krieges zum Beispiel ...« (398).

Sie ist nur indirekt zu fassen. An feierlichen, weit ausholenden, wortreichen oder spruchhaft lapidaren Aussagen über Deutschland und das Deutsche mangelt es in den ›Betrachtungen‹ zwar nicht. Mit ihnen aber ist wenig anzufangen. Eine Definition wie die schon zitierte »Deutschtum, das ist Kultur, Seele, Freiheit, Kunst und *nicht* Zivilisation, Gesellschaft, Stimmrecht, Literatur« (31),[114] ist im Grunde weit mehr Parole als Definition und erlaubt allenfalls Vermutungen. Gewicht erhält sie erst durch eine Reihe verstreuter Äußerungen über Deutschtum und Innerlichkeit. Nie werde der deutsche Mensch »das soziale Problem dem moralischen, dem inneren Erlebnis überordnen«, prophezeit er halb trotzig, halb aggressiv der kommenden deutschen Demokratie (35). Der europäische Westen, die rhetorische Demokratie glaube, »die Frage des Menschen« sei durch »Politik, nämlich utilitaristische Aufklärung und Glücksphilantropie« zu lösen, Deutschland hingegen habe wenigstens bisher gewußt, daß diese Frage »auch als politische ihre Lösung nur durch Innerlichkeit, nur in der Seele des Menschen finden kann« (256). Luther vollendete die Freiheit und Selbstherrlichkeit des deutschen Menschen, »indem er sie verinnerlichte« (279), und Bismarcks Staat kam der nationalen Neigung zu »reiner Menschlichkeit, Verinnerlichung und Geistigkeit« nicht gerade entgegen (287). Ausdrücklich auf die ›Betrachtungen‹ verweisend, schreibt Thomas Mann 1923 an Felix Bertaux, seine geistige Welt sei der »Individualismus protestantischer Innerlichkeit« (Br. I, 207).[115] Es ist diese Innerlichkeit, die in den ›Betrachtungen‹ für ihn noch das Deutsche schlechthin bedeutet. Sie begründet Deutschlands Gegensatz zu Demokratie und Literatur, zu Zivilisation, Aufklärung und Fortschrittsdenken, zur ›Politik‹, die er wohl überhaupt nur infolge dieser Innerlichkeitsperspektive mit so vielem und allem möglichen gleichsetzen kann. Letzten Endes ist auch die bejahte »wahre«, die »menschliche« Demokratie, in der Demokratie und Autokratie keine menschlichen Gegensätze sind (437), Entwurf

---

[114] Drei andere Beispiele: »Anti-Radikalismus – ohne Lob und Tadel gesagt – ist die spezifische, die unterscheidende und entscheidende Eigenschaft oder Eigenheit des deutschen Geistes: dies Volk ist das unliterarische eben dadurch, daß es das anti-radikale ist, oder, um das bloß Verneinende, aber wiederum ohne Lob und Tadel, ins Positive, *höchst* Positive zu wenden, – es ist das Volk des Lebens.« (83f.) – »Ich halte es für deutsch, soziale Sauberkeit mit tiefer Abneigung gegen jede Überschätzung des sozialen Lebens zu vereinigen.« (239) – »Freiheit, Pflicht und abermals Freiheit, das ist Deutschland.« (279)
[115] Diese Innerlichkeit ›verwirklicht‹ sich im »wirklichkeitsreinen Träumer«, im »Träumer-Ideal der Freiheit und Ungebundenheit«, im »hermetischen Genügen des Träumers an sich selbst«, die Hellmut Haug in seinem Buch ›Erkenntnisekel‹ (Tübingen 1969) überzeugend beschreibt, wenn auch nicht ebenso überzeugend erklärt: für die Interpretation *solcher* Sachverhalte muß man heute schon die Psychoanalyse heranziehen.

einer nicht die Wirklichkeit übersteigenden, sondern vor ihr stehen bleibenden Innerlichkeit. Protestantisch ist diese Innerlichkeit allerdings nur
in einem säkularisierten Sinn, da ihr das christlich-religiöse Moment weitgehend fehlt, und dies obwohl Thomas Mann in den ›Betrachtungen‹
immer wieder von Religion, »metaphysischer Religion« spricht. Erich
Heller hat darauf seinen Versuch aufgebaut, die ›Betrachtungen‹ als
»Produkt einer religiösen Krise« zu deuten.[116] Dem steht jedoch allein
schon die biographische Tatsache entgegen, daß es eine Glaubensproble-
matik bei Thomas Mann weder vor noch nach den ›Betrachtungen‹ gibt.
Es gibt sie auch in den ›Betrachtungen‹ nicht. Die Anrufung der Religion
hat mit Protestantismus, christlichem Glauben überhaupt wenig zu tun.
Sonst hätte Thomas Mann kaum einen Satz schreiben können wie den:
»Der Glaube an Gott ist der Glaube an die Liebe, an das Leben und an
die Kunst« (504). Wichtig wurde Religion für ihn in diesen Jahren als
objektiv vorgegebene Form unpolitischer Innerlichkeit, als geistige Institution, von der er – zu recht oder unrecht – meinte, daß sie mit Aufklärung, Fortschritt, Zivilisation, ›Politik‹ ebensowenig im Sinn habe wie er
selbst. Dankbar zitiert er: »›Christus bekümmert sich nicht um Politik‹,
sagte Luther«. (519)[117] Nicht als christlicher Glaubenssucher nähert er sich
der Religion, diese ist vielmehr eine der Festungen, auf die er sich ab und
zu zurückzieht, um von dort aus gegen die ›Politik‹ und insbesondere
gegen deren sozialrevolutionäre Tendenz zu kämpfen, gegen das, was er
»Überschätzung des sozialen Lebens« nennt. Sie verachtet er, weil er bezweifelt, daß »soziale Umstände« für das Glück irgendeine Rolle spielen
– das Glück »ist ›in euch‹ oder es ist nicht in euch« (324). Ein andermal
kann diese Festung genausogut ›Bildung‹ heißen, etwa wenn er unter
Berufung ausgerechnet auf den Goethe der ›Wanderjahre‹ (und deren

[116] Heller, Thomas Mann, S. 127ff.
[117] Wie weitgehend diese Auffassung des Christentums von Thomas Manns
Auffassung Luthers abhängt, der in den ›Betrachtungen‹ zugleich eine der
mythischen Ausprägungen des Deutschtums ist, zeigen auch die folgenden Sätze,
die sich auf die Reformation beziehen: Könnte man nicht sagen, daß »das
Erlebnis der metaphysischen Freiheit gegen politische Freiheit einigermaßen
gleichgültig stimmt und zur Begeisterung für Menschenrechte, rote Republik und
Fortschritt, zur politischen Begeisterung mit einem Wort, sehr schlecht disponiert? Wirklich war Luther, wie beträchtlich auch seine politischen Wirkungen
sein mochten, für seine Person ein ausgemacht unpolitischer Mensch. Es steht
fest, daß er weder politische Begabung, noch politisches Interesse, noch politische
Absichten und Ziele hatte. Es handelte sich für ihn nicht um Dinge dieser Welt,
es handelte sich um seiner Seelen Seligkeit [...]« (513). Über Thomas Manns
Lutherbild und sein Verhältnis zum Protestantismus vgl. Lehnert, Thomas
Mann, S. 140–223, über seine (so Lehnert) »vage Religiosität« speziell S. 187–
195.

Bildungsidee auf den Kopf stellend), »Bildung, Erziehung« als das »bitter notwendige Korrektiv der heraufkommenden Demokratie« zitiert, weil mit dem Erziehungsgedanken »die soziale, die politische Frage dorthin zurückverlegt wird, wohin auch sie gehört, nämlich in das Innere der Persönlichkeit; weil sie durch ihn wieder in jene Sphäre gerückt wird, die sie nie hätte verlassen dürfen, in die seelisch-moralische, die menschliche Sphäre« (259).[118] Als Positionen unpolitischer Innerlichkeit sind ›Religion‹ und ›Bildung‹ dann auch ohne weiteres austauschbar. So folgt der Behauptung, »nur wirkliche, das heißt metaphysische Religion« könne dem Leben der Gesellschaft Versöhnung bringen, gleich die konziliante Alternative: »Oder, wenn man von Religion nicht sprechen will, so sage man Bildung dafür« (259).[119]

[118] Aus der Tatsache, daß Thomas Mann von ›Erziehung‹ und vom ›Erziehungsgedanken‹ spricht, Goethe für ihn »dieser leidenschaftliche Erzieher« ist, schließt Jürgen Scharfschwerdt (Thomas Mann und der deutsche Bildungsroman, S. 109), daß Thomas Mann sich hier schon auf dem Wege einer Relativierung der individualistischen Bildungsidee befinde, da der Erziehungsbegriff das Soziale und Politische mit einschließe, »auf den Vorgang der Überwindung des Individualismus in einem neuen Zusammenhang von Individuum und Gesellschaft gerichtet« sei. Zwei andere Tatsachen, die Scharfschwerdt ebenfalls erwähnt, scheinen mir diese Deutung zu widerlegen: daß Thomas Mann den Erziehungsbegriff »immer wieder fast ununterscheidbar gleichzeitig mit dem Bildungsbegriff verwendet«; und daß sein Verständnis der ›Wanderjahre‹ den sozialen Aspekt ihrer Bildungsidee hier gerade nicht zur Kenntnis nimmt, er auch die ›Wanderjahre‹ noch »im Horizont der individuellen und individualistischen Bildungsidee« sieht. Vor allem dies unterstreicht, daß die Relativierung der individualistischen Bildungsidee der ›Betrachtungen‹ sich in den ›Betrachtungen‹ selbst auch nicht ansatzweise vorbereitet.

[119] Wie sich in der Religiosität der ›Betrachtungen‹ seelische und gesellschaftliche, ästhetische und zivilisationsfeindliche Motive mischen, zeigen z. B. die folgenden Sätze, die sich auf mittelalterliche Kirchen beziehen: »Daß es noch heute, mitten in einer hinlänglich befreiten Welt, Stätten gibt, die ihren Besuchern ein gut Teil solchen Anstandes auferlegen, Orte, an denen auch der ehrfurchtsloseste Lümmel das Hutfabrikat herunterzunehmen, die Stimme zu dämpfen, die Visage ruhig, ernst, beinahe nachdenklich und jedenfalls ehrerbietig zu machen nicht nur von außen durch Sitte und Ordnung, sondern wahrhaftig immer noch auch innerlich gehalten ist; daß es *heilige* Orte gibt, heute noch, gefriedete Freistätten der Seele, wo der Mensch, dem üblen Gebrodel irgendeiner Großstadtstraße entronnen, umgeben plötzlich von hallender Stille, farbigem Dämmer, angehaucht vom Duft der Jahrhunderte, dem Ewigen, Wesentlichen, kurz dem *Menschlichen* Aug in Aug gegenübersteht, – das hat etwas Phantastisches, Unglaubwürdiges und ist ein großes, herrliches Labsal.« (479) »Was mich betrifft, so habe ich den Aufenthalt in Kirchen von jeher geliebt, und zwar aus einem Ästhetizismus, der mit Kulturwissenschaft und Handbuchbildung durchaus nichts zu tun hatte, sondern auf das Menschliche gerichtet war. Zwei Schritte seitwärts von der amüsanten Heerstraße des Fortschritts, und ein Asyl umfängt dich, wo der Ernst, die Stille, der Todesgedanke im Rechte wohnen und das Kreuz zur Anbetung erhöht ist.

Protestantisch ist die Innerlichkeit, um die es Thomas Mann in den
›Betrachtungen‹ geht, zum Teil ihrer geistesgeschichtlichen Herkunft
nach. Was ihm als wahrhaft deutsch vorschwebt, bezeichnet man indessen
wohl treffender als weltlose Innerlichkeit oder, wenn man seiner eigenen
Umdeutung eines Mangels in eine Tugend folgen will, als ›wirklich-
keitsreine‹ Innerlichkeit.[120] Ihren in der doppelten Bedeutung des Wortes
›romantischen‹ Charakter, auch das sehr Literarische, literarisch Erträum-
te dieser Idee des Deutschen erhellt die engagiert nationale Interpretation
der Taugenichts-Gestalt, angesichts der Thomas Mann ausrufen möchte: »wahrhaftig, der deutsche Mensch!« (381). Der Taugenichts ist »in der
Welt [...] nicht zu Hause«, er hat »in der Regel nicht teil an dem Glücke
derer, die sich in ihr zu Hause fühlen« (379) – und eben ihn feiert Thomas Mann als »überzeugend und exemplarisch deutsch«. »Und er nimmt
dann seine Geige von der Wand und spricht zu ihr: ›Komm nur her,
du getreues Instrument! Unser Reich ist nicht von dieser Welt!‹« (379)
Dem Zusammenhang, den Thomas Mann hier zwischen dem deutschen
Menschen, Innerlichkeit, Weltlosigkeit und der Musik herstellt, begegnet
man andeutungsweise schon vorher in den Bemerkungen über die deutsche Musik. Sie ist nicht »politische Cantilene« – das ist die Musik des
Zivilisationsliteraten, Musik »im italienischen Geschmack« (319). Dagegen
stellt Thomas Mann, diesmal Grillparzers ›Armen Spielmann‹ zitierend,
die »absolute Musik«, Musik als »die fuga und das punctum contra
punctum«. Sie ist deutsch, und zwar seit Jahrhunderten. Seit Luther ist
sie »Abbild und künstlerisch-spirituelle Spiegelung des deutschen Lebens«
(320), ihre nationale Macht muß der Zivilisationsliterat brechen, um
Deutschlands Entnationalisierung herbeizuführen.
Musik als Inbegriff des Deutschen: davon geht dann die sonderbare Bestimmung des Fortschritts in der Vorrede aus. Wo das Buch von Fortschritt spreche, heißt es dort, sei der »Fortschritt von der Musik zur Demokratie« gemeint (39), wogegen es opponiere, das sei der »Fortschritt
Deutschlands von der Musik zur Politik« (40). Jedoch, so heftig er auch
opponiert, von der Unvermeidlichkeit dieser Entnationalisierung ist Thomas Mann so fest überzeugt, daß er sie nicht einmal hier ernsthaft in
Frage stellt, wo er sie als doch nicht so ganz sicher hinstellen möchte:
wenn das Buch »aber behauptet und aufzuzeigen sucht, daß Deutschland

Welche Wohltat! Welche *Genugtuung!* Hier ist weder von Politik noch von Ge-
schäften die Rede, der Mensch ist Mensch hier, er hat ein Herz und macht kein
Hehl daraus, es herrscht reine, befreite, unbürgerlich-feierliche Menschlichkeit.«
(480)
[120] Die Bedeutung des für den frühen Thomas Mann so charakteristischen Wortes ›wirklichkeitsrein‹ hat meines Wissens als erster Hellmut Haug erkannt (Erkenntnisekel, S. 11).

sich wirklich rapide und unaufhaltsam in der Richtung dieses Fortschritts bewege, so ist das freilich *zunächst* ein rhetorisches Mittel der Abwehr. Denn es bekämpft ja offenbar diesen Fortschritt, es leistet ihm konservativen Widerstand.« (39) Die Begründung ist plausibel. Ist die Demokratisierung Deutschlands tatsächlich unaufhaltsam, dann ist die rigorose Ablehnung dieses ›Fortschritts‹ nicht nur Rückwärtsgewandtheit, Sympathie mit dem Tode, sondern dann ist der Kampf gegen die Demokratie auch von vornherein aussichtslos und das Buch umsonst geschrieben. Das mag Thomas Mann trotz des Eingeständnisses, der »erhaltende Gegenwille«[121] wisse genau, daß er sich in einer aussichtslosen Verteidigung befinde (67), offenbar nicht ohne weiteres zugeben. Also versucht er, die zuvor aufgezeigte Unaufhaltsamkeit der Entwicklung im letzten Moment, gegen Schluß der Vorrede, schnell noch zu relativieren, indem er sie als ein taktisches Manöver ausgibt, als ein »Mittel der Abwehr«. Doch tut er auch dies wiederum nur halb, spricht von einem ›rhetorischen‹ Mittel der Abwehr und hebt hervor, daß es lediglich *zunächst* Abwehr sei. Die Relativierung wird ihrerseits relativiert und dadurch so doppelsinnig, daß sie zugleich bestätigt, was sie als zweifelhaft erscheinen lassen soll. Thomas Mann bagatellisiert die mit einigem Aufwand bewiesene Unvermeidlichkeit der Politisierung Deutschlands zu einer Art Zweckpessimismus, formuliert das jedoch auf eine Weise, die zu verstehen gibt: es ist Zweckpessimismus, außerdem aber ist es tatsächlich so – den Teufel, den ich an die Wand gemalt habe, gibt es wirklich.

Es gibt ihn, Deutschlands Entdeutschung ist sowohl »unvermeidlich« als auch »schicksalsgegeben«, und zwar aus zwei Gründen: damit es überhaupt einen deutschen Staat gibt und damit es ihn, da er ja bereits besteht, auch in Zukunft gibt. Die Welt des ›Taugenichts‹ – »Traum, Musik, Gehenlassen, ziehender Posthornklang, Fernweh, Heimweh, Leuchtkugelfall auf nächtlichen Park« (376), kurz: weltlose Innerlichkeit – ist keine Grundlage für einen Staat. Thomas Mann bringt dies selbst zum Ausdruck, wenn er den deutschen Willen, sich zu politisieren, »Einsicht in die Notwendigkeit, sich zu politisieren« nennt (235). Notwendigkeit heißt hier nicht historische Zwangsläufigkeit, sondern soviel wie unerläßliche Voraussetzung, damit ein deutscher Staat entstehe. Mit anderen Worten: Thomas Manns Idee des Deutschen als weltlose Innerlichkeit, des Deutschtums als »Kultur, Seele, Freiheit, Kunst« und seine Überzeugung, daß dieses deutsche Wesen zeitlos, unveränderlich, sich ewig gleichbleibend ist, verurteilen Deutschland zu der ›tragischen‹, kritisch gesehen: absur-

---

[121] An der zitierten Stelle steht »erhaltene Gegenwille«, doch ist das offensichtlich ein Druckfehler. Vgl. die Erstausgabe von 1918, S. 30, und die Ausgabe von 1956 (in der Stockholmer Gesamtausgabe), S. 59.

den Alternative, entweder staatslos deutsch zu bleiben oder sich um seiner staatlichen Existenz willen zu entdeutschen, sich selbst aufzugeben, sich zu ›verraten‹. Nicht umsonst zitiert er mit gereizter Zustimmung Lagardes Diktum, daß es nie eine deutsche Geschichte gegeben habe, wenn nicht etwa der regelrecht fortschreitende Verlust deutschen Wesens deutsche Geschichte sein solle (127). Die ›Tragik‹ wiederholt sich in der Konstruktion, daß der nationale Heros Bismarck, dessen Deutschheit Thomas Mann so emphatisch herausstellt,[122] die »Entnationalisierung« Deutschlands und die »Verdummung der Deutschen zum sozialen und politischen Tier« einleitete und zum Vorläufer des Zivilisationsliteraten wurde. Das war der eine Weg, der in eine schlechte Zukunft führt. Der andere und der einzige, um dem Niedergang Deutschlands, seiner »Zersetzung« und der »Verfälschung« des deutschen Wesens zu entgehen, wäre der Weg zurück in die gute Vergangenheit, in der das wahrhaft Deutsche ja Wirklichkeit war. Thomas Mann erwägt diese Möglichkeit in Sätzen, die nicht prüfen, sondern Sympathie ausdrücken.

> Wir wollen aufrichtig sein! In dem Gedanken einer Zurückführung Deutschlands auf den ehemaligen un- und überpolitischen Zustand liegt für jeden geistigen Deutschen eine Versuchung, eine tiefe seelische Verlockung, die wir nicht verkennen, nicht unterschätzen. Welche Vorteile für den Geist würde die Wiederherstellung dieses alten Zustandes mit sich bringen! Welche Überlegenheit liegt im Danebenstehen, im Zuschauertum, in der Unbeteiligtheit, im Nicht-Wollen, im zynischen Philosophentum, das den Alexander nur aus der Sonne gehen heißt, – welche Freiheit, Ironie, Heiterkeit, Reinheit, Menschlichkeit wäre damit gewonnen, wenn auch die nationale Wirklichkeit wieder gedrückt, armselig und irdisch-würdelos wäre wie zuvor! (286f.)

Unbehagen an der Gegenwart lenkt den Blick in die Zukunft, in der es besser sein soll, als es ist, aber Zukunft kann völlig verschieden gedacht werden, je nachdem, worin das Unbehagen an der Gegenwart gründet. Thomas Mann ist sie zuwider, weil sie sich vom Früheren entfernt hat – nicht weil es noch nicht ist, wie es sein könnte oder sollte, sondern weil es nicht mehr ist, wie es war –, also denkt er nicht ›progressiv‹ an Reform oder Revolution, sondern ›regressiv‹ an Restauration und malt das Glück aus, das einträte, wenn die Zukunft wieder die Vergangenheit wäre. Sein Unbehagen an der Gegenwart läßt den Gedanken an eine Zukunft aufsteigen, die wiederhergestellte Vergangenheit ist. Im Unterschied zum ›Versuch über das Theater‹ wäre eine solche Wiederherstellung jedoch

---

[122] »[...] ich sah in Bismarck einen gewaltigen Ausdruck deutschen Wesens, einen zweiten Luther, ein ganz großes Ereignis in der Geschichte des deutschen Selbsterlebnisses, eine riesenhafte deutsche Tatsache, dem europäischen Widerwillen trotzig entgegengestellt.« (239)

keine Rückkehr, zu der es infolge eines zyklisch verlaufenden Geschichtsprozesses von selber kommt, sondern eine aktive »Zurückführung« auf den vergangenen Zustand. Das deutet auf einen linearen, deshalb offensichtlich aber noch nicht irreversiblen Geschichtsverlauf hin. Daß eine Zurückführung gar nicht möglich sein könnte – dieser Einwand taucht überhaupt nicht auf. Thomas Manns Vorbehalt ist von anderer Art. Der tiefen seelischen Verlockung zum Zurück wirkt entgegen, daß dann auch die nationale Wirklichkeit wie damals wäre, »gedrückt, armselig und irdisch-würdelos«. So charakterisiert man keinen Zustand, den man wiederhergestellt wünscht. Stärker als die Verlockung des früheren un- und überpolitischen Zustandes, in dem Deutschland zwar von keiner Verfälschung seines Wesens bedroht, dafür aber politisch ohnmächtig war, ist die Anziehungskraft des sogleich beschworenen »Welt-, Wirklichkeits-, Wirkungswillen[s]« des deutschen Volkes, den zu achten und zu verteidigen man nicht umhin könne, »gerechtfertigt und bewiesen wie er ist durch die ernsteste Tüchtigkeit, durch gewaltige Taten und Leistungen« (287). Hier meldet sich ein Patriotismus, der Deutschland jedenfalls nicht schwach und danebenstehend wünscht und darum seine Zurückführung auf den früheren Zustand nicht wünschen kann. Er kann dies um so weniger, als der Zivilisationsliterat angeblich will, daß Deutschland »entmachtet, zerstückelt und auf den Zustand von vor hundert Jahren zurückgeführt werde« (286). Patriotismus, für den sich Thomas Mann durch eine Interpretation von Goethes Gespräch mit dem Historiker Luden über den ›Tag des Ruhmes‹ zudem eine historische Rückendeckung verschafft,[123] zwingt ihn, trotz seiner Kritik den Staat Bismarcks und die ›Politisie-

---

[123] Historische Rückendeckung findet Thomas Mann in diesem Gespräch aus dem Jahr 1813 für seinen eigenen Patriotismus durch dreierlei (285f.): 1. Der Trost, den Kunst und Wissenschaft Goethe gewährten, war auch für ihn nur Ersatz, lieber wäre ihm das Bewußtsein gewesen, einem »großen, starken, geachteten und gefürchteten« Volke anzugehören – daß Goethe gern einem *gefürchteten* Volke angehören wollte, gefällt Thomas Mann besonders; 2. Goethe verlieh seinem Glauben an die »machtpolitische Zukunft Deutschlands« Ausdruck; 3. Goethes »Tag des Ruhmes« ist für Thomas Mann der Tag »deutscher Einigung und Herrschaft«, nachdem er ihn früher schon als Deutschlands »Weltstunde« verstanden hatte (157). Im Zusammenhang der ›Betrachtungen‹, denen »deutsche Herrschaftsaufgaben« völlig selbstverständlich sind (273) und in denen die Kriegsbegeisterung von 1914 ganz im Sinne von Fischers ›Griff nach der Weltmacht‹ als Bereitschaft Deutschlands gedeutet wird, »*das* Weltvolk der Wirklichkeit« zu werden (338), ist die Formel von deutscher »Einigung und Herrschaft« nicht ganz so harmlos wie sie für sich genommen klingt. Edith Braemers Feststellung, Thomas Mann mißverstehe Goethes »Tag des Ruhmes« als »Bereitschaft zu einer Art Imperialismus« (Aspekte der Goethe-Rezeption Thomas Manns, a.a.O. S. 183), scheint mir den Sachverhalt genau zu treffen.

rung‹ Deutschlands mit ihren Folgen zu akzeptieren.[124] Patriotismus ist es auch, der ihn Deutschlands Demokratisierung für unvermeidlich halten läßt.

Das populäre Bild vom Riesen, der Deutschland in den Sattel gesetzt hat, wieder aufnehmend, zieht er aus der damals eingeleiteten ›Entwicklung‹ Deutschlands zur Demokratie für Gegenwart und Zukunft die Konsequenz: »Ein Riese setzte Deutschland in den Sattel: nun muß es reiten, denn herunterfallen darf es nicht. Dieser Satz scheint mir die gelassene, präzise und alle Wünschbarkeit oder Nicht-Wünschbarkeit außen lassende Umschreibung dessen zu sein, was ich das Notwendige der Entwicklung nenne.« (244) Das scheint zunächst nichts weiter zu heißen als: da Deutschland sich nun einmal auf die Politik eingelassen und mit Bismarcks Reich den Weg der Politik eingeschlagen hat, muß es auf diesem Weg auch weitergehen. Indessen, warum muß es das? Warum muß es reiten und darf es nicht herunterfallen, obwohl seine Politisierung doch seine Entdeutschung ist und seine Zurückführung auf den ehemaligen un- und überpolitischen Zustand grundsätzlich möglich wäre? Die Antwort gibt Thomas Mann, wenn er an der zuletzt zitierten Stelle fortfährt: »Diejenigen, die heute ein demokratisches Deutschland fordern, erheben diese Forderung, deren Erfüllung der Reichskanzler verspricht, nicht aus doktrinären, theoretischen, sondern aus durchaus praktischen Gründen: damit Deutschland erstens leben und damit es zweitens stark und herrenhaft leben könne – worauf es ihrem innigen Glauben zufolge das höchste Anrecht besitzt.« (244) So denken die vom Zivilisationsliteraten streng unterschiedenen »patriotischen Demokraten« (245), vertreten durch die »ernste und biedere« Stimme eines – anonym bleibenden – »nationaldemokratischen Mannes«, so denkt der »patriotische Opportunitäts-Demokratismus« (246). Thomas Manns Urteil über diese, wie er glaubt, gegenwärtig in Deutschland »vorherrschende politische Willensmeinung« (246) ist zwiespältig. Geistig lehnt er sie ab, real politisch akzeptiert er sie nicht allzu widerstrebend. Aufzulösen sucht er diesen Konflikt durch die Unterscheidung zwischen dem Wünschbaren und dem Notwendigen. Daß Deutschland ein Anrecht habe, stark und herrenhaft zu leben, ist durchaus auch seine An-

---

[124] Anders H. J. Maître: Thomas Mann »verlangt«, schreibt er, »die Wiederherstellung der Zustände, da Kunst und Politik noch getrennt waren« (Thomas Mann, S. 32). So primitiv war Thomas Mann nicht. Maître übersieht das *doppelte* Dilemma: daß Thomas Mann diese »Zustände« zwar für vorbildlich hält, ihre Wiederherstellung aber nicht einmal wirklich wünschen, geschweige denn verlangen konnte, weil er zugleich ein mit ihnen nicht vereinbares mächtiges Deutschland wünschte; und daß er, obwohl er die Trennung von Kunst und Politik leidenschaftlich verteidigte, dennoch überzeugt war, daß die Herrschaft der Politik auch in Deutschland nicht aufzuhalten sei.

sicht. Das aber ist ohne einen deutschen Staat, ohne ›Politik‹, infolge seiner Gleichsetzung von Politik und Demokratie also auch ohne Demokratie nicht zu haben. Insofern muß er Deutschlands Demokratisierung und damit dessen Entdeutschung »für notwendig, das heißt: für unvermeidlich« halten. Notwendig ist diese ›Entwicklung‹ nicht so sehr historisch als vielmehr machtpolitisch, und auf dieser Ebene kommt es denn auch zu der vorbehaltvollen Zustimmung zum patriotischen Opportunitäts-Demokratismus. Das machtpolitisch Notwendige der Entwicklung veranlaßt ihn jedoch keineswegs, sie gut zu finden. Wünschbar ist die Demokratie nicht und kann sie nicht sein, weil sie das deutsche Wesen verfälscht. Deshalb muß Thomas Mann den nationaldemokratischen Standpunkt *geistig* genauso ablehnen wie den des Zivilisationsliteraten, auch wenn er das in sehr viel milderer Form tut. Er kritisiert die Demokratie des nationaldemokratischen Mannes als einen »Selbstwiderspruch«, weil sie zugleich demokratisch und national sein wolle. Eine solche Synthese kann er sich nicht vorstellen. Denn Politik, Demokratie ist ja, daran hält er konzessionslos fest, »an und für sich etwas Undeutsches, Widerdeutsches« (262). In Wahrheit sei diese Demokratie auch gar nicht national. Da sie um Deutschlands wirtschaftliche Wohlfahrt, sein Glück und seine Macht besorgt sei, sei sie patriotisch. National jedoch könne sie nicht sein; was diesen ihren Anspruch Lügen straft, das ist »ihre gesamte geistige Überlieferung«, die Thomas Mann mit einem Rousseau-Zitat illustriert (263). Wie in der Deutung des Zivilisationsliteraten als Jakobiner verbindet sich auch in der Kritik der nationaldemokratischen Position Thomas Manns ins 18. Jahrhundert zurückgerichteter Blick mit der Überzeugung, daß es ist, wie es war. Und wie die Vergangenheit der Demokratie, so ist auch die Vergangenheit Deutschlands zeitlos und unwandelbar: »auch heute« bleibt der »Gegensatz von Deutschtum und politischem Wesen« in Kraft, »wie er auch von den Anwälten der Politisierung, das heißt: der Demokratisierung Deutschlands verleugnet werden möge« (263f.). In sein rückwärtsgerichtetes Ewigkeitsdenken verfangen, muß Thomas Mann darauf bestehen, daß die Demokratie undeutsch ist, auch wenn sie aus patriotischen Gründen gefordert wird und obwohl sein eigener Patriotismus ihn sie für notwendig halten läßt. Er gerät damit automatisch in ein widerspruchsvolles Verhältnis zur Zukunft. Er erkennt die Demokratie, ›Politik‹ als Deutschlands Zukunft an – »ein Riese setzte Deutschland in den Sattel, nun muß es reiten, denn herunterfallen darf es nicht« – zugleich muß er sie als Deutschlands Entdeutschung ablehnen.
Recht deutlich kommt dieses Dilemma in den alles mögliche berührenden Überlegungen zum Ausdruck, deren Hauptthema das gleiche und allgemeine Wahlrecht, konkret: die Abschaffung des preußischen Dreiklassen-

wahlrechts ist. Ganz zuletzt findet er daraus einen – freilich auch nur
vorübergehenden – Ausweg, vorher aber spiegeln die zehn Seiten, die er
braucht, um seine Meinung zur Wahlrechtsfrage darzulegen (261–271),
lebendig, ja dramatisch den Konflikt, den er erst einmal austragen muß.
Auf der einen Seite ist er gegen die Demokratie, also auch gegen das
gleiche und allgemeine Wahlrecht, auf der anderen Seite kann er dessen
Einführung nicht ablehnen, weil er fürchtet, daß Deutschlands staatliche
Zukunft und damit seine Macht und Größe gefährdet würde, wenn man
es verweigerte. Die »sittlichen und geistigen Argumente« zugunsten des
gleichen Wahlrechts erscheinen ihm »sehr schwach, sehr wenig stichhaltig«
(265), später »hinfällig« (268), er ist überzeugt, daß ein »mit Weisheit
geregeltes Mehrstimmenrecht« relativ gerechter sein könnte (268),[125]
ebenso überzeugt aber ist er, daß angesichts des »tatsächlichen, unbeein-
flußbaren und unaufhaltsamen Ganges der politischen Entwicklung, die
geradlinig ins immer Massengerecht-Primitivere, ins Radikal-Demokratische führt« (269), gar nichts anderes übrig bleibt, als auch in Preußen
das gleiche Wahlrecht einzuführen. Er sieht dies und sträubt sich doch
dagegen, noch in der äußeren Form der Gedankenführung bildet sich seine
Abneigung dagegen ab. Umständlich argumentierend, mehrfach abschwei-
fend und zum Thema der Wahlrechtsfrage, »zu der es nun wohl oder übel
Stellung nehmen heißt« (265), nur widerwillig zurückkehrend, immer
wieder einen neuen Einwand oder wenigstens einen bestätigenden Beleg
für seine Einwände vorbringend und gelegentlich in die Sentenz ausweichend, schiebt er es so lange wie möglich auf, das zuzugeben, was er am
Ende doch knapp und unvermittelt zugibt – um es ganz zuletzt wieder
weitgehend aufzuheben:

[...] erscheint die Gewährung des allgemeinen und gleichen Stimmrechts an
Preußen auch mir heute als ein Postulat der praktischen Vernunft. Vor die
Entscheidung gestellt, stimme auch ich ihr zu. Sie wäre zu vermeiden gewesen, wenn die Regierung beizeiten zu reformatorischen Zugeständnissen
sich bereit gefunden hätte; wie heute die Dinge liegen, ist sie kaum hintanzuhalten, ohne den Staat selbst zu gefährden, und ihre Hintertreibung aus
geistigen, prinzipiellen Gründen wäre wahrscheinlich in ganz ähnlichem
Sinne ein Zeichen der politischen Unmöglichkeit und Zukunftslosigkeit

[125] »Für mich besteht kein Zweifel, daß gerade in einem differenzierten Volk
mit großen geistigen Abständen, wie dem deutschen, ein mit Weisheit geregeltes
Mehrstimmenrecht, welches nach Verdienst, Alter, Bildungsgrad, geistigem Range
fragte, auch Bedacht darauf nähme, ob einer Söhne hat und also an der Gestaltung des Staates einen nicht nur egoistisch-persönlichen, sondern weiterschauen-
den Anteil nimmt, – daß ein solches Stimmrecht relativ gerechter sein könnte
als das gleiche: denn um relative Gerechtigkeit kann es sich bei aller menschlichen
Rechtsordnung ja immer nur handeln.« (268)

Deutschlands, wie ein ideologisch bestimmter Verzichtfriede nach außen. Jener patriotische Opportunitäts-Demokratismus, so unerlaubt er, geistig beurteilt, immer sei, hat zuletzt sein gutes praktisch-politisches Recht; und den Geistigen und Künstler, der aus nationaler Sympathie und Gebundenheit Deutschlands politische Größe wünscht, möge eben diese Gebundenheit nicht hindern, sondern bestimmen, heute eine demokratische Staatstechnik in Deutschland zu befürworten: in der Einsicht, daß man die Bedeutung der Rechtsordnung für das nationale Leben nicht überschätzen soll, unter allem geistigen Vorbehalt übrigens und in der stillen Zuversicht, daß der deutsche ›Volksstaat‹ gegen die Demokratie des rhetorischen Bourgeois beträchtliche und gut nationale Unterschiede aufweisen wird. (270f.)

Ein Bekenntnis zur Demokratie ist das nicht. Was aber ist es? Kann man sagen, daß Thomas Mann aus patriotischer Sorge um Deutschlands Zukunft schließlich doch auch das demokratische Wahlrecht hinnimmt, seine Rückwärtsgewandtheit also ihrerseits praktisch folgenlose Innerlichkeit bleibt? Macht er um Deutschlands Größe willen seinen wenn auch nicht vorbehaltlosen Frieden mit der Demokratie? Anfangs sieht es so aus, die ersten Sätze sind ein resignierter Kompromiß, in dem sich sein Patriotismus gegen seine Ablehnung jeder Art Demokratie durchsetzt, ohne daß er seine grundsätzlich negative Einstellung revidiert. Geistig beurteilt bleibt selbst der patriotische Demokratismus unerlaubt. Das könnte bloße Redensart sein, um zu verschleiern, daß er de facto seinen Standpunkt aufgegeben hat. Daß es sich nicht so verhält und er nach wie vor mit der Demokratie nichts im Sinne hat, führt indessen sofort die unter der Hand eingeschmuggelte Umdeutung der Wahlrechtsfrage vor. Während das gleiche und allgemeine Stimmrecht vorher stets Demokratie bedeutete und es dabei um Deutschlands Demokratisierung ging, faßt er es am Schluß der zitierten Sätze auf einmal wesentlich anders auf. Zunächst formalisiert (und entpolitisiert) er das Problem zu einem lediglich der »Staatstechnik«, dann schiebt er es in den Bereich der, wie er meint, für das nationale Leben gar nicht so wichtigen Rechtsordnung ab, zuletzt ist aus der gefürchteten Demokratie unversehens eine eingedeutschte und zugleich entdemokratisierte Demokratie geworden, der deutsche ›Volksstaat‹. Was hat er damit erreicht?

Deutschlands Größe ist an einen deutschen Staat gebunden, die Gleichsetzung von staatlicher Existenz – ›Politik‹ – Demokratie zwingt ihn, zumal er ausdrücklich sogar Deutschlands *politische* Größe wünscht, auch wenn damit nur staatliche gemeint ist, der Demokratisierung Deutschlands zuzustimmen.[126] Er nimmt damit Partei auch für Deutschlands Zu-

---

[126] Sowohl diesen Zusammenhang zwischen Deutschlands Größe und Demokratie als auch den Konflikt, das eine zu wünschen, das andere aber zu hassen, spiegelt halbverdeckt eine merkwürdige Stelle in der Vorrede. Nachdem Thomas Mann

kunft, speziell für den Fortbestand des deutschen Staates, der durch Verweigerung des demokratischen Stimmrechts gefährdet würde. Wäre diese Zukunft jedoch eine wirklich demokratische, wäre sie keine deutsche Zukunft mehr. Ist Demokratie, Politik überhaupt undeutsch und widerdeutsch, Deutschlands Politisierung aber unvermeidlich, dann gibt es für Deutschland keine nationale Zukunft, dann besteht seine Zukunft in seiner Entnationalisierung und dem Untergang der deutschen ›Besonderheit‹, dem Untergang des Ewig-Deutschen. Thomas Mann zieht diese beständig umkreiste Konsequenz nicht, deutet nur immer wieder darauf hin, manchmal ganz vorsichtig, etwa wenn er sagt, daß »einige glauben«, bei diesem Krieg handele es sich um den »letzten« Ausbruch des uralten deutschen Kampfes gegen den Geist des Westens (48). Zu Ende gedacht verurteilen seine Vorstellungen von einem geschichtslos ewigen Gegensatz zwischen Deutschtum und politischem Wesen und seine Überzeugung, daß Deutschlands Demokratisierung unvermeidlich ist, d. h. verurteilt sein angesichts einer unaufhaltsamen ›Entwicklung‹ rückwärtsgewandtes Ewigkeitsdenken das Deutschtum jedoch zu einer Zukunftslosigkeit schlimmer als diejenige, die er für sein persönliches Schicksal hält: zu einer Zukunft, in der Deutschland sich entfremdet ist. Der Nation bleibt dieses Schicksal jedoch erspart, wenn die Veränderung der deutschen Verhältnisse im Rahmen der Überlieferung bleibt und letzten Endes doch nur fortsetzt, was immer schon war. Dann bleibt das Ewig-Deutsche erhalten, weil die Zukunft mehr oder weniger nur verlängerte Vergangenheit ist, dann ist Deutschlands demokratische Zukunft zwar keine eigentlich de-

dort dekretiert hat, »daß Demokratie, daß Politik selbst dem deutschen Wesen fremd und giftig« ist, und er noch einmal seinen Zweifel an Deutschlands Berufenheit zur Politik bekräftigt hat, *entschuldigt* er sich für diese seine Meinung geradezu, indem er beruhigend hinzufügt, daß er aber natürlich nicht die »lächerliche Absicht« habe, seinem Volk »den Willen zur Realität zu verleiden, es im Glauben an die Gerechtigkeit seiner Weltansprüche wankend zu machen« (30). Was er mit dem vieldeutigen Wort ›Weltansprüche‹ oder mit der kurz darauf auftauchenden Formulierung »Wille zur Macht und Erdengröße« (30) wirklich meint, bleibt freilich in einem Halbdunkel, das sich erst lichtet, wenn man die ganz wenigen eindeutigen Äußerungen zu Hilfe nimmt. Neben der Deutung der deutschen Kriegsbegeisterung von 1914 als Aufbruch zur Weltherrschaft (338) gehören dazu vor allem die Sätze über den Frieden Europas: »Der Friede Europas sei nicht international, sondern übernational, er sei kein demokratischer, sondern ein deutscher Friede. Der Friede Europas kann nur beruhen auf dem Siege und der Macht des übernationalen Volkes, des Volks, das die höchsten universalistischen Überlieferungen, die reichste kosmopolitische Begabung, das tiefste Gefühl europäischer Verantwortlichkeit sein eigen nennt. Daß das gebildetste, gerechteste und den Frieden am wahrsten liebende Volk auch das mächtigste, das gebietende sei, – darauf, auf der durch keine Zettelung mehr antastbaren Macht des Deutschen Reiches ruhe der Friede Europas.« (207)

mokratische mehr, eben deshalb aber eine deutsche Zukunft. Diese Aussicht eröffnet der Gedanke eines deutschen Volksstaates. Er bannt das »Verhängnis«, als das Thomas Mann die schicksalhaft-unaufhaltsame Entwicklung ins Radikal-Demokratische empfinden mußte (269), und erlaubt ihm, einmal sogar zuzugestehen, daß die politische Ordnung Deutschlands »nach den Geboten der Zeit und der Entwicklung weiterhin fortschreiten muß«. Wie in den Sätzen über das preußische Wahlrecht kann er sich mit der Demokratisierung Deutschlands abfinden, weil er hofft, daß die »kommende Demokratie« in »leidlich deutscher, in nicht allzu humbughafter Gestalt erscheinen wird«, worunter er »die Verwirklichung irgendeines deutschen Volksstaates« versteht, »der ja, ruhig überlegt, weder ein Pöbelstaat noch ein Literatenstaat wird sein müssen« (330). Der Volksstaat-Gedanke beruhigt. Er nimmt der Demokratie den Stachel des Undeutschen und verheißt Deutschland, seiner unausweichlichen Demokratisierung zum Trotz, eine Zukunft, in der es sein Wesen bewahren kann. Wodurch er das tut, ist freilich weniger klar. Daß Thomas Mann von der Verwirklichung »irgendeines« deutschen Volksstaates spricht, ist nicht Gleichgültigkeit für dessen konkrete Erscheinung, sondern verrät, daß er keineswegs weiß, wie dieser Volksstaat aussehen wird oder aussehen sollte.

Die Rede ist vom Volksstaat zuerst in einer von Thomas Mann zitierten Äußerung des nationaldemokratischen Mannes. Das »gute und biedere« Wort gefällt ihm sofort, unterscheidet es sich doch »nach Klang und Sinn von dem Worte ›Demokratie‹ mit seinen humbughaften Nebengeräuschen« (245). Erliegt Thomas Mann einem Wortzauber? Ist die Sympathie für den Volksstaat hauptsächlich Wortgläubigkeit eines Schriftstellers, der meint, wenn die Demokratie Volksstaat heißt, sei sie schon nicht mehr Demokratie? Daß sprachliche Assoziationen Thomas Manns Urteil in der Tat mitbestimmen, es dabei aber weniger auf das Wort als auf die kompakte Ideologie ankommt, die daran hängt, belegt das folgende Bekenntnis.

Volksherrschaft ... Das Wort hat seine Schrecken. Beachten wir immerhin, daß es auf deutsch bei weitem am wenigsten schrecklich klingt. Es ist nicht bloße patriotische Voreingenommenheit, wenn man bei der seltsam organischen, ungezwungenen und poetischen Wortverbindung ›Deutsches Volk‹ etwas nicht nur national, sondern wesentlich anderes, Besseres, Höheres, Reineres, ja Heiligeres imaginiert und empfindet als bei dem Worte ›Englisches‹ oder ›Französisches Volk‹. Volk ist wahrhaftig ein heiliger Laut; aber hat er nicht allein mit dem deutschen Namen verbunden allenfalls noch lebendigen Sinn? Die Auflösung unseres Volksbegriffs durch den Geist des Auslandes, durch den Marxismus, diese Verschmelzung von französischem Revolutionarismus und englischer Nationalökonomie, ist weit genug vorgeschritten. Dennoch ist das Volk Deutschlands am meisten Volk geblieben, am wenigsten zur Klasse und Masse entartet; und es geschieht aus diesem Gefühlsgrunde, daß bei dem Worte ›Volksstaat‹ sympathisch aufhorchen mag, wem beim Schrei nach Demokratie sich der Instinkt empört. (366f.)

Das ist zunächst politische (und latent chauvinistische) Mystik. Der Abstand, der damals wirtschaftlich und geistig, gesellschaftlich und politisch zwischen England, Frankreich und Deutschland objektiv bestand, wird nicht als historische Erscheinung, geschweige denn als historischer Rückstand durchschaut, sondern als Absolutum erlebt, verinnerlicht und verehrt. Diese Verklärung der relativen Zurückgebliebenheit Deutschlands und ihrer Folge, nämlich daß im wilhelminischen Deutschland gesellschaftliche Ordnungen der Vergangenheit lebendiger geblieben sind als in Westeuropa, ist die Grundlage der Sympathie für das Wort Volksstaat, das dadurch seinerseits mit der noch immer fortlebenden Vergangenheit verknüpft wird, wenn es nicht überhaupt von vornherein als Ausdruck dieser trotz ›Auflösung‹ und ›Entartung‹ erhalten gebliebenen Vergangenheit empfunden worden ist. Den deutschnationalen Vergangenheitscharakter, den das Wort Volksstaat auf diese Weise annimmt, soll der Volksstaat offenbar auch als politische Wirklichkeit besitzen. An dessen Spitze wünscht Thomas Mann sich das, was in den ›Betrachtungen‹ Inbegriff des antizivilisatorischen und demokratiefeindlichen Deutschtums ist: einen Großen Mann. Zehn Jahre bevor es (wenn auch etwas anders) dazu kam, erwägt er die Möglichkeit, daß eine »Eckart-Gestalt an monumentaler Treue und Sachlichkeit« wie Hindenburg Reichskanzler werden könne. Er wäre damit einverstanden, denn »nur unter einem Führer, der Züge des Großen Mannes von deutschem Schlage trägt, wird der ›Volksstaat‹ einen erträglichen Anblick bieten und etwas anderes sein als die Humbug-Demokratie, die wir nicht ›meinen‹« (366). Es ist kein Zufall, daß hier das Wort ›Führer‹ auftaucht. Das soll nicht heißen, daß Thomas Mann sich den deutschen Volksstaat als Führerstaat vorstellt. So zukunftsgerichtet ist seine politische Phantasie nicht. Gleichwohl ist der Führer-Gedanke die naheliegende Alternative zur parlamentarischen Demokratie, die der Volksstaat auf keinen Fall sein darf: »Es wäre nicht weit her mit dem ›Volksstaat‹, vielmehr, er wäre ein ›Weither‹, ein unnationaler Allerweltspopanz, wenn man nichts darunter verstehen sollte als die parlamentarische Demokratie« (282). Dazu passen die ausführlich zitierten Meinungen zweier deutscher Autoritäten. Thomas Mann zitiert Nietzsches gegen den »Zahlenblödsinn« und den Aberglauben an Majoritäten gerichtete Forderung, in politicis endlich etwas Neues zu erfinden (273f.), und er zitiert Lagarde (274f.) und teilt dessen Meinung, »daß andere Wege als die des Stimmenzählens eingeschlagen werden müssen, um der Idee, daß das Volk selbst über die es angehenden Dinge mitzureden habe,

zu ihrem Rechte zu verhelfen« (276). Lagarde verwirft das Stimmen-
zählen als eines der »Prinzipien von 1789«, die wegen ihres »spezifisch
und sehr originell keltischen« Beigeschmacks nicht übertragbar seien.
Deutschland, das »von Hause aus« aristokratisch veranlagt sei, konnte
»durch die keltische Gleichmacherei nur undeutsch und eben darum un-
glücklicher werden« (275). Das ist derselbe Gesichtspunkt einer absoluten
nationalen Eigenart, der Thomas Mann die parlamentarische Demokratie
als unnationalen Allerweltspopanz ablehnen läßt und der zum Programm
wird, wenn er von Institutionen spricht, die »die eigene Natur der Deutschen entfalten würden« (276), oder wenn er den deutschen Freiheitsbegriff als einen Individualismus kennzeichnet, »der, um sich politisch
auszuprägen, notwendig andere Institutionen hervorbringen müßte, als
der kahl-abstrakte des politischen Westens und der ›Menschenrechte‹«
(278). Wie schon in den ›Gedanken im Kriege‹ wirkt auch hier die epigo-
nal erstarrte deutsche Vorstellung von der Geschichte enthobenen natio-
len Individualitäten, von einer nationalen »Natur« nach.[127] Sie ermöglicht
Thomas Mann zwar nur die negative Aussage, daß der deutsche Volksstaat keine parlamentarische Demokratie sein darf,[128] immerhin zeigt
auch diese Bestimmung, daß er ihn als einen Staat auffaßt, der Demokratie in national deutscher Form verwirklicht, Deutschlands Besonderheit
erhalten und so das Ewig-Deutsche in die Zukunft hinüberretten würde.
Es wäre eine Veränderung, die nicht verändert, sondern bloß ausgestaltet,
was ist und überliefert ist, und so schwebt Thomas Mann bei der Bejahung des Volksstaates auch nicht mehr vor als eine »volkstümlichere Gestaltung unserer öffentlichen Einrichtungen, ein Inniger-, Echter- und
Vertraulicherwerden des Verhältnisses zwischen Nation und Staat«
(272).
Der Gedanke, daß die gegenwärtig vor sich gehende Veränderung das
bisher Gewesene vielleicht doch nicht zerstört, sondern es fortführend

[127] Ihre romantisch-antirationale, antiaufklärerische Komponente expliziert die
Stellungnahme, die Thomas Mann einmal der Karikatur folgen läßt, die er nicht
nur dort von der Demokratie zeichnet: »Man sagt mir, daß das unmöglich sei;
daß allgemein ausbrechender Ekel die Verwirklichung solcher Zukunftsbilder in
Deutschland verhindern würde. Denn unausrodbar sei hier der Glaube, daß das
organisch Gewachsene, das aus Tradition und Geschichte Gewordene bei aller
Mangelhaftigkeit dem Produkt der Reflexion und des Vernunftprinzips vorzu-
ziehen sei. Menschlichkeit walte dort wie hier; aber die Menschlichkeit des Ge-
wachsenen habe etwas Ehrwürdiges, die des vernünftig Gemachten reize zu Spott
und Verachtung. Gut, gut, ich will es glauben, ich weiß es, daß dies deutsches
Gefühlsurteil ist.« (307f.)
[128] Positive Bestimmungen, wie der Volksstaat aussehen müßte oder sollte, fehlen. Thomas Mann erklärt sich dafür als Künstler für unzuständig (272): Uto-
pien waren seine Sache nie.

bewahrt, und die Hoffnung, daß die Zukunft vielleicht doch nicht ganz anders als die Vergangenheit sein, sie nicht hinter sich lassen, sondern auf sie bezogen bleiben wird, taucht außer in dem Wunschbild eines deutschen Volksstaates noch in einer sowohl zögernd als schwärmerisch vorgetragenen Deutung des Krieges als Erneuerung auf. Zweimal spricht Thomas Mann in den ›Betrachtungen‹ davon (331 und 487f.), vorweggenommen wird diese Deutung des Krieges jedoch bereits in dem Brief an Paul Amann vom 25. Februar 1916. Die betreffenden Sätze seien hier zunächst angeführt, weil sich darin drei völlig verschiedene Zukunftsvorstellungen einander ablösen.

> Unser Irrtum war, daß dies ein ›Krieg‹ sei, ein Zwischenfall, nach dem alles ungefähr wieder so sein werde, wie vorher. Aber es ist ja höchstwahrscheinlich eine Umwälzung aller inneren und aeußeren Dinge, eine Gesamtrevolution, die man der Revolution von 1789 nicht an die Seite stellen kann, ohne dieser zu viel Ehre zu erweisen. An ihrem Ausgang steht kein ›Sieg‹, keine Entscheidung für eine der beiden Parteien. Es war eine Illusion, daß es hier überhaupt Parteien, überhaupt ›Feinde‹ giebt. Die Wahrheit ist, daß alle Völker gemeinsam nach einem höheren Ratschluß an der Erneuerung und Wiedergeburt Europa's, der europäischen Seele arbeiten. (Amann-Briefe, S. 39)

Am Anfang steht die inzwischen als Irrtum eingesehene Beurteilung des Krieges als ein Zwischenfall, nach dem es im wesentlichen sein wird, wie es vor ihm war. Diese Zukunft wäre nichts anderes gewesen als eine vorübergehend, doch folgenlos unterbrochene Verlängerung der Vergangenheit. An die Stelle dieser Fehleinschätzung tritt sodann die Überzeugung, eine gewaltige, alles umfassende Umwälzung zu erleben. Als eine Gesamtrevolution, die die Revolution von 1789 weit übertrifft, wird der Krieg zu einem ›grundstürzenden Ereignis‹, dessen Größenordnung etwa zwischen ›Weltwende‹ und ›Jahrhundertwende‹ liegt. Nach einer Gesamtrevolution kann es nur ganz anders sein als vorher, was Thomas Mann hier kommen sieht, ist eine Zukunft, die mit der Vergangenheit nichts mehr zu tun hat. Diese Vorstellung ist ihm anscheinend schwer erträglich, und zwar aus einem allgemeinen Harmoniebedürfnis, das nicht einmal wahrhaben möchte, daß es sich um einen Krieg handelt, der von Feinden geführt wird.[129] Infolgedessen verliert er sich – paradoxerweise glaubend, damit eine Illusion aufgegeben zu haben – in die Illusion einer Gemeinsamkeit über den Gegensätzen. Aus ihr erwächst, die Begriffe Umwälzung und Gesamtrevolution im Grunde zurücknehmend, eine dritte Deutung des Krieges: er ist Erneuerung und Wiedergeburt. Damit sind

---

[129] Schon vorher schreibt er: »Ich bin des Hasses, der Beschuldigungen, des leidenschaftlichen Selbstgefühls, bin des ›Krieges‹ überaus müde, bin tief zur Weichheit, zum Frieden, selbst zur Reue geneigt.«

die gegenwärtige Veränderung und das zukünftig Kommende entschärft. Ein revolutionärer Bruch mit der Vergangenheit findet nicht statt, was aus der Gesamtrevolution hervorgeht, ist gar nichts Neues, kraft höheren Ratschlusses handelt es sich von vornherein nur um Erneuerung und Wiedergeburt. Der Gedanke einer schicksalhaft lenkenden Macht hilft, Vergangenheit, Gegenwart und Zukunft für einen harmonischen Zusammenhang zu halten, in dem die Zukunft regenerierte Vergangenheit ist. Ähnlich wie durch den Volksstaat-Gedanken wird durch die Vorstellungen ›Erneuerung‹ und ›Wiedergeburt‹ die Zukunft an die Vergangenheit gebunden und diese vor ihrem Untergang in der Zukunft bewahrt: die Nachkriegszeit wird eine verbesserte Vorkriegszeit sein. In dem Brief an Paul Amann beschreibt Thomas Mann sie so: »Ich glaube in meinen Nerven und meinem Gemüt etwas von dem Europa zu spüren, das nachher sein wird: einem erschöpften Europa, das doch voll junger Hoffnung ist, sensitiv, verfeinert, begütigt durch gemeinsames Leiden, versöhnt, einer zarten Geistigkeit zugethan, undoktrinär, unrechthaberisch, denn all die früheren Antithesen und Schlagworte werden veraltet sein, – arm natürlich, arm und idealistisch, arm und anständig, ohne Verständnis für die negerhafte Genußsucht, die civilisierte Rohheit von früher« (Amann-Briefe, S. 39).

Breiter ausgeführt kehrt dieses (auch in den Artikel ›Weltfrieden?‹ [Briefwechsel S. 299ff.] übernommene) Zukunftsbild im Zusammenhang mit der Erneuerungs-Idee in den ›Betrachtungen‹ wieder (488f.). Wiederum malt Thomas Mann sich eine Nachkriegswelt aus, die eine menschlichere, edlere, kultiviertere Vorkriegswelt sein wird, und nimmt man die beiden Stellen zusammen, so stimmt auch die dort gegebene Deutung des Krieges im wesentlichen (und weithin wörtlich) mit der Briefäußerung überein. Lediglich der Begriff Wiedergeburt fehlt oder klingt in der Wendung vom Versuch, »für die Sünden und Laster des fetten Friedens Buße zu tun und sich zu reinigen« (331), verwandelt allenfalls noch an. An der Erneuerung jedoch hält Thomas Mann fest, erst knapper formulierend »Versuch zur Erneuerung der Welt und der Seele« (331), später weiter ausholend: »daß die einander zerfleischenden Parteien im Grunde gar keine Parteien sind, sondern gemeinsam, unter Gottes Willen, in brüderlicher Qual an der Erneuerung der Welt und der Seele arbeiten« (487). Dennoch ist er viel skeptischer geworden, spricht er von einem »vielleicht mit höchst untauglichen Mitteln unternommenen Versuch« (331) und relativiert er den Gedanken überhaupt so nachdrücklich, daß er sich beinahe schon wieder von ihm distanziert: »Wer hätte nicht Stunden, wo [...]?« – »Wo er zu begreifen glaubt, daß [...]?« (331) – »ich bin des Gedankens fähig« (487) – »Träume« (489). Überzeugt und zuversichtlich

wirkt das nicht, und tatsächlich spielt der Erneuerungsgedanke für die
›Betrachtungen‹ insgesamt praktisch keine Rolle. Er taucht auf und verschwindet wieder und bleibt folgenlos. Daß der Krieg wirklich Erneuerung ist, daran scheint Thomas Mann ernsthaft ebensowenig geglaubt zu
haben wie an die Möglichkeit, daß sich die Demokratie in Deutschland
als Volksstaat verwirklichen wird. Anhaltend beeinflußt wird sein Urteil
über Gegenwart und Zukunft von beidem nicht. Denn auch der Volksstaat-Gedanke, obwohl er weniger flüchtig zur Sprache kommt, bewirkt
nur eine vorübergehende Aufhellung der Zukunft.

Wahrscheinlich war er überhaupt nur eine Hoffnung, an die Thomas
Manns rückwärtsgewandtes Ewigkeitsdenken sich zeitweilig und halb
wider besseres Wissen klammerte. Denn sofort, nachdem er sich ein Ja
zum Volksstaat abgerungen hat, beschwört er die »nationale Gefahr«,
daß es sich »als unmöglich erweisen könnte, ihn anders als in den
geistigen und politischen Formen des Westens zu verwirklichen« (272),
um anschließend gleich zu begründen, warum es »unwahrscheinlich« sei,
daß es anders kommen werde: »[...] alle über das Allgemeinste hinausgehenden Forderungen, die heute laut werden, betreffen die fortschreitende mechanische Demokratisierung, die Reform des Wahlrechts,
die Ausgestaltung des Parlamentarismus« (273). Dreißig Seiten später, in
den »April 1917« datierten Bemerkungen über die revolutionäre Stimmung der deutschen Geistigkeit (305f.), ist aus der befürchteten Wahrscheinlichkeit nahezu Gewißheit geworden. Dort ist der Volksstaat, für
den jung und alt sich »mit unleugbarem zeitlichen Recht« ereifert, plötzlich gar nichts anderes mehr als die Demokratie des Zivilisationsliteraten.
Und nach weiteren fünfzig Seiten erfährt der Leser, daß Deutschland im
Begriff ist, »geistig-seelisch zu kapitulieren«, welcher »um sich fressende
Zersetzungsprozeß« zu einem guten Teil Werk des Zivilisationsliteraten
ist (353). Nicht von ungefähr erlebt Thomas Mann den sogar unabhängig von seinem Ausgang die Demokratie bringenden Krieg (340) als gewaltige Destruktion, Ende und Untergang. Stärker als die Hoffnung, daß
die Veränderung nicht so schlimm sein, daß sie doch keine Gesamtrevolution sein und die Vergangenheit fortdauern wird, ist sein historischer
Pessimismus. »Was zum Beispiel die Demokratie in Deutschland betrifft,
so glaube ich durchaus an ihre Verwirklichung: *darin eben besteht mein
Pessimismus.* Denn die Demokratie ist es, und nicht ihre Verwirklichung,
an die ich nicht glaube.« (494) Deutschlands Fortschritt von der Musik
zur Demokratie ist unabwendbar, bald wird die Vergangenheit endgültig
Vergangenheit sein und eine Zukunft begonnen haben, in der Deutschland
sich entfremdet und entdeutscht ist, weil es dann nicht mehr sein wird,
wie es war. Das ist ein ›Pessimismus‹, der die goldene Zeit wohl weni-

ger in der Vergangenheit liegen sieht, für den die Vergangenheit vielmehr die goldene Zeit *ist* und der es sich deshalb gar nicht anders vorstellen kann, als daß das wahrhaft Deutsche einer mehr oder weniger fernen Vergangenheit angehört und jetzt untergeht. Auf anderer Ebene artikuliert sich hier noch einmal die sich selbst als ›Dekadenz‹ verstehende Lebensstimmung, die Thomas Mann rund zwanzig Jahre vorher in den ›Buddenbrooks‹ gestaltet hatte. Geschichte, dort die einer Familie, hier die der Nation, ist Niedergang, Verfall des als vorbildlich empfundenen früheren Zustandes, den in den ›Buddenbrooks‹ der weltzugewandte und lebenstüchtige Urgroßvater Johann Buddenbrook verkörpert und der in den ›Betrachtungen‹ »das bürgerliche Zeitalter unserer Geschichte« heißt. Der ›Pessimismus‹, von dem Thomas Mann sich mit der Erzählung einer, wenn auch nur bedingt ›aufsteigenden‹ Entwicklung in der ›Königlichen Hoheit‹ abgewandt hatte,[130] der in der Darstellung von Gustav Aschenbachs Verfall und Untergang wieder durchbrach, dort aber durch die Distanz der Gestaltung aufgehoben und kritisch bewältigt worden war, herrscht nun wieder absolut. Insofern trifft Thomas Mann den Grundcharakter der ›Betrachtungen‹ genau, wenn er sie ein »intellektuales Geschwister« der ›Buddenbrooks‹ nennt (Bertram-Briefe, S. 59).[131] Genau genommen ist dieser Pessimismus jetzt sogar massiver und totaler. Er ist nicht gestaltet und mit ›ironischem‹ Abstand objektiviert, sondern tritt als direkte, teils resignierte, teils polemische Wirklichkeitsdeutung auf, und er kennt nicht mehr die Wechselbeziehung von Verfall und Verfeinerung, Entartung und Sublimierung. Die Literarisierung Deutschlands, die Thomas Mann derart ambivalent hätte auffassen können, hat davon

[130] Zwischen den beiden Romanen entstand – Anfang 1905 abgeschlossen – ›Fiorenza‹, die weniger dramatische als dialogische Vergegenwärtigung und Analyse eines Machtwechsels, mit dem Thomas Mann geschichtliche Veränderung als Einheit von Untergang und Aufstieg darstellt: über den sterbenden Lorenzo Medici triumphiert Savonarola. Die in der letzten Szene offenbar werdende Gemeinsamkeit läßt den geschichtlichen Prozeß als einen Wechsel einander ablösender feindlicher Prinzipien – hier: ›Leben‹ und ›Erkenntnis‹ – erscheinen, in denen gleichwohl dieselbe Kraft wirkt. Vielleicht darf man das verallgemeinernd als ein Geschichtsdenken interpretieren, das den geschichtlichen Ablauf als ein letzten Endes gar nicht so bedeutungsvolles ›Wechselspiel‹ versteht, eine Vorstellung, die auch in den ›Betrachtungen‹ auftaucht: »Man sagt wohl, daß Epochen individualistischen und solche sozialen Denkens einander ablösen in der Geschichte; aber für die deutsche Geistesverfassung besteht hier kein Gegensatz und keine Notwendigkeit des Wechselns und Schwankens zwischen zwei feindlichen Prinzipien.« (279) Ähnlich 491.
[131] Diese Charakteristik ist auch in den von Ernst Bertram geschriebenen und von Thomas Mann redigierten Werbetext des Verlages eingegangen: »Man könnte das Buch die *intellektuellen* ›Buddenbrooks‹ nennen« (Bertram-Briefe, S. 234).

nichts, sie ist genauso wie Deutschlands Politisierung einfach dessen Entdeutschung.[132] In einem Brief an Heinrich Mann vom 8. November 1913, in dem Thomas Mann auch seine »Unfähigkeit« erwähnt, sich »geistig und politisch eigentlich zu orientieren«, stellt er bei sich eine »wachsende« Sympathie mit dem Tode fest, »mir tief eingeboren«, und bekennt: »[...] mein ganzes Interesse galt immer dem Verfall, und das ist es wohl eigentlich, was mich hindert, mich für Fortschritt zu interessieren.« (Briefwechsel, S. 104) Bei einfachem Desinteresse ist es nicht geblieben. Während des Krieges wurde daraus Widerwille gegen den »Geist des Fortschritts und der Aufklärung«, Verachtung für das »Fortschrittsgeleier« (493f.), Haß auf die »Fortschrittsopernsänger« (119), verzweifelter Kampf gegen die als Glaube »an den Fortschritt, an die Menschheit und ihr Vollkommenwerden« verstandene ›Politik‹ (491). In der vielleicht nicht nur individuell-psychologisch zu erklärenden Untergangs- und Verfallsstimmung, wie sie in dem Brief an den Bruder zum Ausdruck kommt, wird indessen nicht nur die Verfassung erkennbar, aus der die bedingungslose Feindseligkeit gegen das Fortschrittsdenken hervorgeht. Zu erkennen ist auch, wie Thomas Mann schon vor dem Kriege seelisch dazu disponiert war, diesen als grundstürzendes Ereignis und die geschichtliche Veränderung als Untergang zu erleben, als Ende des wahrhaft Deutschen.

Die allerletzte Position der ›Betrachtungen‹ ist das jedoch nicht. Sie formuliert Thomas Mann erst in der Vorrede, die Anfang März 1918 abgeschlossen wurde (vgl. Bertram-Briefe, S. 58f.), als er Deutschlands Demokratisierung im westlichen Sinn unmittelbar bevorstehen sah. Es ist so weit, daß Deutschlands »seelische Bekehrung« zur Politik, zur Demokratie dem Zivilisationsliteraten »nicht ohne einen starken Schein von Recht« zur »triumphierenden Gewißheit« geworden ist (34).[133] Was passiert nun?

---

[132] Etwas positiver klingen die als eine »vorsichtige und keineswegs einfach beifällige Feststellung« auftretenden Sätze über Deutschlands Literarisierung ›Carlyles Friedrich‹ (X, 569f.).
[133] Das bezieht sich auf Heinrich Manns Artikel ›Leben – nicht Zerstörung‹ (Essays II, S. 17f.), erschienen am 25. Dezember 1917 im ›Berliner Tageblatt‹. Ungewiß ist, ob oder wie stark die innenpolitische und militärische Entwicklung Thomas Manns Überzeugung beeinflußt hat, daß die Demokratie in Deutschland siegen wird. Die ›Betrachtungen‹ und die bisher veröffentlichten Briefe aus dieser Zeit bieten dafür kaum Anhaltspunkte. Dennoch ist es schwer vorstellbar, daß z. B. der Sturz des Reichskanzlers Bethmann Hollweg im Juli 1917 auf Thomas Manns Urteil ohne Wirkung geblieben sein sollte, nachdem er ihn in den ›Betrachtungen‹ immerhin zum Repräsentanten deutscher, unpolitisch-kultureller Bürgerlichkeit verklärt und daraus die Prognose abgeleitet hatte, daß man sich trotz aller Anfeindungen »schwerlich entschließen wird, ihn während dieser Krisis des Deutschtums zu entfernen« (143f.).

Wird Deutschland jetzt entdeutscht? Thomas Manns Antwort ist ein mehr trotzig behauptendes als argumentierendes Nein. Was auch immer geschieht, das Ewig-Deutsche wird es nicht berühren. Ähnlich unsterblich wie die von keiner Entwicklung, keinem Fortschritt ernstlich angreifbare deutsche Bürgerlichkeit ist der deutsche Nationalcharakter. Geschichtlicher Einwirkung ist er entzogen, auch die Änderung der staatlichen Ordnung Deutschlands wird ihn nicht wandeln. Angesichts der unleugbar Wirklichkeit werdenden Veränderung Deutschlands zu einer Demokratie setzt sich jene Rückwärtsgewandtheit durch, die gegen die Gegenwart am für zeitlos gehaltenen Überlieferten festhält, indem sie, von der ewigen Fortdauer der Vergangenheit überzeugt, die Veränderung für unwesentlich erklärt.

Haltet Umfrage bei allen Wissenden, bei den Kennern der Völkerseelen: sie werden euch Aufschluß erteilen über das gehaltene Wesen der deutschen Demokratie. [...] Die deutsche Demokratie ist nicht echte Demokratie, denn sie ist nicht Politik, nicht Revolution. Ihre Politisierung, so, daß der Gegensatz Deutschlands zum Westen in diesem Punkt zum Verschwinden gebracht und ausgeglichen würde, ist Wahn. Ein solcher Umschwung, das leugnen auch seine Anhänger nicht, wäre durch Institutionen, Wahlrechtsreformen und dergleichen nicht zu bewirken: nur eine seelische Strukturveränderung, die völlige Umwandlung des Volkscharakters wäre vermögend, ihn herbeizuführen – und das ist es freilich, was der deutsche Sapadnik *wünscht* und woran er darum *glaubt*. Er schwärmt und irrt. Ökonomischer Ausgleich zur Freimachung individuell schöpferischer Kräfte; ein staatstechnisch-pädagogisches Mittel allenfalls zur Freimachung politischer Anlagen: nie wird die deutsche ›Demokratie‹ etwas anderes sein, – solange sie eben deutsche Demokratie, das heißt mehr ›deutsch‹ als ›Demokratie‹ sein wird; und *nicht* wird ihr Wesen ›politisierter Geist‹ sein, das heißt darin bestehen, ›Ideen‹ politisch zu verwirklichen und geistsprühende Affären zwischen Säbel und Weihwedel einerseits und der ›Gerechtigkeit‹ andererseits zu inszenieren ... Ist denn das alles nicht wahr? (37)

Die Sätze gehen davon aus, daß Deutschland eine Demokratie – und nicht z. B. ein ›Volksstaat‹ – sein wird, aber eine deutsche Demokratie und also von ›gehaltenem‹ Wesen, keine ›echte‹ Demokratie. Sie wird mehr deutsch als Demokratie sein, und da ihre ›Politisierung‹ ein Wahn ist, ist sie streng genommen überhaupt keine. Vom Glauben an einen unaufhebbaren Gegensatz zwischen Deutschtum und Politik geht Thomas Mann nicht ab. Womit er rechnet, das sind »Institutionen, Wahlrechtsreformen und dergleichen«, für ihn offenbar lediglich – administrative? – Formalien von geringer Tragweite. Zu einer echten, d. h. einer Demokratie im westlichen Sinn wird Deutschland dadurch nicht. Das hört sich durchaus realistisch an, ist von der Geschichte der Weimarer Republik ja auch weitgehend bestätigt worden. Dennoch ist Thomas Manns Stellungnahme hier eher dogmatisch als pragmatisch. Sie entspringt nicht tiefer Vertrautheit mit der deutschen Mentalität und genauer Kenntnis des deutschen Wesens, sondern sie ist Folge seines persönlichen Geschichtsdenkens und ist daran so absolut gebunden, daß er sie nur genau so lange vertritt, wie er diesem Denken anhängt: als die Wirklichkeit seine Prognose von 1918 bestätigte, urteilte er über Deutschtum und Demokratie ganz anders, ist er praktisch entgegengesetzter Ansicht, weil sich mit seinem Verhältnis zur Vergangenheit inzwischen auch sein Geschichtsdenken gewandelt hat und er Deutschlands Einstellung zu Demokratie und ›Politik‹ mehr und mehr als eine Erscheinung versteht, die sich geschichtlich entwickelt hat und sich darum auch weiterentwickeln kann. Dieses Entwicklungsdenken liegt ihm hier noch völlig fern, dementsprechend faßt er die Politisierung der deutschen Demokratie auf: einmal als Angleichung an den Westen, die für möglich zu halten Wahn ist, zum anderen als einen »Umschwung«, der eine als »völlige Umwandlung« des Volkscharakters präzisierte »seelische Strukturveränderung« voraussetzt. Deutschlands Politisierung wäre zugleich Selbstaufgabe und Bruch mit der Vergangenheit. Dies zu wünschen und daran zu glauben, wie es der deutsche Sapadnik, d. h. der deutsche Westler (vgl. 313) tut, ist Schwärmerei und Irrtum. Zu dieser Strukturveränderung wird es nicht kommen, es wird bleiben, wie es war. Denn der deutsche Volkscharakter ist eine Konstante, die auch der Demokratie widersteht, die *als deutsche* »nie« etwas anderes sein wird als ökonomischer Ausgleich zur Freimachung individuell schöpferischer Kräfte, »allenfalls« ein staatstechnisch-pädagogisches Mittel zur Freimachung politischer Anlagen. Das erinnert an die im Kapitel ›Politik‹ skizzierte Demokratie, die »unser«, nämlich Thomas Manns und Goethes »Liberalismus« bejaht (258–260). Diese Demokratie ist Mittel »zur aristokratischen Auslese im Staatsinteresse«, was Thomas Mann auch »soziale Freizügigkeit« nennt, und diese wiederum bedeutet »Möglichkeit des Austausches« zwischen den beiden von Nietzsche statuierten Kasten der »Zwangsarbeiter« und der »Freiarbeiter«. Gesellschaftlich konkreter ist die Wendung gegen das »Bildungsprivileg des Besitzes«, das vereitelt werden soll. Niemand, der von besonderer Begabung ist, soll durch seine Geburt an einer »höheren Laufbahn« gehindert werden. Demokratie als Mittel zum Zweck einer dynamischeren Elitenbildung also (was, nebenbei, nicht schlecht zur Notwendigkeit der Demokratie für Deutschlands Größe paßt). Für Demokratie hält Thomas Mann diese »Freimachung« von Kräften und Anlagen selbst nicht. Es ist nichts weiter, als daß »Deutschland damit umgeht, das Fundament der Auswahl für seine politische Führung zu verbreitern und dies ›Demokratisierung‹ nennt« (35), und das beirrt ihn nicht. Denn er weiß, daß der deutsche Mensch unter dem Leben »nie« die Gesellschaft verstehen, »nie« das soziale Problem dem inneren Erlebnis überordnen wird (35) und daß deutsche Demokratie »nie« etwas anderes sein wird als jene »Freimachung«, die keine demokratische Emanzipation ist und keine Politisierung Deutschlands. Sein Standpunkt ist der zuletzt dann freilich doch zur unsicheren Frage werdende Glaube an einen ewig sich gleichbleibenden deutschen Volkscharakter, dem auch die »geistig-politische Invasion des Westens« (38) nichts anhaben kann. Es ist eine statische Völkerpsychologie, die sich am krassesten in der Begeisterung über die »Personifizierung« der Nationen bei Ausbruch des Krieges äußert: »Ereignisse wie diese heben auf einmal die Individualität der einzelnen Völker, ihre ewigen Physiognomien mächtig hervor; ihr Urwille, ihr ›intelligibler Charakter‹ schien uns wie Felsgestein herauszutreten: England, Frankreich, Deutschland, Italien, sie benahmen sich so richtig, so ganz wie es im Buche, im Märchenbuche steht« (150). Das »Felsgestein« – charakteristischerweise ein Stück Natur – ist so hart, daß es in Deutschland auch der Demokratisierung widersteht. Auch wenn sich gerade manches ändert – Deutschland bleibt, wie es war. Ausbalanciert ist damit das vorn am Nebeneinander der beiden Äußerungen über Goethe beobachtete doppelte Verhältnis zu derselben Vergangenheit. Ganz genau so wie früher wird es nicht sein, insofern ist die Vergangenheit vergangen. Sie ist es jedoch gleichzeitig nicht, weil das Wesentliche unverändert erhalten bleibt.

Rückwärtsgewandtheit bestimmt in den ›Betrachtungen‹ nicht nur Thomas Manns Verhältnis zur politischen Wirklichkeit, sondern ebenso sein – literarisches – Selbstverständnis, und eigentlich zeigt sich erst in diesem Bereich, wie umfassend sein Bestreben ist, am Vergangenen nahezu um jeden Preis festzuhalten. Das persönliche Ereignis, das er zunächst genausowenig fassen kann wie das überpersönliche, daß die Zeit »Veränderungen zeitigt« und »das Neue gebiert«, dieses Ereignis sind – die ›Betrachtungen eines Unpolitischen‹ selbst. Mit ihnen hat er ein Buch geschrieben, das in sein Bild von sich nicht hineinpaßt, weil es anders ist als alles, was er bisher geschrieben hat. So fragt er sich, was er da geschrieben hat und warum er es geschrieben hat, und beantwortet diese Fragen mit derselben Rückwärtsgewandtheit wie die Veränderung der politischen Verhältnisse. Diese ebenso konsequent wie bei näherem Hinsehen erstaunliche Tatsache ist für Thomas Manns gesamte Entwicklung so aufschlußreich, daß wir sie zum Abschluß etwas genauer betrachten wollen.

# Rückwärtsgewandtes Selbstverständnis

Thomas Manns Verhältnis zu seinem essayistisch-kritischen Schaffen blieb lange, wenn nicht überhaupt immer reserviert. Noch der Fünfundfünfzigjährige, von dem neben den ›Betrachtungen‹ bereits die Essaybände ›Rede und Antwort‹, ›Bemühungen‹ und ›Die Forderung des Tages‹ vorliegen, stellt eher resigniert fest, der Essay scheine »als kritische Überwachung meines Lebens ein Zubehör meiner Produktivität bleiben zu sollen«. Und obwohl er die Unterscheidung zwischen Schriftsteller und Dichter damals schon seit Jahren ablehnt, grenzt er »das ›Schreiben‹« mit Nachdruck vom »freien Musizieren des Epikers« ab und gesteht, daß er es »regelmäßig als eine Art leidenschaftlichen Müßiganges und als einen selbstquälerischen Raub an glücklicheren Aufgaben« empfinde (XI, 130). Mindestens unbewußt blieb Goethes »Bilde, Künstler! Rede nicht!« für ihn wahrscheinlich zeitlebens maßgebend.[134] Bestimmt jedenfalls hat sich der junge Thomas Mann daran gehalten, der sich nach frühesten kritischen Versuchen[135] (und ein paar Gedichten) zunächst zum reinen Erzähler entwickelte und nicht mehr für seine Sache hielt, womit er begonnen hatte: »Lyrik und Kritik kommt für mich nicht in Betracht«, schreibt er einige Monate nach Abschluß der ›Buddenbrooks‹, am 27. März 1901, an Heinrich Mann (Briefwechsel, S. 19). Der Satz verblüfft und beleuchtet, wie wenig Thomas Mann, auch als er über die ersten Anfänge hinaus war, seine schriftstellerische Eigenart kannte. Tatsächlich hat er sie jedoch auch nur sehr zögernd realisiert. Es dauerte lange, bis er den Weg zur ›Kritik‹ fand, auf die er sich zudem nur gegen offenbar starke innere Widerstände einließ. Erst sieben Jahre nach den jugendlichen Versuchen – und zwei Jahre nach der eben zitierten Briefäußerung – veröffentlichte er wieder eine kurze kritische Arbeit, eine Buchbesprechung, erklärt jedoch bei dieser Gelegenheit, daß man als Künstler dergleichen sein lassen und sich auf ›Werke‹ beschränken sollte.[136] 1906 weiß er dann zwar schon, daß er

---

[134] Auch die das Essayistische des Josephromans verteidigende Bemerkung aus dem Jahr 1928, seine Idee von Kunst sei zu sehr mit der des Musikalischen verbunden, »als daß die Ästhetik des ›Bilde, Künstler, rede nicht!‹ volle Gewalt über mich haben könnte« (XI, 627), spricht eher für als gegen diese Annahme.

[135] Fünf Beiträge zur Lübecker Schülerzeitschrift ›Frühlingssturm‹ (vgl. Bürgin, Bibliographie, S. 123) und acht von Klaus Schröter wiederentdeckte kritische Arbeiten in der damals (1895/96) von Heinrich Mann herausgegebenen Zeitschrift ›Das Zwanzigste Jahrhundert‹ (vgl. Schröter, Thomas Mann, S. 37ff. und S. 164).

[136] Vgl. Haiduk, Die Bedeutung der polemischen Schriften im Schaffen Thomas Manns, a.a.O. S. 44.

»das Schriftstellern nie ganz werde lassen können«, schildert aber gleichzeitig beredt, wie schwer ihm die »Schriftstellerei« fällt (XI, 714). Er fühlt sich als Essayist unsicher, fürchtet, sich zu »kompromittieren« (ebd.), erlebt später, daß sein Plan eines Literatur-Essays scheitert, weil seine »essayistische Disziplin« nicht ausreichte, diesen zu »komponieren« (X, 62), und schreibt Ernst Bertram noch im Februar 1915, die Wahrheit sei drei- bis vierdimensional und könne »höchstens gestaltet, aber niemals gesagt werden« (Bertram-Briefe, S. 22). Diese Andeutungen mögen hier genügen. Sie dürften hinreichend erklären, warum er bis zum Weltkrieg verhältnismäßig wenig Essayistisches veröffentlichte und warum er auch im ersten Kriegsjahr nicht daran dachte, sich von seiner »Erzählung«, d. h. dem ›Zauberberg‹ zu trennen, um ein Buch wie die ›Betrachtungen‹ zu schreiben. Darüber hinaus aber erhellen sie die Vorgeschichte der Ratlosigkeit, mit der er sich auch *nach* Abschluß der ›Betrachtungen‹ noch fragt, warum ausgerechnet er ein solches Buch geschrieben habe. »Warum mir die Galeere, während andere frei ausgingen?« (13)
Auf die Galeere begibt man sich nicht freiwillig, das Wort – und das Molière-Motto des ganzen Buches: »Que diable allait-il faire dans cette galère?« – drückt aufs knappste Thomas Manns Gefühl aus, die ›Betrachtungen‹ keineswegs aus freiem Willen, sie vielmehr einem äußeren Zwang folgend geschrieben zu haben. Die »Erschütterung der Zeit« habe ihn, den Künstler, von seinen »eigentlichen« Aufgaben »abgelenkt« (276). Nicht Staat und Wehrmacht, »die Zeit selbst« habe ihn »zu mehr als zweijährigem Gedankendienst mit der Waffe« eingezogen. Es sei ihm ergangen wie Hunderttausenden, die durch den Krieg »aus ihrer Bahn gerissen« und jahrelang »ihrem eigentlichen Beruf und Geschäft entfremdet und ferngehalten« wurden. Auch er kehre als ein »Kriegsbeschädigter« an den »verwaisten Werktisch« zurück (9). Die halb komische, halb peinliche Gleichsetzung seiner Arbeit an den ›Betrachtungen‹ mit dem Kriegsdienst eines Soldaten hat sicher alle möglichen Gründe, das schlechte Gewissen des Daheimgebliebenen zum Beispiel[137] und den Wunsch, man möge nicht denken, daß er es zu Hause am Schreibtisch besser gehabt habe als die anderen. Nicht zuletzt aber äußert sich darin ein eigentümlich abweisendes Verhältnis zu den ›Betrachtungen‹ und ein bestimmtes Selbstverständnis. Tatsächlich sind die ›Betrachtungen‹ innerhalb seines Werkes ja etwas völlig Neues, ein Buch von ganz anderer Art als alle seine Bücher vorher. Auch von den wenigen Essays, die dem »Kriegsbuch« vorangingen, unterscheidet dieses sich nicht allein durch seinen Umfang. Über diese Ausflüge

[137] Vgl. den Brief an Richard Dehmel vom 14. Dezember 1914 (Br. I, 114f.) und an Paul Amann vom 1. Oktober 1915 (Amann-Briefe, S. 36).

in die Welt der ›Kritik‹ geht es gleich so weit hinaus, daß man kaum von einer Entwicklung Thomas Manns zum Essay sprechen kann, eher von einem Durchbruch zur Essayistik sprechen muß. Während er vorher ein ›Dichter‹ gewesen war, der »an dem Streben einiger weniger teilnahm, den deutschen Roman zur Kunstform zu adeln« (XI, 571), und der außerdem ein paar nicht-dichterische Arbeiten veröffentlicht hatte, wurde er mit den ›Betrachtungen‹ und durch sie mit einem Male zu einem ›Schriftsteller‹, neben dessen erzählerisches Werk ein essayistisches trat, dessen Existenz unleugbar bewies, daß ›Kritik‹ für ihn sehr wohl in Betracht kam. Vergegenwärtigt man sich seine spätere Entwicklung, sowohl seine zahlreichen Essays (im weiteren Sinne des Wortes) als auch die dichterische Produktivität, zu der er durch Aufnahme und Integration des Essayistischen in seine Erzählkunst[138] gelangte, dann darf man sogar vermuten, daß der Durchbruch zur Essayistik in den ›Betrachtungen‹ ihn erst ganz zu sich selbst gebracht hat. So empfand er selbst es zunächst jedoch nicht im geringsten. Ihm war bewußt, mit den ›Betrachtungen‹ etwas geschrieben zu haben, das sich ziemlich weit von dem entfernte, was er in der Vergangenheit geschaffen hatte, aber er faßte diesen Schritt ins Neue nicht als Annäherung an sich selbst auf, sondern als Entfremdung: als er sie schrieb, war er von seinen eigentlichen Aufgaben abgelenkt, aus seiner Bahn gerissen, seinem eigentlichen Beruf und Geschäft entfremdet. Die Abwertung setzt sich fort, wenn er das »Versäumnis der Monate, der Jahre« beklagt und alle diejenigen beneidet, deren künstlerisches Schaffen von den geistigen Zeitumständen nicht gehemmt wurde (13). Für seinen eigentlichen Beruf hält er das Dichten, die künstlerische Gestaltung, an ihr mißt er auch die ›Betrachtungen‹, mit dem Ergebnis, daß er anfangs nicht einmal sagen kann, was sie sind. Um sie zu charakterisieren, verfällt er auf bis zum Nichtssagenden formale Bestimmungen (»Schreib- und Schichtwerk«, »Konvolut«), läßt sie weder als ›Werk‹ noch als ›Buch‹ gelten und beruft sich dabei ausdrücklich auf seine »zwanzigjährige, nicht ganz gedankenlose Kunstübung« (9). Sein Maßstab ist das dichterische Werk, das er bisher geschaffen hat; sein Standpunkt liegt, auch hier, in der Vergangenheit. Aus dieser Perspektive erscheinen die ›Betrachtungen‹ nicht als das Neue, das sie sind, sondern als Abweichung, als ein kaum definierbares Ausnahmewerk, fremd und uneigentlich, unfreiwillig zustande gekommen, entstanden nur, weil die Zeit selbst ihn dazu »eingezogen« hat. Auch angesichts seiner ›essayistischen Gegenwart‹ hält er unbeirrt an seiner ›dichterischen Vergangenheit‹ fest. Es ist nicht,

---

[138] Vgl. Herman Meyer, Zum Problem der epischen Integration, a.a.O. S. 21 bis 32.

wie es war, aber daß es so ist, ist nicht in Ordnung, hat keine Folgerichtigkeit, sondern ist allein die Folge eines ihn sich selbst entfremdenden
Drucks der Zeit, die ihm die ›Betrachtungen‹, »und zwar unweigerlich,
abverlangte« (18). Daß er die Einwirkung der Zeit als Entfremdung erlebt, verrät zugleich, daß Gegenwart für ihn im Grunde noch immer eine
von der allgemeinen Gegenwart unabhängige, von ihr nicht berührte individuelle Gegenwart ist. Um so mehr mußte die Erfahrung seiner »Zeit-
bestimmtheit« (14) ihn erschüttern. Das halb unterdrückte Pathos, mit
dem er über die »Größe, Schwere und Schrankenlosigkeit der Zeit« spricht,
gibt von dieser Erschütterung eine Ahnung: »Denn so war die Zeit gear-
tet, daß kein Unterschied mehr kenntlich war zwischen dem, was den
einzelnen anging und nicht anging; alles war aufgeregt, aufgewühlt, die
Probleme brausten ineinander und waren nicht mehr zu trennen, es zeigte
sich der Zusammenhang, die Einheit aller geistigen Dinge, die Frage des
Menschen selbst stand da, und die Verantwortlichkeit vor ihr umfaßte
auch die Notwendigkeit politischer Stellungnahme und Willensentschlie-
ßung...« (15). Die Gegenwart war über Thomas Mann hereingebrochen
und hatte ihn auf den Weg der ›Kritik‹ gezwungen. Sie ist, für sein
Selbstverständnis, jedoch keine Erweiterung seiner schriftstellerischen
Möglichkeiten und schon gar nicht ein über seine Vergangenheit hinaus-
führender Fortschritt. Er empfindet das Neue in seiner Laufbahn als
Schriftsteller ausschließlich negativ, fühlt sich aus seiner Bahn gerissen
und verhält sich zu seiner eigenen Veränderung genauso rückwärtsge-
wandt wie zur Demokratisierung Deutschlands: es ist eine Tatsache, daß
es anders ist als bisher, eigentlich aber dürfte es nicht sein, wie es ist,
sondern müßte sein, wie es war.
Die Übereinstimmung zwischen der Deutung der politischen Verhältnisse
und seinem literarischen Selbstverständnis reicht so weit, daß sich zuletzt
auch in der Stellungnahme zu den ›Betrachtungen‹ jene zweite Form von
Rückwärtsgewandtheit durchsetzt, die die Veränderung verharmlost und
den Unterschied zwischen Vergangenheit und Gegenwart als unwesentlich
hinstellt. Das geschieht hier, indem Thomas Mann sich alle Mühe gibt,
die ›Betrachtungen‹ als ein Werk zu begreifen, das eigentlich doch gar
nicht so viel anders ist als das, was er bisher schon gemacht hat: er versteht sie als »beinahe« eine Dichtung. Schon in den Briefen aus der Entstehungszeit versucht er, sie in sein dichterisches Werk einzubauen, nach
rückwärts, wenn er sie als »intellektuales Geschwister« der ›Buddenbrooks‹ charakterisiert, nach vorwärts, wenn er – nicht nachträglich, sondern während er daran arbeitet! – betont, daß der ›Zauberberg‹ ohne sie
»intellektuell unerträglich überlastet worden wäre« (Amann-Briefe, S. 53).
Einen Schritt weiter geht der Wunsch, daß man sie als »Roman« lesen

möge (Br. I, 147),[139] ihm entspricht die Feststellung: das Buch »möchte *Gestalt* sein«. Daran liegt ihm so viel, daß er sogar den Affekt herunter-spielt, aus dem es lebt, und er der Polemik die Funktion einer ästhetischen Technik zuweist. Was »Polemik scheinen mag«, sei nur »Wegmeißelung, Ausbildung, Kontur« (138). Die Bemerkung bleibt allerdings Ausnahme. Sie ist der einzige Versuch, die ›Betrachtungen‹ *direkt* in die ästhetische Sphäre hinüberzuschieben. Als sie fertig sind, kommen sie ihm im Gegen-teil als ein »Ungetüm« vor, als ein »Ragout sondergleichen, ein Ding ohne Genre, nie dagewesen« (Amann-Briefe, S. 59). Als ›Werk‹ können sie vor seinem dichterischen Formbewußtsein nicht bestehen, unter diesem Ge-sichtspunkt sind sie ein formloses, ungeformtes Etwas, das sich von der Kunst, die er bisher gemacht hat, doch zu sehr unterscheidet, als daß sich ein Zusammenhang herstellen ließe. Besser gelingt das, indem er sie als Bekenntnis und ein Stück Lebensgeschichte versteht. Da er seine Dichtun-gen früher schon als Autobiographie verstanden hatte,[140] wird auf diesem Wege aus dem Neuartigen etwas Altvertrautes. Diese Rückverwandlung vollzieht sich in der Vorrede. Immer wieder ansetzend umschreibt er un-gefähr anderthalb Seiten lang, was die ›Betrachtungen‹ vielleicht seien (9–11). Während er scheinbar nur virtuos mit Worten spielt, bereitet er durchaus zielstrebig die Angleichung der ›Betrachtungen‹ an sein früheres Werk vor. Er prüft und verwirft eine Bestimmung nach der anderen, lehnt auch sachlich durchaus nicht unzutreffende ab und bevorzugt auto-biographische (»Spur«, »Leidensspur«, »das Bleibsel dieser Jahre«; »In-ventar«, »Diarium«, »eine Art von Tagebuch«). Zwischendurch erwägt er, ob sie nicht vielleicht doch wenigstens »Form und Anschein eines Kunstwerks« haben, und gibt sich dann fürs erste mit »Künstlerwerk, Werk eines Künstlertums« zufrieden. Was das heißt, bleibt, obwohl Tho-mas Mann es erläutert, unklar, rückt die ›Betrachtungen‹ jedoch immer-hin schon in die Nähe seiner Dichtungen. Genug ist ihm das nicht, doch breitet er nun erst einmal ihre Gesamtproblematik aus. Dabei findet er dann endgültig den Weg zurück. Sie sind »die Darstellung eines inner-

---

[139] »Ich muß wünschen, daß man das Buch im rechten Sinn und Geiste liest, d. h. nicht eigentlich als ›Buch‹, welches irgendwie führen und zu Meinungen über-reden will, sondern als Roman, als die Darstellung eines bewußt erlebten und dabei schon innerlich distanzierten geistigen Schicksals«: Brief an Kurt Martens vom 11. September 1918, fast genauso in einem Brief an Adele Gerhard vom gleichen Tage (Br. I, 148).
[140] »Königliche Hoheit‹ ist nicht irgendein willkürlich gewählter Stoff, in welchen mein ›Virtuosentum‹ sich verbiß und auf den meine Unkenntnis kein Anrecht hätte. Sondern indem ich, nach meinen Kräften, an dem Streben einiger weniger teilnahm, den deutschen Roman als Kunstform zu adeln und zu erhö-hen, erzählte ich, auch diesmal, von meinem Leben.« (XI, 571)

persönlichen Zwiespaltes und Widerstreites«, und das macht »dies Buch, welches kein Buch und kein Kunstwerk ist, beinahe zu etwas anderem: beinahe zu einer Dichtung« (41).[141] Das ist – buchstäblich, denn hiermit endet die Vorrede – Thomas Manns letztes Wort, mit dem er erreicht, daß die ›Betrachtungen‹ nun nicht mehr aus seinem Selbstverständnis herausfallen. Nicht, weil es sich erweitert und das Neue in sich aufgenommen hat, sondern weil er das Neue so gut es geht dem Bisherigen anverwandelt hat. Jetzt sind die ›Betrachtungen‹ »beinahe« dasselbe wie die Werke, die er früher, in zwanzigjähriger Kunstübung, auch schon geschaffen hat. Genau dasselbe sind sie zwar nicht, aber der Unterschied zwischen Vergangenheit und Gegenwart ist gering, im Prinzip ist er der ›Dichter‹ geblieben, der er war.

[141] Auch diese Bestimmung kehrt, kühner formuliert, in Ernst Bertrams Werbetext für die ›Betrachtungen‹ wieder: »Thomas Mann's neues Buch ist Dichtung in Form von Kritik, Konfession und Streitschrift« (Bertram-Briefe, S. 234). In seinem Aufsatz über das Buch steht die Charakteristik »ein kritischer Roman vom deutschen Wesen« (Thomas Manns ›Betrachtungen eines Unpolitischen‹, a.a.O. S. 81).

# VI.

## SCHLUSSBEMERKUNGEN

Rückwärtsgewandtheit, Festhalten an der Vergangenheit, obwohl sie vergangen ist, und das Bestreben, Gegenwart und Zukunft auf die Vergangenheit festzulegen, letzten Endes die Vergangenheitsorientierung des frühen Thomas Mann insgesamt haben zweifellos individuelle, seelisch-geistige Gründe, über die vielleicht eine psychoanalytische Thomas Mann-Studie Auskunft geben könnte. Von nicht geringerer Bedeutung aber dürften überpersönlich-allgemeine Sachverhalte sein. Der sich als Wiederholungsdenken verwirklichende Glaube, daß es ist, wie es war, und das auch gegen die reale Veränderung aufrecht erhaltene Ewigkeitsdenken – es müßte sein, wie es war; im wesentlichen bleibt es, wie es war – sind durchaus auch sozialgeschichtlich zu verstehen: als ein Geschichtsdenken, das einen gesellschaftlichen Zustand reflektiert, der für unerschütterlich, ›ewig‹ und einer Veränderung auch gar nicht bedürftig gehalten wird. In dem Vortrag ›Meine Zeit‹, dem Lebensrückblick des Fünfundsiebzigjährigen, erinnert sich Thomas Mann, an eine Anekdote aus seiner Schulzeit anknüpfend: »Trotzdem, die bürgerliche Kultur mochte noch lachen damals; sie schien aere perennius« (XI, 308). Eine gesellschaftliche Ordnung, die sich für ewig hält, kennt weder wirkliche Veränderung noch das Neue und wird sie, sofern sie sie nicht einfach ignorieren kann, so lange wie möglich zur Oberflächenerscheinung umdeuten. Daß es für Thomas Mann Gegenwart und Zukunft nur als Erscheinungsformen der Vergangenheit gibt und Vergangenheit hinter sich lassende Entwicklung gleich Untergang und Entfremdung, ja apokalyptische Weltwende bedeutet, dürfte auch Ausdruck des bürgerlichen Bewußtseins im wilhelminischen Deutschland sein, verstärkt vielleicht durch seine individuelle Situation als Erbe.

Die Übereinstimmung mit seiner bürgerlichen Umwelt und deren Nationalismus war freilich zeitlich begrenzt. Als ein Teil des deutschen Bürgertums und der es geistig repräsentierenden Schicht während der Weimarer Republik noch immer an der Vergangenheit festhielt und die Demokratie ablehnte oder bekämpfte, überwand Thomas Mann seine Rückwärtsgewandtheit allmählich. Auf die neue politische Wirklichkeit stellte er sich sogar erstaunlich rasch um, dem Kaiserreich scheint er nicht lange nachgetrauert zu haben. »Ich hatte doch einen starken Choc, als ich schwarz auf weiß las, daß am 30. September 1918 das deutsche Reich von der monarchischen zur parlamentarisch-demokratischen Verfassung übergegangen sei«, schreibt er Ernst Bertram am 3. Oktober 1918 (Bertram-Briefe, S. 79). Trotzdem erschien schon am 17. Januar 1919 seine Antwort auf eine Rundfrage des sozialdemokratischen ›Vorwärts‹ unter dem Titel ›Für das neue Deutschland‹.[1] Und nur acht Monate, nachdem er ebenfalls Ernst Bertram geschrieben hatte: »Solange der Kaiser noch da ist, ist das romantische Deutschland nicht völlig ausgetilgt« (Bertram-Briefe, S. 81), spricht er in der ›Tischrede auf Pfitzner‹ – vor vermutlich eher ›national‹ als demokratisch gestimmten Zuhörern – von der »romantischen Reichsfassaden-Dekoration« und charakterisiert das wilhelminische Deutschland als »materielle Prosperität mit kaiserlich-romantischer Stirnseite« (X, 419). Seine intellektuelle Entwicklung jedoch vollzog sich langsamer. Anscheinend war sein Verhältnis zur politischen Wirklichkeit viel weniger von Anhänglichkeit an das Vergangene bestimmt als sein Denken, für das ›Vergangenheit‹ nicht so schnell aufhörte, der allem übergeordnete Wert zu sein. Auch noch in den ersten Jahren nach dem Krieg denkt er, wenn er an die Zukunft denkt, vor allem an die Vergangenheit und glaubt beispielsweise, der »träumerischen Rückwärtsgewandtheit« Pfitzners wohne »mehr Zukunft bildende Kraft und Bedeutung« inne als mancher »scheinbar zeitgerechteren« Kunst (X, 421). Wird um der Zukunft willen die Vergangenheit seiner Meinung nach nicht genug respektiert, dann reagiert er auch 1921 so polemisch wie in den ›Betrachtungen‹, dann attackiert er wie einst das »Bedienten- und Läufergeschmeiß der Zeit« (XII, 21) nun die »futuristischen Petroleurs, welche, einer Zukunft zu Ehren, die sie nicht kennen wird, nichts Besseres zu tun wissen, als die Vergangenheit zu schänden« (X, 867). Wie langsam sich die gedankliche Fixierung an die Vergangenheit lockerte, verrät noch der Rückgriff auf Novalis in der Rede ›Von deutscher Republik‹ (1922). Der sonderbare Versuch, mit Novalis für die demokratische Republik zu werben, verliert das Befremdende, sobald man darin den Wunsch erkennt, »dem Neuen in Deutschland« eine Vergangenheit zu verschaffen und es auf diese Weise als etwas im Grunde gar nichts Neues darzutun (vgl. z. B. XI, 832f.) Bald danach jedoch löst sich der Bann der Vergangenheit. An einer Reihe kurzer essayistischer Texte, beginnend mit der Ende 1923 erschienenen Rezension von Ernst Troeltschs ›Naturrecht und Humanität in der Weltpolitik‹, kann man verfolgen, wie sich Thomas Manns Ein-

---

[1] Bürgin, Bibliographie, S. 140. Nicht in den Gesammelten Werken von 1960. Ausführlich zitiert bei Richter, Thomas Manns Stellung zu Deutschlands Weg in die Katastrophe, S. 148–150.

stellung zu geschichtlicher Veränderung wandelt und damit zugleich Vergangenheit aufhört, ein *absoluter* Wert zu sein. Zum erstenmal und nicht ohne Feierlichkeit spricht er dies in der ›Tischrede in Amsterdam‹ aus: »Im *Herzen* dem Tode, der Vergangenheit fromm verbunden, sollen wir den Tod nicht Herr sein lassen über unseren *Kopf*, unsere *Gedanken*.« (XI, 354) Praktisch-politisch hatte er spätestens 1922 mit der Rede ›Von deutscher Republik‹ den Standpunkt der ›Betrachtungen‹ öffentlich aufgegeben – die Reaktionen in der ›nationalen‹ Presse zeigen, wie genau dies verstanden wurde.[2] Mit der Rede in Amsterdam und den ihr im selben Jahr folgenden Arbeiten, insbesondere mit der Rede zu Nietzsches 80. Geburtstag, die eine Rede über das Thema Selbstüberwindung ist, trennte er sich von der Rückwärtsgewandtheit der ›Betrachtungen‹ auch intellektuell. Vielleicht verdankt er das dem gleichfalls 1924 abgeschlossenen ›Zauberberg‹, in dem er jene Aufhebung der Zeit, auf die sein gesamtes Denken in den ›Betrachtungen‹ hinausläuft, als ein sowohl pathologisches als auch historisches Phänomen gestaltete, als Erscheinung einer kranken bürgerlichen Vorkriegswelt.

[2]  Zwei Proben dieser Reaktionen bei Schröter, Thomas Mann im Urteil seiner Zeit, S. 99–105.

# LITERATURVERZEICHNIS

## A. Quellen

Thomas Mann, Gesammelte Werke in zwölf Bänden. Frankfurt am Main: S. Fischer Verlag 1960.

Thomas Mann, Gesammelte Werke [in Einzelausgaben]: Rede und Antwort. Gesammelte Abhandlungen und kleine Aufsätze. Berlin: S. Fischer 1922.

Thomas Mann, Friedrich und die große Koalition. Berlin: S. Fischer 1915. (Sammlung von Schriften zur Zeitgeschichte. [Bd 5]). (Zitiert: Friedrich).

Thomas Mann, Betrachtungen eines Unpolitischen. Berlin: S. Fischer 1918. (= 1.–6. Auflage; unveränderter Text bis einschließlich 15.–18. Auflage 1920).

Thomas Mann, Versuch über das Theater. In: Nord und Süd. Eine deutsche Monatsschrift. 32. Jg, Bd 124 (Januar–März 1908), S. 116–119, S. 259–290.

Thomas Mann, Der alte Fontane. In: Die Zukunft. 19. Jg., Bd 73, S. 1–21.

»Geist und Kunst«. Thomas Manns Notizen zu einem »Literatur-Essay«. Ediert und kommentiert von Hans Wysling. In: Paul Scherrer/Hans Wysling, Quellenkritische Studien zum Werk Thomas Manns. Bern und München: Francke 1967. S. 123–233. (Thomas-Mann-Studien. Hrsg. vom Thomas-Mann-Archiv der Eidgenössischen Technischen Hochschule in Zürich. Erster Band.) (Zitiert: Studien I).

Thomas Mann, Briefe 1889–1936. Hrsg. von Erika Mann. Frankfurt am Main: S. Fischer 1961. (Zitiert: Br. I).

Thomas Mann, Briefe 1937–1947. Hrsg. von Erika Mann. Frankfurt am Main: S. Fischer 1963. (Zitiert: Br. II).

Thomas Mann, Briefe 1948–1955 und Nachlese. Hrsg. von Erika Mann. Frankfurt am Main: S. Fischer 1965. (Zitiert: Br. III).

Thomas Mann – Heinrich Mann, Briefwechsel 1900–1949. Auf Grund der 1965 von der Deutschen Akademie der Künste zu Berlin im Aufbau-Verlag veröffentlichten, von Ulrich Dietzel redigierten Ausgabe ›Thomas Mann/Heinrich Mann, Briefwechsel 1900–1949‹ in erweiterter Form aus den Beständen der Deutschen Akademie der Künste zu Berlin, des Schiller-Nationalmuseums zu Marbach und des Thomas-Mann-Archivs der Eidgenössischen Technischen Hochschule zu Zürich herausgegeben von Hans Wysling. Frankfurt am Main: S. Fischer 1968. (Zitiert: Briefwechsel).

Hermann Hesse – Thomas Mann, Briefwechsel. Hrsg. von Anni Carlsson. Frankfurt am Main: Suhrkamp u. S. Fischer 1968. (Zitiert: Hesse-Briefwechsel).

Thomas Mann, Briefe an Paul Amann 1915–1952. Hrsg. von Herbert Wegener. Lübeck: Schmidt-Römhild 1959. (Veröffentlichungen der Stadtbibliothek in Lübeck. Neue Reihe, Bd 3). (Zitiert: Amann-Briefe).

Thomas Mann an Ernst Bertram. Briefe aus den Jahren 1910–1955. In Verbindung mit dem Schiller-Nationalmuseum herausgegeben, kommentiert und mit einem Nachwort versehen von Inge Jens. Pfullingen: Neske 1960. (Zitiert: Bertram-Briefe).

Thomas Mann. Eine Chronik seines Lebens. Zusammengestellt von Hans Bürgin und Hans-Otto Mayer. Frankfurt am Main: S. Fischer 1965.

Thomas Mann im Urteil seiner Zeit. Dokumente 1891–1955. Hrsg. mit einem Nachwort und Erläuterungen von Klaus Schröter. Hamburg: Christian Wegner Verlag 1969.

Heinrich Mann, Ausgewählte Werke in Einzelausgaben. Hrsg. im Auftrag der Deutschen Akademie der Künste zu Berlin von Alfred Kantorowicz. Band XI: Essays. Erster Band. Berlin: Aufbau-Verlag 1954. (Zitiert: Essays I). Band XII: Essays. Zweiter Band. Berlin: Aufbau-Verlag 1956. (Zitiert: Essays II).

Heinrich Mann, Zola. In: Die weißen Blätter. 2. Jahrgang, Heft 11 (November 1915), S. 1312–1382.

Kurt Hiller, Philosophie des Ziels. In: Der Aktivismus 1915–1920. Hrsg. von Wolfgang Rothe. München: Deutscher Taschenbuch-Verlag 1969. S. 29–54.


## B. Sekundärliteratur

Theodor W. Adorno, Auf die Frage: Was ist deutsch. In: Theodor W. Adorno, Stichworte. Kritische Modelle 2. Frankfurt am Main: Suhrkamp 1969. (edition suhrkamp 347).

Heinz Ludwig Arnold, Die Brüder. In: Text und Kritik. Sonderband Heinrich Mann. Stuttgart, München, Hannover: Boorberg Verlag 1971. S. 34–47.

André Banuls, Thomas Mann und sein Bruder Heinrich. ›Eine repräsentative Gegensätzlichkeit‹. Stuttgart: Kohlhammer 1968. (Sprache und Literatur).

Gerhard Bauer, »Geschichtlichkeit«. Wege und Irrwege eines Begriffs. Berlin: de Gruyter 1963. (Die kleinen de-Gruyter-Bände. Band 3).

Reinhard Baumgart, Das Ironische und die Ironie in den Werken Thomas Manns. München: Hanser 1964. (Literatur als Kunst).

Walter A. Berendsohn, Thomas Mann, Künstler und Kämpfer in bewegter Zeit. Lübeck: Schmidt-Römhild 1965.

Ernst Bertram, Thomas Manns ›Betrachtungen eines Unpolitischen‹. In: Mitteilungen der Literarhistorischen Gesellschaft Bonn. 11. Jg. (1917/20), S. 80 bis 103.

Geneviève Bianquis, Le temps dans l'œuvre de Thomas Mann. In: Journal de psychologie normale et pathologique. Tome 44 (1951), S. 356–370.

Ernest Bisdorff, Thomas Mann und die Politik. 2., erweiterte Auflage. Luxembourg: Editions du Centre 1966.

Bernhard Blume, Thomas Mann und Goethe. Bern: Francke 1949.

Klaus Bock, Geschichtsbegriff und Geschichtsbild bei Thomas Mann. Phil. Diss. (Masch.) Kiel 1959.

Bruno Boesch, Die mittelalterliche Welt und Thomas Manns Roman »Der Erwählte«. In: Wirkendes Wort. 2. Jg. (1951/52), S. 340–349.

Edith Braemer, Aspekte der Goethe-Rezeption Thomas Manns. In: Vollendung und Größe Thomas Manns. Beiträge zu Werk und Persönlichkeit des Dichters. Hrsg. von Georg Wenzel im Auftrage des Vorstands des Thomas-Mann-Kreises im Deutschen Kulturbund. Halle: VEB Verlag Sprache und Literatur 1962. S. 162–195.

Richard Brinkmann, Romanform und Werttheorie bei Hermann Broch. Strukturprobleme moderner Dichtung. In: Deutsche Romantheorien. Beiträge zu einer historischen Poetik des Romans in Deutschland. Hrsg. und eingeleitet von Reinhold Grimm. Frankfurt am Main, Bonn: Athenäum Verlag 1968. S. 347–373.

Erich Brock, Ein gern vergessenes Buch Thomas Manns. In: Orbis Litterarum. Bd XIII (1958), S. 3–6.

Hans Bürgin, Das Werk Thomas Manns. Eine Bibliographie unter Mitarbeit von Walter A. Reichart und Erich Neumann. Frankfurt am Main: S. Fischer 1959.

Ernst Cassirer, Thomas Manns Goethe-Bild. Eine Studie über ›Lotte in Weimar‹. In: Germanic Review. Vol. 20 (1945), S. 166–194.

Inge Diersen, Untersuchungen zu Thomas Mann. Die Bedeutung der Künstlerdarstellung für die Entwicklung des Realismus in seinem erzählerischen Werk. Berlin: Rütten & Loening 1959.

Hans Eichner, Thomas Mann. Eine Einführung in sein Werk. 2., veränderte Auflage. Bern und München: Francke 1961. (Dalp-Taschenbücher. Bd 356).

Hans Eichner, Thomas Mann und die deutsche Romantik. In: Das Nachleben der Romantik in der modernen deutschen Literatur. Die Vorträge des Zweiten Kolloquiums in Amherst/Massachusetts. Hrsg. von Wolfgang Paulsen. Heidelberg: Stiehm 1969. S. 152–173.

Ernst Eiffert, Das Erlebnis der Zeit im Werke Thomas Manns. Phil. Diss. (Masch.) Frankfurt am Main 1949.

Richard Exner, Zur Essayistik Thomas Manns. In: Germanisch-Romanische Monatsschrift. Bd 43 (= Neue Folge Bd 12)/1962, S. 51–78.

Martin Flinker, Thomas Mann's politische Betrachtungen im Lichte der heutigen Zeit. 's-Gravenhage: Mouton 1959.

André Gisselbrecht, Thomas Manns Hinwendung vom Geist der Musikalität zur Bürgerpflicht. In: Sinn und Form. Sonderheft Thomas Mann 1965. S. 291 bis 334.

Käte Hamburger, Thomas Mann und die Romantik. Eine problemgeschichtliche Studie. Berlin: Junker und Dünnhaupt 1932.

Manfred Haiduk, Die Bedeutung der polemischen Schriften im Schaffen Thomas Manns. In: Vollendung und Größe Thomas Manns. Beiträge zu Werk und Persönlichkeit des Dichters. Hrsg. von Georg Wenzel im Auftrage des Vorstands des Thomas-Mann-Kreises im Deutschen Kulturbund. Halle: VEB Verlag Sprache und Literatur 1962. S. 43–71.

Hellmut Haug, Erkenntnisekel. Zum frühen Werk Thomas Manns. Tübingen: Niemeyer 1969. (Studien zur deutschen Literatur. Band 15).

Erich Heller, Thomas Mann. Der ironische Deutsche. Frankfurt am Main: Suhrkamp 1959.

Winfried Hellmann, Ideologische Geschichtsdarstellung. Zu Thomas Manns ›Friedrich und die große Koalition‹. In: Festschrift für Klaus Ziegler. Hrsg. von Eckehard Catholy und Winfried Hellmann. Tübingen: Niemeyer 1968. S. 323–342.

Clemens Heselhaus, Wiederherstellung. Restauratio-Restitutio-Regeneratio. In: Deutsche Vierteljahrsschrift für Literaturwissenschaft und Geistesgeschichte. Bd 25 (1951), S. 54–81.

Theodor Heuss, Mann gegen Mann. In: Theodor Heuss, Vor der Bücherwand. Skizzen zu Dichtern und Dichtung. Hrsg. von Friedrich Kaufmann u. Hermann Leins. Tübingen: Rainer Wunderlich Verlag 1961. S. 284–291. – Erstveröffentlichung: 1919.

Eberhard Hilscher, Thomas Mann. Leben und Werk. Berlin: Volk und Wissen Verlag 1966.
Inge und Walter Jens, Betrachtungen eines Unpolitischen: Thomas Mann und Friedrich Nietzsche. In: Das Altertum und jedes neue Gute. Festschrift für Wolfgang Schadewaldt zum 15. März 1970. Hrsg. von Konrad Gaiser. Stuttgart: Kohlhammer 1970. S. 237–256.
Walter Jens, Der Gott der Diebe und sein Dichter. Thomas Mann und die Welt der Antike. In: Walter Jens, Statt einer Literaturgeschichte. Pfullingen: Neske 1957. S. 87–107.
Klaus W. Jonas, Fifty Years of Thomas Mann Studies. A Bibliography of Criticism. Minneapolis: University of Minnesota Press 1955.
Klaus W. Jonas u. Ilsedore B. Jonas, Thomas Mann Studies Volume II. A Bibliography of Criticism. Philadelphia: University of Pennsylvania Press 1967.
Erich Kahler, Die Verantwortung des Geistes. In: Erich Kahler, Die Verantwortung des Geistes. Gesammelte Aufsätze. Frankfurt am Main: S. Fischer 1952. S. 119–130.
Alfred Kantorowicz, Zola-Essay – Betrachtungen eines Unpolitischen. Die paradigmatische Auseinandersetzung zwischen Heinrich und Thomas Mann. In: Geschichte in Wissenschaft und Unterricht. 11. Jg. (1960), S. 257–272.
Fritz Kaufmann, Thomas Manns Weg durch die Ewigkeit in die Zeit. In: Die Neue Rundschau. 67. Jg. (1956), S. 565–581.
Ernst Keller, Der unpolitische Deutsche. Eine Studie zu den ›Betrachtungen eines Unpolitischen‹ von Thomas Mann. Bern und München: Francke 1965.
Helmut Koopmann, Die Entwicklung des ›intellektualen Romans‹ bei Thomas Mann. Untersuchungen zur Struktur von ›Buddenbrooks‹, ›Königliche Hoheit‹ und ›Der Zauberberg‹. Bonn: Bouvier 1962. (Bonner Arbeiten zur deutschen Literatur. Band 5).
Herbert Lehnert, Anmerkungen zur Entstehungsgeschichte von Thomas Manns ›Bekenntnisse des Hochstaplers Felix Krull‹, ›Der Zauberberg‹ und ›Betrachtungen eines Unpolitischen‹. In: Deutsche Vierteljahrsschrift für Literaturwissenschaft und Geistesgeschichte. Bd 38 (1964), S. 267–272.
Herbert Lehnert, Thomas-Mann-Forschung. Ein Bericht. In: Deutsche Vierteljahrsschrift für Literaturwissenschaft und Geistesgeschichte.
  Erster Teil: Bd 40 (1966), S. 257–297;
  Zweiter Teil: Bd 41 (1967), S. 599–653);
  Schluß: Bd 42 (1968), S. 126–157.
Herbert Lehnert, Thomas Mann. Fiktion, Mythos, Religion. 2., veränderte Auflage. Stuttgart: Kohlhammer 1968. (Sprache und Literatur 27).
Hans Leisegang, Denkformen. 2., neu bearbeitete Auflage. Berlin: de Gruyter 1951.
Jonas Lesser, Thomas Mann in der Epoche seiner Vollendung. München: Desch Verlag 1952.
Jack Lindsay, Der Zeitbegriff im ›Zauberberg‹. In: Sinn und Form. Sonderheft Thomas Mann 1965, S. 144–156.
Karl Löwith, Weltgeschichte und Heilsgeschehen. Die theologischen Voraussetzungen der Geschichtsphilosophie. 3. Auflage. Stuttgart: Kohlhammer 1953. (Urban-Bücher. 2)
Georg Lukács, Thomas Mann. Berlin: Aufbau-Verlag 1950.
Erika Mann, Einleitung [zur posthumen Ausgabe der ›Betrachtungen eines Unpolitischen‹ innerhalb der ›Stockholmer Gesamtausgabe‹]. Frankfurt am Main: S. Fischer 1956. S. IX–XXV.

Golo Mann, Mein Vater Thomas Mann. Lübeck: Gustav Weiland Nachf. 1970.
Klaus Mann, Der Wendepunkt. Ein Lebensbericht. Frankfurt: S. Fischer 1952.
Karl Mannheim, Das konservative Denken. Soziologische Beiträge zum Werden des politisch-historischen Denkens in Deutschland. In: Archiv für Sozialwissenschaften und Sozialpolitik. Bd 57 (1927), S. 68ff. u. S. 470ff.
Siegfried Marck, Thomas Mann als Denker. In: Kant-Studien. Bd 47 (1955/56), S. 225–233.
Hans Joachim Maître, Thomas Mann. Aspekte der Kulturkritik in seiner Essayistik. Bonn: Bouvier 1970. (Studien zur Germanistik, Anglistik und Komparatistik. Band 3).
Hans Mayer, Thomas Mann. Werk und Entwicklung. Berlin: Verlag Volk und Welt 1950.
Hans Mayer, Leiden und Größe Thomas Manns. Zwei Reden. Berlin: Aufbau-Verlag 1956.
Hans Mayer, Thomas Mann. Zur politischen Entwicklung eines Unpolitischen. In: Hans Mayer, Der Repräsentant und der Märtyrer. Konstellationen der Literatur. Frankfurt am Main: Suhrkamp Verlag 1971. S. 65–93. (edition suhrkamp 463).
Herman Meyer, Das Zitat in der Erzählkunst. Zur Geschichte und Poetik des europäischen Romans. 2., durchgesehene Auflage. Stuttgart: Metzler 1967.
Herman Meyer, Zum Problem der epischen Integration. In: Herman Meyer, Zarte Empirie. Studien zur Literaturgeschichte. Stuttgart: Metzler 1963. S. 12 bis 32.
Hans-Bernhard Moeller, Thomas Manns venezianische Götterkunde, Plastik und Zeitlosigkeit. In: Deutsche Vierteljahrsschrift für Literaturwissenschaft und Geistesgeschichte. Bd 40 (1966), S. 184–205.
Armin Mohler, Die konservative Revolution in Deutschland 1918–1931. Stuttgart: Vorwerk 1950.
Charles Neider, The Artist as Bourgeois. In: The Stature of Thomas Mann. Edited by Charles Neider. New York: New Directions 1947. S. 330–357.
Hellmuth Petriconi, Das Reich des Untergangs. Bemerkungen über ein mythologisches Thema. Hamburg: Hoffmann u. Campe 1958 (Untersuchungen zur vergleichenden Literaturgeschichte. Band 1).
Monika Plessner, Identifikation und Utopie. Versuch über Heinrich und Thomas Mann als politische Schriftsteller. In: Frankfurter Hefte. 16. Jg. (1961), S. 812–826.
Georg Potempa, Bogen und Leier, eine Symbolfigur bei Thomas Mann. Oldenburg: Holzberg 1968.
Heinz Peter Pütz, Kunst und Künstlerexistenz bei Nietzsche und Thomas Mann. Zum Problem des ästhetischen Perspektivismus in der Moderne. Bonn: Bouvier 1963 (Bonner Arbeiten zur deutschen Literatur. Band 6).
Peter Pütz, Friedrich Nietzsche. Stuttgart: Metzler 1967. (Sammlung Metzler 62).
Peter Pütz (Hrsg.), Thomas Mann und die Tradition. Frankfurt am Main: Athenäum Verlag 1971. (Athenäum Paperbacks. Germanistik. 2).
Paul Raabe, Die Zeitschriften und Sammlungen des literarischen Expressionismus. Repertorium der Zeitschriften, Jahrbücher, Anthologien, Sammelwerke, Schriftenreihen und Almanache 1910–1921. Stuttgart: Metzler 1964. (Repertorien zur Deutschen Literaturgeschichte. Band 1).
T. J. Reed, Geist und Kunst: Thomas Mann's Abandoned Essay on Literature. In: Oxford German Studies. Vol. I (1966), S. 53–101.

Leonhard von Renthe-Fink, Geschichtlichkeit. Ihr terminologischer und begrifflicher Ursprung bei Hegel, Haym, Dilthey und Yorck. 2., durchgesehene Auflage. Göttingen: Vandenhoeck & Ruprecht 1968. (Abhandlungen der Akademie der Wissenschaften in Göttingen. Philologisch-Historische Klasse. Dritte Folge, Nr. 59).

Bernt Richter, Thomas Manns Stellung zu Deutschlands Weg in die Katastrophe. Ein Beitrag zum politischen Denken des Dichters. Phil. Diss. (Masch.) Berlin (FU) 1960.

Bernt Richter, Der Mythos-Begriff Thomas Manns und das Menschenbild der Josephsromane. In: Euphorion. Bd 54 (1960), S. 411–433.

Max Rychner, Thomas Mann und die Politik. In: Max Rychner, Welt im Wort. Literarische Aufsätze. Zürich: Manesse Verlag 1949. S. 349–394. – Erstveröffentlichung: 1947.

Jürgen Scharfschwerdt, Thomas Mann und der deutsche Bildungsroman. Eine Untersuchung zu den Problemen einer literarischen Tradition. Stuttgart: Kohlhammer 1967. (Studien zur Poetik und Geschichte der Literatur. Band 5).

Paul Scherrer/Hans Wysling, Quellenkritische Studien zum Werk Thomas Manns. Bern und München: Francke 1967. (Thomas-Mann-Studien. Hrsg. vom Thomas-Mann-Archiv der Eidgenössischen Technischen Hochschule in Zürich. Erster Band.) (Zitiert: Studien I).

Marleen Schmeisser, Friedrich der Große und die Brüder Mann. In: Neue Deutsche Hefte. Heft 90 (November, Dezember 1962), S. 97–106.

Albrecht Schöne, Säkularisation als sprachbildende Kraft. Studien zur Dichtung deutscher Pfarrersöhne. 2., überarbeitete und ergänzte Auflage. Göttingen: Vandenhoeck & Ruprecht 1968. (Palaestra. Band 226).

Dieter Schrey, Mythos und Geschichte bei Johann Arnold Kanne und in der romantischen Mythologie. Tübingen: Niemeyer 1969. (Studien zur deutschen Literatur. Band 14).

Klaus Schröter, Thomas Mann in Selbstzeugnissen und Bilddokumenten. Reinbek: Rowohlt Taschenbuch Verlag 1964. (rowohlts monographien 93).

Klaus Schröter, Literatur und Zeitgeschichte. Fünf Aufsätze zur deutschen Literatur im 20. Jahrhundert. Mainz: v. Hase & Koehler Verlag 1970. (Die Mainzer Reihe 26).

Eberhard Wilhelm Schulz, Thomas Mann und der Geist der Aufklärung. In: Eberhard Wilhelm Schulz, Wort und Zeit. Aufsätze und Vorträge zur Literaturgeschichte. Neumünster: Wachholz 1968. S. 84–105. (Kieler Studien zur deutschen Literaturgeschichte. Band 6).

Eberhard Wilhelm Schulz, Zeiterfahrung und Zeitdarstellung in der Lyrik des Expressionismus. In: Eberhard Wilhelm Schulz, Wort und Zeit. Aufsätze und Vorträge zur Literaturgeschichte. Neumünster: Wachholz 1968. S. 131–160. (Kieler Studien zur deutschen Literaturgeschichte. Band 6).

Oskar Seidlin, Der junge Joseph und der alte Fontane. In: Festschrift für Richard Alewyn. Köln, Graz: Böhlau 1967. S. 384–391.

Kurt Sontheimer, Thomas Mann und die Deutschen. München: Nymphenburger Verlagshandlung 1961.

Karl Stackmann, »Der Erwählte«. Thomas Manns Mittelalter-Parodie. In: Euphorion. Bd 53 (1959), S. 61–74.

Hermann Stresau, Thomas Mann und sein Werk. Frankfurt am Main: S. Fischer 1963.

Peter Szondi, Friedrich Schlegel und die romantische Ironie. Mit einer Beilage über Tiecks Komödien. In: Peter Szondi, Satz und Gegensatz. Sechs Essays. Frankfurt am Main: Insel-Verlag 1964. S. 5–24.

Richard Thieberger, Der Begriff der Zeit bei Thomas Mann. Vom Zauberberg zum Joseph. Baden-Baden: Verlag für Kunst und Wissenschaft 1952.

Ernst Troeltsch, Gesammelte Schriften. 3. Band: Der Historismus und seine Probleme. Tübingen: Mohr 1922.

Edmond Vermeil, Les Doctrinaires de la Révolution allemande 1918–1938. Paris: Sorlot 1938.

Max Weber, Wissenschaft als Beruf. Berlin 1959.

A. Williams, Thomas Mann's Nationalist Phase. A Study of ›Friedrich und die große Koalition‹. In: German Life & Letters. Vol. XXII (1968–1969), S. 147-155.

# PERSONENREGISTER

(Verfasser von Sekundärliteratur verzeichnet das Register nicht)